公路现代施工新技术及创新管理应用

张新成　席晓彬　王世涛 ◎ 主编

黑龙江朝鲜民族出版社

图书在版编目(CIP)数据

公路现代施工新技术及创新管理应用 / 张新成, 席晓彬, 王世涛主编. -- 哈尔滨：黑龙江朝鲜民族出版社, 2024. -- ISBN 978-7-5389-2889-1

Ⅰ. U415.6

中国国家版本馆CIP数据核字第202542RS24号

GONGLU XIANDAI SHIGONG XIN JISHU JI CHUANGXIN GUANLI YINGYONG

书　　名	公路现代施工新技术及创新管理应用
主　　编	张新成　席晓彬　王世涛
责任编辑	朱英华
责任校对	姜哲勇
装帧设计	李光吉
出版发行	黑龙江朝鲜民族出版社
发行电话	0451-57364224
电子信箱	hcxmz@126.com
印　　刷	黑龙江天宇印务有限公司
开　　本	787mm×1092mm　1/16
印　　张	18.5
字　　数	330千字
版　　次	2024年12月第1版
印　　次	2025年2月第1次印刷
书　　号	ISBN 978-7-5389-2889-1
定　　价	74.00元

编委会

主 编
张新成 河南锦路路桥建设有限公司
席晓彬 山西路桥建设集团有限公司
王世涛 烟台市莱阳公路建设养护中心

副主编
徐 芹 潍坊龙盛公路工程有限公司
宋鲁生 济南市长清区公路事业发展中心
陈洪利 济南先行公路工程有限责任公司
田洪坤 济南先行公路工程有限责任公司
郭立英 山东恒建工程监理咨询有限公司
冯其亮 山东万泰工程咨询有限公司
曾 鑫 东平县交通运输局
韩 颖 沈阳市虎石台市政工程有限公司
丁慎宝 山东泰和城建发展有限公司

前 言

公路是交通运输的重要通道，是经济交流发展的基础条件，因而，公路建设的发展是人们一直关注的焦点。现阶段，在公路建设中，人们越来越重视公路的质量，现代技术的飞速发展使得我国对于公路建设投入得越来越多。在此背景下，新技术、新工艺在公路建设中应用的范围逐渐扩大。因此，分析新技术、新工艺在公路工程施工中的应用极为必要。

公路施工新技术以及新工艺的应用，从本质上来讲是在传统施工技术缺陷的基础上进行的技术革新和工艺调整，或者是依靠全新的技术系统，使得施工技术更加有效，工艺流程更加高效。这对于公路施工项目主体而言是提高施工质量、促进施工效率提升、增强自身综合竞争能力的重要途径。对于公众而言，公路施工新技术以及新工艺的应用，可以使公路性能得以发挥，使其处于相对安全的环境中，避免出现安全事故。由此可见，公路施工新技术以及新工艺的应用，不仅关系到公路工程的经济效益和社会效益，还关系到国计民生问题，因此，在这方面加大研究力度是非常有必要的。

本书旨在对公路现代施工新技术及创新管理应用进行研究探讨，公路施工新技术以及新工艺在实际施工过程中的运用，是公路施工工程专业化发展的需求，是提升公路效能的客观要求。在此过程中，应该树立正确的新技术以及新工艺理念，找到技术和工艺革新的切入点，从而以更好的状态参与到实际技术革新和工艺调整中。由此在公路施工新技术和新工艺的基础上，将迎来全新的公路施工格局，这对促进我国公路工程事业的可持续发展而言是很有价值的。

目 录

第一章 绪论 ··1
第一节 公路建设的基本概述 ··1
第二节 公路施工的组成与发展概况 ··5
第三节 公路施工的方法与程序 ···11
第四节 施工的技术准备与组织准备 ···14
第五节 物资准备与施工现场准备 ··23

第二章 路基工程施工技术 ···27
第一节 路堤施工 ···27
第二节 路堑施工 ···37
第三节 特殊路基处理 ···48
第四节 路基压实 ···50
第五节 路基排水施工 ···53
第六节 路基防护与加固 ···56
第七节 冬、雨期路基施工 ··61
第八节 路基安全施工与环境保护 ··64

第三章 路面工程施工技术 ···67
第一节 概述 ··67
第二节 路面基层（底基层）施工技术 ··70
第三节 沥青路面施工技术 ··74
第四节 水泥混凝土路面施工技术 ··91

第四章 公路沿线设施施工技术 ································ 109
第一节 概述 ································ 109
第二节 公路护栏施工技术 ································ 110
第三节 公路隔离设施施工技术 ································ 125
第四节 公路防眩设施施工技术 ································ 129
第五节 公路标志、标线和轮廓标施工技术 ································ 133
第六节 公路绿化工程施工技术 ································ 142

第五章 连续配筋混凝土复合式沥青路面施工新技术 ································ 150
第一节 CRC+AC复合式沥青路面施工技术 ································ 150
第二节 连续配筋混凝土路面施工控制技术 ································ 163
第三节 CRC+AC复合式沥青路面工程应用案例 ································ 173

第六章 公路工程施工技术管理 ································ 187
第一节 公路工程施工技术管理概述 ································ 187
第二节 公路工程施工安全管理及施工技术存在的问题 ································ 190
第三节 公路施工技术管理措施 ································ 192
第四节 公路施工安全防范措施 ································ 195
第五节 公路施工技术精细化管理 ································ 198

第七章 公路工程施工信息管理 ································ 200
第一节 公路工程施工信息管理软件 ································ 200
第二节 建设项目后评估 ································ 224
第三节 建设项目的档案管理和回访保修 ································ 230

第八章 公路建设项目可持续发展 ································ 236
第一节 公路建设项目可持续发展概述 ································ 236
第二节 公路建设项目社会经济目标可持续发展 ································ 244
第三节 公路建设项目财务效益目标可持续发展 ································ 253
第四节 公路建设项目环境资源目标可持续发展 ································ 260

第九章 公路桥梁工程项目管理优化创新研究……271
　　第一节 公路桥梁施工项目管理模式优化研究……271
　　第二节 公路桥梁施工技术优化管理研究……273
　　第三节 公路桥梁工程中合同管理优化研究……277
结语……281
参考文献……282

第一章 绪论

公路工程施工环节多，所需物资与人员较多，为了确保工程的按时上马，施工前的准备工作就显得尤为重要，这些准备工作是工程顺利完工的基本保证。本章将对公路施工建设技术与施工准备进行研究。

第一节 公路建设的基本概述

一、公路建设的特点及项目组成

公路建设有类似其他工业产品的共性，也有其不同于其他工业产品的特点，如整体庞大、不能移动、复杂多样等，这就导致了公路施工技术的特殊性，如周期长、流动性大等特点，从而给公路工程施工组织和施工管理带来很多不利影响。

（一）公路建筑产品的主要特点

1.产品固定。公路工程构筑物一旦开工建设应保留在设计的地点，不能移动，只能够在建设的地方供长期使用。

2.产品多样。由于公路的使用目的、交通组成技术等级、技术标准、自然条件以及使用功能不同，从而使公路产品的组成结构等级各不相同，复杂多样。

3.产品形体庞大。公路工程是带状结构物，其组成部分的形体庞大，需要占用大量的土地和空间，对环境生态有一定的影响。

4.产品部分结构易损。公路工程构筑物露天使用，受行车因素和雨雪、台风、水流、不良地质等各种自然因素共同影响，尤其在当前车辆超限、超载比较严重的情况下，极易出现局部的损坏。

（二）公路工程施工的特点

1. 造价高，投资大。公路工程建设项目投资一般是非常大的，其建设工程合同价基本上是几千万、上亿，甚至几百亿，这是一般的建筑工程项目所不可比拟的。例如，重点工程项目——沈阳至北京的高速公路全长约658 km，总投资约200亿元人民币；而贯穿祖国南北的交通大动脉——京珠（北京—珠海）高速公路更是长达2310 km，整个工程总投资近千亿元。

2. 点多，线长，面广。公路工程建设规模一般都比较大，从建设里程上来讲从几十千米到上百千米，甚至几千千米的都有，涉及的施工区域可能不止一个省、市，尤其是国道干线的建设，一般都要跨越几个省、市以上，施工范围是相当广的。因此，工程的建设是不可能只由一家施工企业单独来完成的，需要多家合作，分点、分段建设完成。

3. 质量要求高，形成时间长。每条公路都是特有的、唯一的，一经建成，在短时间内将不会进行重复性的投资建设；同时，建设一条公路将会耗费大量的人力、物力和财力等，因此，在公路工程的建设时期，就要对建设产品提出较高的质量要求，要求建设、设计、施工监理等单位密切配合，材料、动力、运输等各部门通力协作以及地方各级政府部门和施工沿线各相关单位的大力支持，科学合理地利用资源，尽可能创造高质量的公路建筑产品。

4. 户外作业环境复杂，不可控因素多。公路工程自身的特点要求施工建设采用全野外的作业方式，加上施工的路线一般都较长，所以无论是其面临的气候、地质水文条件，还是社会经济环境，乃至风土人情都将是不同的。其中的任何一项因素的变化都会影响公路工程建设的顺利进展。另外，对不同的施工项目，环境等影响因素又有所不同，不可控因素的增多也使得项目管理在施工中变得尤为重要。

（三）公路施工的经济技术特征

公路建设的上述特点，使其在施工生产过程中具有如下经济技术特征：

1. 施工流动性大。公路建设线长点多，工程数量分布不均匀，除部分预制件和需安装的设备外，构筑物在施工过程中和建成后都无法移动，产品具有固定性和严格的施工（生产）顺序，因而应组织各类工作人员和多种机械，围绕这一固定产品，在同一地点的不同时间或同一时间的不同地点开展施工活动，这就需要科学地解决在空间布置和时间安排上的矛盾。某路段或某工程施工完成后，施工队伍需要向新的施工现场转移，公路施工的流动性给施工企业的生产管理和安全管理都带来一些困难，如施工基地的建立、施工组织形式、施工方案的选择，施工运输距离的经济合理性等。

2. 施工协作性高。公路工程类型多，施工环节多，工序复杂，每项工程又具有不同的功能和不同的施工条件，每条道路不仅需要单独设计，而且要单独组织施工，也需要建设单位、设计单位、施工单位、监理单位的配合，还需要材料供应、动力、运输、人员管理、设备管理等各环节的协作，因此在施工过程中，应综合平衡和调度各种资源，使人尽其力，物尽其用。

3. 施工周期长。公路工程包括路基、路面桥梁、涵洞、隧道、交通安全设施、防护工程、绿化工程等多项内容，产品形态庞大，产品固定又具有不可分割性，有严格的施工顺序，这使得公路工程施工周期长，在较长时期内占用较大的人力、物力和财力，直至施工周期结束，才能生产出产品。

4. 受外界影响、干扰比较大。公路工程施工基本上是露天作业，受外界自然条件和人为因素的干扰、影响比较大，如气温、晴雨、水文、地质、纵横向交通干扰等。由于公路部分结构的易损性，施工过程中也会造成部分结构的损坏，应不断及时维修和养护。

5. 建筑材料的复杂多样。公路工程材料，尤其是路基、路面材料，用量十分庞大，多采取就地取材的方式，这就导致建筑材料的不确定性和材质的复杂多样性，给施工质量控制带来一定的困难。公路工程建设的这些特点，决定了公路施工活动中的特有规律，研究和遵循这些规律，科学地组织安排公路工程施工，对提高工程建设质量和工程建设资金的经济效益具有重要意义。

（四）公路建设项目的组成

公路建设项目可划分为：基本建设项目、单项工程、单位工程、分部工程和分项工程五个等级。

1. 基本建设项目：一个建设项目就是一个有总体设计，经济上实行独立核算，管理上有独立组织形式的建设单元。如某一条高速公路、某区域内立项的路网改建项目等。

2. 单项工程：是建设项目的组成部分，一个建设项目可以包括多个单项工程，也可以是一个单项工程。所谓单项工程是指具有独立的设计文件，竣工后可以单独发挥生产能力、经济效益或社会效益的工程，如某条公路上独立设计的大中桥、隧道等。

3. 单位工程：是单项工程的组成部分，指不能独立发挥生产能力，但具有独立施工条件的工程，如路基工程、路面工程、桥梁工程等。

4. 分部工程：是单位工程的组成部分，一般按工程的各个部位划分。

5. 分项工程：是分部工程的组成部分，是按照工程的不同结构、不同材料和不同施工方法划分的。

工程项目分级的目的是更好地编制施工组织设计和概预算文件，更好地控制施工质量，更方便地评定工程质量。单位工程、分部工程和分项工程的划分应符合《公路工程质量检验评定标准》之规定。

二、公路工程项目划分

1. 工程项目划分程序

工程项目的划分是在施工准备阶段，由施工单位结合工程特点对工程按单位、分部和分项工程逐级进行划分，经建设单位负责人和总监理工程师批准，报质量监督部门备案后执行。多个合同段、多个施工单位的工程建设项目，应由建设单位和工程监理单位统一组织、协调项目的划分工作。施工单位对项目划分的及时性、准确性及合理性负责，建设单位和工程监理单位负责审核和批准，质量监督部门进行监督。

2. 土建部分工程项目划分

按照《公路工程质量检验评定标准》的规定，在施工准备阶段应根据建设任务、施工管理和质量检验评定的需要，将建设项目划分为单位工程、分部工程和分项工程。施工单位、工程监理单位和建设单位应按相同的工程项目划分进行工程质量的监控和管理。

（1）单位工程：在建设项目中，根据签订的合同，具有独立施工条件的工程。

（2）分部工程：在单位工程中，应按结构部位、路段长度及施工特点或施工任务划分为若干个分部工程。

（3）分项工程：在分部工程中，应按不同的施工方法、材料、工序及路段长度等划分为若干个分项工程。同一个分项工程中，根据施工工艺施工进展和完成情况，可以分几段或几个阶段进行检查验收，然后进行汇总。

（4）公路工程标段划分应合理：以适应施工单位组织施工生产的需要。

3.机电部分工程项目划分

机电工程是整个公路工程的一部分，但其技术要求、施工工艺、试验检评方法等与公路工程的土建部分有较大区别，故将其作为一个独立的专业单位工程设置。本着不同的专业应由不同的承包单位组织施工，以减少交叉、便于质量监控和管理的原则，划分了分部工程。

第二节　公路施工的组成与发展概况

一、公路的分级与组成

（一）公路的分级

1.公路分级

《公路工程技术标准》将公路根据功能和适应的交通量分为五个等级，即高速公路、一级公路、二级公路、三级公路、四级公路。

（1）高速公路：专供汽车分向、分车道行驶，并应全部控制出入的多车道公路。

四车道高速公路应该能够适应将各种汽车折合成小客车的年平均日交通量 25 000～55 000 辆。

六车道高速公路应该能够适应将各种汽车折合成小客车的年平均日交通量 45 000～80 000 辆。

八车道高速公路应该能够适应将各种汽车折合成小客车的年平均日交通量 60 000～100 000 辆。

（2）一级公路：供汽车分向、分车道行驶，并可根据需要控制出入的多车道公路。

四车道一级公路应该能够适应将各种汽车折合成小客车的年平均日交通量 15 000～30 000 辆。

六车道一级公路应该能够适应将各种汽车折合成小客车的年平均日交通量 25 000～55 000 辆。

（3）二级公路：供汽车行驶的双车道公路。

二级公路应该能够适应将各种汽车折合成小客车的年平均日交通量5 000～15 000辆。

（4）三级公路：主要供汽车行驶的双车道公路。

三级公路应该能够适应将各种车辆折合成小客车的年平均日交通量2 000～6 000辆。

（5）四级公路：主要供汽车行驶的双车道或单车道公路。

双车道四级公路应该能够适应将各种车辆折合成小客车的年平均日交通量2 000辆以下。

单车道四级公路应该能够适应将各种车辆折合成小客车的年平均日交通量400辆以下。

2. 公路分类

公路按其在公路网的地位与作用分为以下五类：

（1）国道：在国家公路网中，具有全国性政治、经济、国防意义，并经确定为国家干线的公路。

（2）省道：在省公路网中，具有全省性政治、经济、国防意义，并经确定为省级干线的公路。

（3）县道：具有全县性政治、经济意义，并经确定为县级的公路。

（4）乡道：主要为乡村生产、生活服务，并经确定为乡级的公路。

（5）专用公路：专为企业或其他单位提供运输服务的道路，如专门或主要为工矿、林区、油田、农场、军事要地等与外部连接的公路。

（二）公路的组成

1. 路基工程

路基是按照道路的平面位置、纵面线形和一定的技术要求修筑的作为路面基础的岩土构筑物。路基是路面的基础，又是公路的重要组成部分。按路基横断面形状的不同，通常可分为路堤、路堑和半填半挖路基三种形式。

2. 路面工程

路面是在路基之上用各种筑路材料铺筑的供汽车行驶的层状构筑物，其作用是保证汽车能全天候地在道路上安全、迅速、舒适、经济地运行。路面结构一般由面层、基层、底基层与垫层组成。

面层是直接承受车轮荷载反复作用和自然因素长期影响的结构层。按面层所用材料的不同，可划分为柔性路面、刚性路面和半刚性路面三种。作为柔性路面的典型代表，沥青路面可由一到三层组成。三层式沥青路面的表面层应根据使用要求设置抗滑、耐磨、密实稳定的沥青层，中面层、下面层应根据公路等级、沥青层厚度、气候条件等选择适当的沥青结构层。

基层是设置在面层之下，并与面层一起将车轮荷载的反复作用传递到底基层、垫层、土基，起主要承重作用的层次。基层可分为柔性基层（沥青稳定碎石、沥青贯入式、级配碎石、级配砾石等）、半刚性基层（水泥稳定土或粒料、石灰或粉煤灰稳定土或粒料等）、刚性基层（碾压式水泥混凝土、贫混凝土等）、混合式基层（上部使用柔性基层、下部使用半刚性基层）等。对于高速公路、一级公路，应采用水泥稳定粒料、石灰粉煤灰（二灰）稳定粒料、沥青碎石以及级配碎砾石等材料铺筑。高速公路、一级公路的底基层和二级及二级以下公路基层和底基层，除上述类型材料外，也可采用水泥稳定土、石灰稳定土、石灰粉煤灰稳定土、石灰工业废渣、填隙碎石等或其他适宜的当地材料铺筑。

底基层是设置在基层之下，与基层共同承受车轮荷载的反复作用，并将荷载进一步传递至垫层或土基的结构层次。它通常选用强度稍低但水稳性和透水性较好的材料铺筑，如级配碎石、未筛分碎石、填隙碎石等无机结合料稳定材料，或是低剂量的水泥、石灰等无机结合料稳定细粒土。底基层的主要作用是增加路面的整体强度、提高路面的承载能力和耐久性，同时也有助于改善路面的排水性能。

垫层是设置在底基层与土基之间的结构层，起排水、隔水、防冻、防污等作用。各级公路当需要设置垫层时，一般可采用水稳性好的粗粒料或各种稳定性材料铺筑。

3. 桥涵工程

桥梁是为道路跨越河流、山谷或人工障碍物而建造的构筑物；涵洞是为宣泄地面水流而设置的横穿公路的小型排水构筑物。

（1）按桥梁总长和跨径的不同分类，可分为特大桥、大桥、中桥、小桥和涵洞。

（2）按桥梁受力体系分类，可分作梁式桥、拱式桥、刚架桥、悬索桥四种基本体系。其中，梁式桥以受弯为主，拱式桥以受压为主，刚架桥以受弯为主，悬索桥以受拉为主。另外，由上述四大基本体系的相互组合，又派生出在受力上具有组合特征的组合体系桥型，如目前在我国广为流行的斜拉桥等。

4. 隧道

隧道是为公路从地层内部或水下通过而修建的结构物。当公路需要翻越高山或穿过深水层时，为了改善平纵线形和缩短路线长度，经过技术、经济比选，可选用隧道方式。

5. 排水及防护工程

排水工程是为了排除地面水及地下水而设置的排水构筑物。除桥涵外，还有边沟、截水沟、急流槽、盲沟、渗井和渡槽等路基排水构筑物和路面排水构筑物组成的道路排水系统。防护工程是为了加固路基边坡、确保路基稳定的结构物，如在路基边坡修建的填石边坡、砌石边坡、挡土墙、护脚和护面墙等构筑物。

6. 交通工程设施

交通工程设施是针对高等级公路行车速度快、通过能力大、交通事故少、服务水平高的特点设置的，它包括安全设施、管理设施、服务设施、收费设施、供电设施、环保设施等。

（1）安全设施：整个交通工程系统的最基本的部分，主要有标志、标线、视线诱导标、护栏、隔离栅、防眩设施和照明设施等。

（2）管理设施：控制、监视、通信、数据采集与处理设施。

（3）服务设施：服务区、加油站、公共汽车停靠站等。

（4）收费设施：收费站等。

（5）供电设施：这是为了使整个交通工程系统正常运行而设置的配套设施。

（6）环保设施：为减少公路交通环境污染而设计的声屏障、减噪路面、绿化工程及公路景观（自然景观及人文景观）。

二、公路施工的发展概况

（一）我国公路施工技术发展回顾

我国在公路施工技术上有着悠久的历史，据史料考证，早在公元前2000年，我国已修建有可供行驶牛车、马车的道路。在西周时期道路建设已初具规模，唐代是我国古代道路发展的鼎盛时期，形成了以城市为中心的四通八达的道路网，其间在道路结构、施工方法等方面做了许多创新。到了清代，对道路进行了功能分级，分为官马大路、大路、小路三个等级。其中仅官马大路已达2 000 km以上。

20世纪初，在第一辆汽车输入我国后，通行汽车的公路就随之诞生了。到中华人民共和国成立前，我国近代道路发展缓慢，并且屡遭破坏，40多年间修建的公路不足 80 000 km，其中铺有高级、次高级路面的还不到 350 km。在这一时期，就施工技术而言，修建的多为天然泥土路、泥石路或泥结碎石路；就施工手段而言，主要是人工挑抬、石碾压实。虽然那时也引进了一些筑路机械，但由于配件和燃料供应困难，机械的利用率很低。到中华人民共和国成立初期，全国仅有推土机 200 余台，压路机还不足百台，拌和机刚过百台。

随着我国公路建设事业的蓬勃发展，公路施工技术水平也相应地得到了较快的提高。中华人民共和国成立后不久，全国从上到下成立了各级公路施工专业队伍，并颁布了相应的公路技术规范或规则，使公路施工及管理迅速走上了正轨。20 世纪 50 年代，由专业施工队伍负责承担施工任务的康藏公路、海南岛公路、成都至阿坝公路等 10 余条重点公路工程相继竣工。结合这些公路自然条件复杂、工程艰巨、工期要求短等特点，在施工中探索、创造了土石方大爆破施工、泥结碎石路面施工和泥结碎石路面加铺级配磨耗层和保护层施工、软土等特殊地基的处理等一系列的公路施工技术，使我国的公路施工技术水平有了一个整体上的提高。20 世纪 60～80 年代初，是我国公路发展的普及阶段，这个时期共修建公路 800 000 km。其中，高级、次高级路面（主要是渣油路面）达 100 000 km。这些公路以三、四级公路和等外路为主，基本上是采取发动群众和以手工操作方式为主进行施工的。因此，施工机械的发展和推广应用比较缓慢。

1988 年是我国公路交通史上不平凡的一年，随着沪嘉高速公路于 1988 年 10 月 31 日的建成通车，结束了我国大陆没有高速公路的历史，这是我国公路建设迈入现代化的新起点。自 20 世纪 80 年代开始建设高速公路以来，我国高速公路的建设快速发展。1999 年底，我国高速公路通车总里程突破 10 000 km，位列世界第四；2001 年底达到 19 000 km，已跃居世界第二；至 2008 年底，我国高速公路的通车总里程实现了 60 300 km，直逼高速公路世界第一的美国；至 2015 年底达到 120 000 km。截至 2021 年底，国家高速公路建成 124 000 km，基本覆盖地级行政中心；普通国道通车里程达到 258 000 km，基本覆盖县级及以上行政区和常年开通的边境口岸。按照我国公布的高速公路网发展规划，国家公路网到 2035 年的布局方案，总规模约 461 000 km。

为适应高等级公路高标准和高质量的要求，我国公路施工技术也获得了前所未有的发展。这些发展与变化主要体现在以下几个方面：

1. 制定或修订公路工程技术规范，建立起了一整套符合我国国情的公路施工控制、检测及验收标准。

2. 机械化施工水平大大提高，各种先进的筑路机械广泛应用于公路工程的施工。全国各地组建了一批设备先进、种类齐全的公路机械化施工队伍，公路施工实现了由手工操作逐步向机械作业方式的转变。到目前，全国公路施工部门已拥有一大批国产和进口的技术先进、种类齐全、配套的筑路机械、试验仪器和检测设备，大型筑路机械已达30余万台（套），固定资产原值已达30多亿元。

3. 新技术、新工艺、新材料得到广泛应用，进而取得了巨大的社会、经济效益。

4. 施工的控制及检测手段日臻完善，从而有力地保证了工程质量，加快了施工进度。

（二）公路施工技术的发展趋势

随着世界各国技术经济的进步、交通事业的发展和人们物质文化要求的提高，对公路建设也提出了更高的要求，这主要表现为：一是对公路功能的要求越来越高，如通行能力、承载能力及行车的安全性与舒适性等；二是对公路整体线形、路容、路况的要求越来越高，特别是山区公路及旅游区道路，其路线与周围环境的协调性成为重要的评价指标；三是对公路环保的要求越来越高，如对行车污染和噪声的限制等；四是对公路的施工速度、施工质量和管理水平要求越来越高，在施工中将普遍采用自动化机械设备进行快速而且优质的作业。

针对上述要求，公路施工必将向着机械化、自动化、标准化和工厂化方向发展。

1. 在公路施工方案的拟订和选择方面：将充分利用计算机及其他现代先进手段，综合考虑施工材料、机具、工期、造价等因素，进行方案比选与优化，以获取最大的社会经济效益。

2. 在施工工艺方面：土石方爆破、稳定土、旧有沥青及水泥混凝土再生、工业废料筑路及水泥、沥青、土壤外加剂等的工艺水平将有突破性进展。

3. 施工机械方面：将研究使用一条龙的单机配套机械进行流水作业和多功能的联合施工机械；为实现施工机械自动化，还将使用电子装置、自控装置和激光技术，对施工现场进行遥控监测。

4. 在施工检测技术方面：将研究使用能自动连续量测动、静两种荷载作用下的路基、路面弯沉仪和曲率半径仪；研究使用冲击波、超声波测定强度和弹性模量；研究使用同位素方法测定密实度和厚度以及研究使用计算机自动连续量测路面抗滑性能和平整度的仪器的使用等。

5. 在施工作业方面：将大量使用预制结构，使人工构筑物的施工实现标准化和工厂化。

6. 在特殊路基的处理方面：将充分应用生化技术，最大限度地利用当地材料。

7. 各种环保和交通工程设施：如声屏墙、减噪路面及绿化工程等的施工技术将提高到一个新的水平。

8. 施工技术的发展：施工技术的发展将更好地满足设计要求，设计与施工的结合将更加密切。

第三节 公路施工的方法与程序

一、公路施工的方法与特点

（一）施工的方法

高等级公路的施工方法主要有人工、简易机械化、机械化、爆破和水力机械化等。

1. 人工施工法

人工施工法是使用手工工具进行公路施工的方法。这种施工方法效率低、劳动强度大，不仅要占用大量的劳动力，而且施工进度慢，工程质量也难以保证。但在山区低等级公路路基工程中，当机械无法进入施工现场或施工场地难以展开机械化作业时，就不可避免地要采用人工施工法。

2. 简易机械化施工法

简易机械化施工法是以人力为主，配以简易机械的公路施工方法。与人工施工法相比较，能适当地减轻劳动强度，而且可以加快施工进度，提高施工质量。在我国目前的施工生产条件下，特别是山区一般公路建设中，仍是一种值得推广的施工方法。

3. 机械化施工法

机械化施工法是使用配套机械，主机配以辅机，相互协调，共同形成主要工序的综合机械化作业的公路施工方法。机械化施工可以极大地提高劳动生产率，减轻劳动强度，显著地加快施工进度，提高工程质量，而且安全程度高，是加速公路工程建设和实现公路施工现代化的根本途径。

4. 爆破施工法

爆破施工法是通过爆破震松岩石、硬土或冻土，开挖路堑或采集石料的施工方法。这种方法是道路施工，特别是山区公路施工不可或缺的重要施工方法。

5. 水力机械化施工法

水力机械化施工法是利用水泵、水枪等水力机械，喷射出强力水流，冲散土层，并流运至指定地点沉积的施工方法。这种方法需要有充足的水源和电源，适于挖掘比较松散的土质和地下钻孔工程。施工方法的选择，应根据工程性质、工程数量、施工期限以及可能获得的人力和机械设备等条件综合考虑。为了适应我国公路建设标准高和速度快的要求，许多施工单位都先后从国内外购置了大量现代化筑路机械与设备，在高等级公路施工中，基本实现了机械化或半机械化作业，迅速提高了施工质量和劳动效率，大大加快了公路工程建设的步伐。

（二）施工特点

作为一种特定的人工构筑物，公路工程施工与工业生产比较，虽然公路施工同样是把一系列的资源投入产品（即工程）的生产过程，其生产上的阶段性和连续性、组织上的专门化和协作化也与之基本相符。但是，公路施工与一般工业生产和其他土建工程施工（如房屋建筑）仍有所不同。

1. 公路工程属于线性工程

一般一条公路项目的建设路段少则几千米，多则数十千米、数百千米以上，路线跨越山川、河谷。路线所经路段难以完全避开不良地质地区，如滑坡、软基、冻土、高填、深挖等路段；在地形复杂的地段，难以避免地要修建大桥、特大桥、隧道、挡墙等结构物。这就使得公路项目建设看似简单，实际上却比一般土木工程项目复杂得多。由于公路路线所经路段地质特性的多变性，使得公路路基施工复杂、多变性凸显，结构物的施工也因地质条件的不确定性，经常导致设计变更、工期延长，使进度控制、质量控制、投资控制的难度大大增加。

2. 公路工程项目构成复杂

公路工程项目的单位工程包括路基土石方工程、路面工程、桥梁工程、隧道工程、互通立交工程、沿线设施及交通工程、绿化工程等。各单位工程中的作业内容差异很大，如桥梁工程，随不同的桥型，施工技术差异很大。这也决定了公路工程项目施工的技术复杂性和管理的综合性。

3. 公路工程项目规模庞大

施工过程缓慢，工作面有限，决定了其较长的工期。高速公路的施工工期通常在 2～5 年，工期长意味着在工程建设中面临着更多的不确定因素，承担着更大的风险。

4. 公路工程项目建设投资大

高速公路造价一般为 2000 万～4000 万元 / km，有时甚至更高。工程建设需要的巨大资金能否及时到位，是保障工程按期完工的前提。资金投入对于投资活动的成功与否关系重大，同时，在工程建设中要求有高质量的工程管理，以确保项目的工期、投资和质量目标的实现。

二、公路施工的基本程序

施工程序是指施工单位从接受施工任务到工程竣工阶段必须遵守的工作程序，主要包括签订工程承包合同、施工准备工作、组织施工和竣工验收等。

（一）签订工程承包合同

1. 接受施工任务的方式

施工企业接受任务的方式主要有三种：

（1）上级主管单位统一布置任务，安排计划下达。

（2）经主管部门同意，自行对外接受任务。

（3）参加招投标，中标后获得任务。

2. 接受任务的要求

（1）查证核实工程项目是否列入国家计划。

（2）必须有批准的可行性研究、初步设计（或施工图设计）及工程概（预）算文件。

3. 接受任务的方式

（1）签订工程承包合同。

（2）施工承包合同的内容主要包括承包的依据、方式、工程范围、工程质量、施工工期、工程造价、技术物资供应、拨款结算方式、奖惩条款等。

（二）施工准备工作

施工准备工作是为拟建工程的施工建立必要的技术和物质条件，统筹安排施工力量和现场。施工准备工作也是施工企业搞好目标管理，推行技术经济承包的依据。要编制好施工组织设计，以保证工程建设的顺利进行。其作用是发挥企业优势，合理资源供应，加快施工速度，提高工程质量，降低工程成本。

（三）组织施工

1. 施工准备就绪后，向监理工程师提交开工报告，经同意即可开工。
2. 按施工顺序和施工组织设计中所拟订的施工方案进行施工。
3. 组织施工应具备的文件有：设计文件、施工规范和技术操作规程、各种定额、施工图预算、施工组织设计、公路工程质量检验评定标准和施工验收规范。

（四）竣工验收

1. 所有建设项目和单位工程都已按设计文件内容建成。
2. 以设计文件为依据，根据有关规定和评定质量等级进行工程验收。

第四节 施工的技术准备与组织准备

一、技术准备

（一）熟悉与审查设计文件并进行现场核对

组织有关人员学习设计文件，其目的是对设计文件、设计图及资料进行了解和研究，使施工人员明确设计者的设计意图和业主要求，熟悉设计图的细节，并对设计文件和设计图进行现场核对。其内容主要包括：

1. 设计图是否齐全，规定是否明确，与说明有无矛盾。
2. 路基平、纵、横断面，构筑物总体布置和桥涵结构物形式等是否合理，相互之间是否有错误和矛盾。
3. 主要标高、尺寸、位置有无错误。
4. 设计文件所依据的水文、气象、土壤等资料是否准确、可靠、齐全。

5. 核对路线中线、主要控制点、水准点、三角点、基线等是否准确无误。

6. 路线或构筑物与农田、水利、航道、公路、铁路、电信、管线及其他建筑物的互相干扰情况及其解决办法是否恰当，干扰可否避免。

7. 对地质不良地段采取的处理措施。

8. 主要材料、劳动力、机械台班等计算（含运距）是否准确。

9. 施工方法、料场分布、运输工具、道路条件等是否符合实际情况。

10. 结构物工程数量计算是否有误。

11. 工程预算以及采用的定额是否合理。如现场核对时发现设计不合理或有错误之处，应做好详细记录并拟定修改意见，待设计技术交底时提交。

（二）补充调查资料

进行现场补充调查是为编制实施性施工组织设计收集资料。调查的内容主要有：

1. 工程地点的水文、地形、气候条件和地质情况。

2. 自采加工料场、当地材料、可供利用的房屋情况。

3. 当地劳动力资源、工业加工能力、运输条件和运输工具情况。

4. 施工场地的水源、电源以及生活物资供应情况。

5. 当地风俗习惯等。

（三）设计交桩和设计技术交底

工程在正式施工之前，应由勘测设计单位向施工单位进行交桩和设计技术交底。交桩应在现场进行，设计单位将路线测设时所设置的导线控制点和水准点及其他重要点位的标志逐一移交给施工单位。施工单位在接收这些控制点后，要采取必要措施妥善地加固与保护。

设计技术交底一般由建设单位主持，设计、监理和施工单位参加。交底时设计单位应说明工程的设计依据、设计意图，并对某些特殊结构、新材料、新技术以及施工中的难点和需注意的方面详细说明，提出设计要求。施工单位则将在研究设计文件中发现的问题及有关修改设计的意见提出，由设计单位对有关问题进行澄清和解释，对于合理的修改设计的意见，必要时可在统一认识的基础上，对所讨论的结果逐一记录，并形成会议纪要，由建设单位正式行文，参加单位共同会签，作为与设计文件同时使用的技术文件和指导施工的依据以及进行工程结算的依据。

（四）建立工地实验室

1. 工地实验室的作用

公路工程施工过程中，必须进行各种材料试验，以便选用合适的材料及其材料性能参数，保证公路工程结构物的强度和耐久性，并有利于掌握各种材料的施工质量指标，保证结构物的施工质量。

随着公路技术等级的提高，相应的筑路材料试验任务增大，并要求试验结果具有更高的准确性和可靠性。高等级公路的线形更趋于平、直，使得路基工程的高填深挖及经过不良地带的路段增加。由于高等级公路对路面的行车性能及耐久性能提出更高的要求，相应地要求路基更为稳定，路面材料应具有更高的力学性能、耐磨蚀性和气候稳定性等。公路工程事业的进步，促进了施工技术水平的不断提高，同时也推动了公路工程新材料的研究应用，并且使材料性能试验及质量检验工作显得日益重要。随着经济体制改革的深化，要求不断改善公路工程的投资效益，因而工程质量问题已从一般化的要求变成了衡量工程施工单位技术质量水平的标志。因此，从某种意义上说，一项工程的质量如何，已关系到该公路施工单位以后的业务前景。基于上述情况，加强质量管理和施工质量检验、建立并充分发挥工地实验室的作用，是施工单位必须做的一项十分重要的工作。

2. 工地实验室的主要工作内容

工地实验室是为施工现场提供直接服务的实验室，主要任务是配合路基、路面施工，对工地使用的各种原材料、加工材料及结构性材料的物理力学性能以及施工结构体的几何尺寸等进行检测。

3. 工地实验室的人员及设施

工地实验室的试验检测人员必须是施工单位试验检测机构的正式人员。工地实验室负责人应由施工单位试验检测机构负责人授权，从事试验检测工作 3 年以上，具有交通运输部试验检测工程师资格的人员担任；工地实验室部门负责人应由具有省交通运输厅试验检测员及以上资格的人员担任；一般试验检测人员应由具有省交通运输厅试验检测员及以上资格或交通系统试验检测培训证的人员担任。未取得交通系统试验检测资格或培训证的人员不得上岗。

施工单位试验检测人员数量按施工合同额进行配备，5000 万元以下的至少 4 人；5000 万元以上、1 亿元以下的至少 6 人；1 亿元以上、2 亿元以下的至少 8 人；2 亿元以上的至少 10 人。

工地实验室在工程项目完工之前，不准对人员和设备进行更换和调离。确实需要更换和调离的，应取得项目建设单位的书面批准。工地实验室面积应达到300 m，并按检测项目要求合理布局，满足工地试验要求；设备安置要合理，便于操作，并保持环境整洁卫生。

工地实验室应按照合同和工程实际需要配备合格的试验检测仪器设备。工地实验室试验检测仪器设备在使用前必须通过计量检定或校准。试验检测仪器设备应由专人负责日常保养、保管，做好使用记录、保养记录，主要试验检测仪器设备应建立设备档案，仪器设备的操作规程要张贴上墙。

（五）编制施工组织设计

施工组织设计是指工程项目在施工前，根据设计人员、业主和监理工程师的要求以及主客观条件，对工程项目施工的全过程所进行的一系列筹划和安排。公路施工组织设计是指导公路施工的基本技术经济文件，也是对施工实行科学管理的重要手段。编制施工组织设计的目的在于全面、合理、有计划地组织施工，从而具体实现设计意图，按质、按量、按期完成施工任务。实践证明，一个工程如果施工组织设计编制得好，并能得到认真执行，施工就可以有条不紊地进行，否则将会出现盲目施工的混乱局面，造成不必要的损失。

1. 编制原则

（1）严格遵守合同签订的或上级下达的施工期限，保质、保量、按期完成施工任务。对工期较长的大型项目，可根据施工情况，分期分批进行安排。

（2）科学、合理地安排施工顺序：在保证质量的基础上，尽可能缩短工期，加快施工进度。

（3）采用先进的施工方法和施工技术，不断提高施工机械化、预制装配化程度，减轻劳动强度，提高劳动生产率。

（4）应用科学的计划方法确定最合理的施工组织方法，根据工程特点和工期要求，因地制宜地快速施工、平行作业。对于复杂的工程应通过网络计划确定最佳的施工组织方案。

（5）落实季节性施工的措施，科学安排施工计划，组织连续、均衡的施工。

（6）严格遵守施工规范、规程和制度，认真按照基本建设程序办事，根据批准的设计文件与工期要求安排进度。严格执行有关技术规范和规程，提出具体的质量、安全控制和管理措施，并在制度上加以保证，确保工程质量和作业安全。

2. 编制施工组织设计的程序

需要遵守一定的程序，根据合同要求和施工现场的具体条件，按照施工的客观规律，协调和处理好各个影响因素的关系，用科学的方法进行编制。

3. 施工组织设计的主要内容

（1）工程概述：包括简要说明工程项目、施工单位、业主、监理机构、设计单位、质检单位名称、合同开工日期和竣工日期、合同价；简要介绍项目的地理位置、地形地貌、水文、气候、交通运输、水电供应等情况；介绍施工组织机构设置及职能部门之间的关系；说明工程结构、规模、主要工程量；说明合同特殊要求等。

（2）施工技术方案：包括施工方法（特别是冬期和雨期以及技术复杂的特殊施工方法），施工程序（重点是施工顺序及工序之间的衔接），决定采用的新技术、新工艺、新材料和新设备，技术安全措施、质量保证措施等。

（3）施工进度计划：主要是对施工顺序、开始和结束时间、搭接关系进行综合安排，包括以实物工程量和投资额表示的工程的总进度计划和分年度计划，以及所需用的工日数和机械台班数。

（4）施工总平面图布置：必须以平面布置图表示，并标明项目建设的位置、生产区、生活区、预制场、材料场、爆破器材库等的位置。

（5）劳动力需要量和来源：包括总需要量和分工种、分年度的需要量在内。

（6）施工现场平面布置。

（7）施工机械、建筑材料，施工用水、用电的分年度需要量及供应方案。

（8）便道、防洪、排水和生产、生活用房等设施的建设及时间要求。

（9）施工准备工作进度表：包括各项准备工作的负责单位、完成时间及要求等。

施工组织设计用文、图、表三种形式表示，互相结合，互相补充。凡能用图表表示的，应尽量采用图表。因为图表便于"上墙"，能形象、准确、直观地说明问题，有利于指导现场施工。

4. 施工组织设计的编制步骤

（1）施工方案的制订：编制施工组织设计首先遇到的问题就是选择和制订施工方案，如果这个问题得不到解决，施工组织设计乃至以后的施工工作就不可能进行。所以，施工方案的优劣，在很大程度上决定了施工组织设计质量的好坏和施工任务能否圆满完成。

施工方案是指对项目施工所做的总体设想和安排。施工方案应包括：施工方法和施工机具的选择，施工段划分，施工顺序，新工艺、新技术、新机具、新材料、新管理方法的使用，有关该工程的科学试验项目安排等。选择和制订施工方案，首先要考虑其是否可行，同时还要做到技术先进、经济合理、施工安全，应全面权衡、通盘考虑。施工方法是施工方案的核心内容，它对工程的实施具有决定性的作用。确定施工方法应突出重点，凡是采用新技术、新工艺和对本工程质量起关键作用的项目以及工人在操作上还不够熟练的项目，应详细而具体，不仅要拟定进行这一项目的操作过程和方法，而且要提出质量要求以及达到这些要求的技术措施，并要预见可能发生的问题，提出预防和解决这些问题的办法。对于一般性工程和常规施工方法则可适当简化，但要提出工程中的特殊要求。

确定施工方法，应考虑工程项目的特点，结合现场一切有关的自然条件和施工单位拥有的施工经验和设备，吸收国内外同类工程成功的施工方法和先进技术，以达到施工快速、经济和优质的目的。

（2）施工进度计划的编制：施工进度计划是指对施工顺序、开始和结束时间、搭接关系进行综合安排。施工进度计划是施工组织设计中最重要的组成部分，它必须配合施工方案的选择进行安排，它又是劳动力组织、机具调配、材料供应以及施工场地布置的主要依据，一切施工组织工作都是围绕施工进度计划来进行的。

编制施工进度计划的目的是要确定各个项目的施工顺序、开竣工日期。一般以月为单位进行安排，从而据此计算人力、机具、材料等的分期（月）需要量，进行整个施工场地的布置和编制施工预算。

施工进度计划一般用图示法表现。进度计划的图形可以采用横道图、S形曲线、"香蕉"曲线、网络图等。通常采用横道图，它的形式简单、醒目，易绘制、易懂；还可以在施工过程中在同一图上描绘实际进度。与计划进度相比，当工程项目及工序比较简单，且它们之间的关系也不太复杂，其工序衔接及进度安排凭已有施工经验即可确定时，可以直接绘制横道图进度计划；当工程项目以及工序之间的相互关系比较复杂、各工序的衔接及进度安排有多种方案需进行比较时，则要用网络图求得最优先计划，再整理绘制成横道进度图。

（3）资源供应计划：资源供应计划包括劳动力供应计划、材料供应计划、施工机械和大型工具供应计划、预制品供应计划等，这些计划是根据施工进度计划编制的，是计划进度的保证性计划，是进行市场供应的依据。

（4）场外运输计划：将各种物资从产地或交货地点运到工地仓库、料场称为场外运输。场外运输计划应解决的主要问题是正确选择运输方式及运输工具，以达到降低成本和加速工程进度的目的。

（六）施工现场规划和场地布置

1. 施工现场规划和场地布置

施工现场规划和场地布置是施工组织设计的基本内容之一，它需要考虑的问题很多、很广泛，也很具体。它是一项实践性、综合性很强的工作，只有充分掌握了现场的地形、地物，熟悉了现场的周围环境和其他有关条件，并对本工程情况有了一个清楚与正确的认识之后，才能做到统筹规划，合理布局。

施工现场规划和场地布置情况应以场地平面布置图表示出来。在施工场地平面布置图内应表示出公路的平面位置、场地内需要修建的各项临时工程和露天料场、作业场的平面位置和占地面积以及场地内各种运输线路（包括由场外运送材料至工地的进出口线路）。

2. 材料加工及机械修配场地的规划和布置

施工单位为满足本身的需要，有条件时应设置采石场、采砂场、混凝土构件预制场、金属加工厂、机械修配厂等。对于预制场，一般宜设在工地上，以减少构件的运输。对于砂石材料开采场，宜设在材料产地。如有两个或两个以上的产地可供选择时，选择的条件首先是材料品质要符合设计要求；其次是运输距离要近；最后是开采的难易程度、成材率的高低。预制场的选择要综合考虑，做出综合经济分析。对于材料加工场地，则设在原材料产地较为有利。

3. 工地临时房屋的规划与布置

工地临时房屋主要包括施工人员居住用房、办公用房、食堂和其他生活福利设施用房以及实验室、动力站、工作棚和仓库等。这些临时房屋应建在施工期间不被占用、不被水淹、不受塌方影响的安全地带。现场办公用房应建在靠近工地且受施工噪声影响小的地方；工人宿舍、文化生活用房应避免设在低洼潮湿、有烟尘和有害健康的地方；此外，房屋之间还应按消防规定相互隔离，并配备灭火器。

4. 工地仓库及料场布置

工地储存材料的设施一般有露天料场、简易料棚和临时仓库等。易受大气侵蚀的材料，如水泥、铁件、工具、机械配件及容易散失的材料等，宜储存在临时仓库中，钢材、木材等宜设置简易料棚堆放；砂石、石灰等一般在露天料场中堆放。

仓库、料棚、料场的位置，应选择在运输及进出料都方便，而且尽量靠近用料最集中、地形较平坦的地点。设置临时仓库、料棚时，应根据储存材料的特点、进出料的便利程度以及合理的储备定额来计算需要的面积。面积过大会增加临时工程费用，过小可能满足不了储备需要。

5. 施工场内运输的规划

在工地范围内，从仓库、料场或预制场等地到施工点的料具、物资搬运称为场内运输。场内运输方式应根据工地的地形、地物，材料在场内的运距、运量以及周围道路和环境等因素进行选择。如果材料供应运输与施工进度能密切配合，做到场外运输与场内运输一次完成，即由场外运来的材料直接运至施工使用地点，或场内外运输紧密衔接，材料运到场内后不存入仓库、料场，而由场内运输工具转运至使用地点，是最经济的运输组织方法。这样可节省工地仓库、料场的面积，减少工地装卸费用。但这种场内外运输紧密结合的组织方法在工程实践中是很难做到的。大量的场内运输工作是不可避免的，必须做好施工场内运输规划。

（七）工地供电的规划

工地用电主要包括各种电动施工机械和设备的用电以及室内外照明的用电。公路工程施工离不开电，做好工地供电的组织计划，对保证施工的顺利进行有重要的作用。

工地用电应尽可能利用当地的电力供应，从当地电站、变电站或高压电网取得电能。在当地没有电源或电力供应不能满足施工需要的情况下，则要在工地设置临时发电站。最好选用两个来源不同的电站供电或配备小型临时发电装置，以免工作中偶然停电造成损失。同时，还要注意供电线路、电线截面、变电站的功率和数目等的配置，使它们可以互相调剂，不致因为线路发生局部故障而引起停电。

（八）工地供水的规划

公路工程施工离不开水，施工组织设计必须规划工地临时供水问题，确保工地用水和节省供水费用。

二、组织准备

施工企业通过投标方式获得工程施工任务后，应根据签订的施工合同的要求，迅速组建符合本工程实际的施工管理机构，组织施工队伍进场施工。同时，为保证工程按设计要求的质量、计划规定的进度和低于合同运价的成本安全、顺利地完成施工任务，还应针对施工管理工作复杂、困难多的特点，建立一整套完善的施工管理制度，采用科学的管理方法，切实有效地开展工作。

施工组织准备工作的主要任务是：组建施工项目经理部；选配强有力的施工领导班子和施工力量；强化施工队伍的技术培训。

（一）施工机构的组建和人员的配备

这里的施工机构是指为完成公路施工任务负责现场指挥、管理工作的组织机构。根据我国具体情况及以往的公路施工经验，施工机构一般由生产系统、职能部门和行政系统等组成。

（二）建立健全各项管理制度

1. 施工计划管理制度

施工计划管理制度是施工管理工作的中心环节，其他管理工作都要围绕计划管理来开展。计划管理包括编制计划、实施计划、检查和调整计划等环节。由于公路施工受自然条件的影响大，其他客观情况的变化也难以准确预测，这就要求施工计划必须经过充分调查研究后制订，同时在执行过程中应随时检查，发现问题及时采取措施解决，必要时还应对计划进行调整修改，使之符合新的客观情况，保证计划的实现。

2. 工程技术管理制度

工程技术管理制度是对施工技术进行一系列组织、指挥、调节和控制等活动的总称。其主要内容包括：施工工艺管理、工程质量管理、施工技术措施计划、技术革新和技术改造、安全生产技术措施、技术文件管理等。要搞好各项技术管理工作，关键是建立并严格执行各种技术管理制度，只有执行技术管理制度，才能很好地发挥技术管理作用，圆满地完成技术管理的任务。

3. 工程成本管理制度

工程成本管理制度是施工企业为降低工程成本而进行的各项管理工作的总称。工程成本管理与其他管理工作有着密切的联系，施工企业总的技术水平和经营管理水平的高低，均能直接或间接地反映在成本这个指标上。工程成本的降低，表明施工企业在施工过程中活劳动（支付劳动者的报酬）和物化劳动（生产资料）的节约。活劳动的节约说明劳动生产率的提高，物化劳动的节约说明机械设备利用率的提高和建筑材料消耗率的降低。因此，建立成本管理制度，加强对工程成本的管理，不断降低工程造价，具有十分重要的意义。

4. 施工安全管理制度

安全生产关系到人民群众生命和财产安全，关系到改革发展和社会稳定大局。加强施工安全、劳动保护对公路工程的质量、成本和工期有重要意义，也是企业管理的一项基本原则。其基本任务是：正确贯彻执行"以人为本"的思想和"安全第一、预防为主、综合治理"的方针。建立安全施工责任制，加强安全检查，开展安全教育，在保证安全施工的条件下，创优质工程。

第五节　物资准备与施工现场准备

一、物资准备

物资准备是指施工中必需的劳动手段和施工对象的准备。它根据各种物资需要量计划，分别落实货源、组织运输和安排储备，以保证连续施工的需要。准备工作主要包括以下内容：

1. 建筑材料准备

首先根据工程量用预算的方法进行工、料、机分析，按批准的施工进度计划的使用要求、材料储备定额和消耗定额，分别按材料名称、规格、使用时间进行汇总，编制材料需要量计划，同时根据不同材料的供应情况，随时注意市场行情，及时组织货源，签订供货合同。主要包括：

（1）路基、路面工程所需的砂石料、石灰、水泥、工业废渣、沥青等材料的准备。

（2）沿线结构物所需的钢材、木材、砂石料和水泥等材料的准备。

2. 施工机具设备的准备

根据采用的施工方案和施工进度计划，确定施工机械的类型、数量和进场时间，确定施工机具的供应方法和进场后的存放地点和方式，提出施工机具需要量计划，以便及时组织机械进场，保证工程的顺利进行。

3. 周转材料准备

主要是指模板和架设工具。根据批准的施工进度计划和施工方案编制周转材料的需要计划，组织周转材料进场。

二、施工现场准备

（一）恢复定线测量

1. 承包人应检查工程原测设的所有永久性标桩，并将遗失的标桩在接管工地14天之内通知监理工程师，然后根据监理工程师提供的工程测设资料和测量标志，在28天之内将复测结果提交监理工程师。上述测量标志经检查批准后，承包人应自费进行施工测量和补充测量，并经监理工程师批准之后，在工地正确放样。

2. 通过复测，对持有异议的原地面标高，承包人应向监理工程师提交一份列出有误标高和相应的修正标高表。在监理工程师确定正确标高之前，对有争议的标高的原有地面不得扰动。

3. 在合同执行期间，承包人应将施工中所有的标桩，包括转角桩、曲线主点桩、桥涵结构物和隧道的起终点、控制点以及监理工程师认为对放样和检验有用的标桩等，进行加固保护，并对水准点、三角网点等树立易于识别的标志。承包人应对永久性测量标志进行保护，直至工程竣工验收后，完整地移交给监理工程师。

4. 承包人应根据批准的格式向监理工程师提供全部的测量标记资料，所有测量标记应涂上油漆，其颜色要得到监理工程师的同意，易于辨别。所有标桩保护和迁移的费用均由承包人承担，因施工而引起的标桩变动所产生的费用业主将不予以支付。

5. 承包人应按照上述测量标志资料自费完成全部恢复定线、施工测量设计和施工放样。承包人应对施工测量、设计和施工放样工作的质量负责到底。

6. 各合同段衔接处的测量应在监理工程师的统一协调下由相邻两合同段的承包人共同进行，将测量结果协调统一在允许的误差范围内。

（二）建造临时设施

1. 临时房屋设施

临时房屋设施包括行政办公用房、宿舍、文化福利用房及作业棚等。临时房屋设施的需要量根据职工与家属的总人数和房屋指标确定。临时房屋修建的一般要求是，布置要紧凑，充分利用非耕地，尽量利用施工现场或附近已有的建筑物。

必须修建的临时房屋，应以经济、实用为原则，合理选择形式（如装拆式移动式建筑）以便重复使用。

2. 仓库

仓库是为存放施工所需要的各种物资器材而设的。按物资的性质和存放量要求，其形式可以是露天、敞棚、房屋或库房。仓库物资储存量应根据施工条件通过计算确定，一方面应保证工程施工的需要，有足够的储量；另一方面又不宜储存过多，以免增加库房面积，造成积压浪费。其储存量可按下式估算：

$$P = \frac{akt}{t_1}$$

P——某物料储存量（t 或 nF）；

a——该工程或施工段该材料总需要量（t 或 m^3）；

t——该工程或施工段内工作天数（d）；

k——物料使用不均匀系数，可取 1.5~2.0；

t_1——物料储存天数（d）。

为了保证物料及时顺利地卸入库内和发放使用，仓库必须设计有足够的卸装长度。在保证安全的条件下，应设在交通方便的地方，并利用天然地形组织装卸工作。对于材料使用量很大的仓库，应尽量靠近使用地点。

3. 临时交通便道

工程在正式施工前，必须解决好场内外的交通运输问题。在工地布设临时交通便道时应遵循下列原则：

（1）临时交通道路以最短距离通往主体工程施工场所，并连接主干道路，使内外交通便利。

（2）充分利用原有道路，对不满足使用要求的原有道路，应在充分利用的基础上进行改建，节约投资和施工准备时间。

（3）在本工程的施工与现有的道路、桥涵发生冲突和干扰之处，承包人都要在本工程施工之前完成改道施工或修建临时道路。临时道路应满足现有交通量的要求，路面宽度应不小于现有道路的宽度，且应加铺沥青面层。

（4）利用现有的乡村道路作为临时道路时，应将该乡村道路进行修整、加宽、加固及设置必要的交通标志，并经监理工程师验收合格后方可通行。

（5）工程施工期间，应配备人员对临时道路进行养护，以保证临时道路和结构物的正常通行。

（6）尽量避开洼地和河流，不建或少建临时桥梁。

4. 工地临时用电

施工现场用电包括生产用电和生活用电。其中，生活用电主要是照明用电；生产用电包括各种生产设施用电、主体工程施工用电、其他临时设施用电。

第二章 路基工程施工技术

路基是公路的基础，是公路的重要组成部分，其施工质量的好坏直接关系到整条公路的稳定性和舒适性问题，因此要高度重视路基施工质量问题。本章主要就路基施工过程中涉及的路堤施工、路堑施工、特殊路基处理、路堤压实、路基排水施工、路基防护与加固、冬/雨期路基施工、路基安全施工与环境保护等方面的施工要点及技术进行了描述。

第一节 路堤施工

填方路堤施工是公路工程施工中一个非常重要的环节，需要精心组织，精心施工，确保工程质量。因此路堤施工必须从基底处理、填料选择、压实、排水、防护等各方面加以重视，依靠科技进步，采用新技术、新材料、新的检测手段，从而保证路基具有足够的稳定性和耐久性。

一、路堤施工的施工特点

与路堑开挖相比，路堤工程有以下特点：

1.路堤基底处理

路堤是在天然地基上人为构筑的土体，是破坏原有状态而以一定要求填堆的土体，并与原面接触而呈结合状态。它对路基质量有着重要的影响，特别是对路基的稳定性影响很大，需要根据地形和土质条件做适当的处理。正式施工前，除了必须进行伐树除根、清除杂草垃圾及不稳定的石块以外，横坡较大时，还需要做表土翻松，开挖台阶或凿毛（石质基底）。特殊土质，如软土、沙滩和有地下水上溢的地段，必须做进一步的稳定处理或换土。

2. 填土要求

路堤对填土要求很严格，使用不适当的土填筑会直接影响路堤的稳定性和强度。例如使用淤泥或腐殖质含量较高的土料填筑的路堤，会产生路堤整段或局部的变形，也可能因自重的原因产生滑坡，严重时将影响道路的使用。因此，一般最好采用强度高、水稳定性好的材料作为填料。另外，即使填土材料良好，但由于其所处状态不同，特别是含水率不同，所表现出的结果往往相差很大，解决填土的含水率问题是填筑路堤中一个很重要的环节，在一定程度上左右着工程的施工作业。

3. 填方压实

路堤的填筑都要通过压实以达到路基土体符合要求的密实度，所以填筑必须是分层作业。同时，由于土的种类以及所处状态不同，使施工的作业程序、环节变得复杂，铺填土料厚度、填土方式层间结合及压实机械和压实工艺，都成为施工中必须认真对待的问题，这是路堤填筑的又一特点。

二、基底及填土材料的处理

（一）路堤基底的处理

路堤基底是指路堤填料与原地面的接触部分。为使两者结合紧密，避免路堤沿基底发生滑动，防止因草皮、树根腐烂而引起路堤沉陷，需视基底的土质、水文、坡度和植被情况及填筑高度采取相应的处理措施。对于一般的基底处理，通常包括以下内容：

1. 伐树除根及表土处理

路堤填筑时，如果不清除结合面上的草木残株等有害于路堤稳定的杂物，路堤成形后，一旦杂物腐烂变质，地基将发生松软和不均匀沉降等现象。为了预防这种情况，就必须在填土之前做好伐树、除根和表层土壤处理工作，特别当路基填筑高度小于 1.0 m 时，应注意将路基范围内的树根、草丛全部挖除。伐树、除根和清除草丛作业可采用人工方法或机械方法作业。如基底的表层土系腐殖土，则须将其表层土清除换填，厚度视具体情况而定，一般应不小于 30 cm，并予以分层压实，压实度应符合规范要求。如发现草炭层、鼠洞、裂缝、溶洞等，都必须注意处理好，以防造成日后塌陷。有些清除物（如腐殖土），可堆弃在易于取回的地方，路堤修筑后，可取回作为护坡保护层使用，也可作为中央分隔带及绿化带的回填土。

2. 耕地、水田的处理

路堤通过耕地时，筑填施工之前，必须预先填平压实，如其中有机质含量和其他杂质较多，碾压时因弹性过大，不易压实，应换填干土。对于稻田，其表面往往存在一层松软薄层，如果直接填土，不但机械通行性很差，难于作业，而且填土也不能充分压实。若填土厚度大，第一层要填至 0.5～1.0 m 厚，施工机械才能通行，以后可以按规定厚度铺填，能够充分压实时可不必进行其他处理。若填土层较薄时，第一层则不能填得太厚，否则填土无法得以碾压密实。这时，应当在基底挖沟排水，使填土底层保持干燥，再进行填方压实作业。如果水田水位过高，简单地设置排水沟也不能使水充分外排，不能保证机械通行，且由于地下水毛细管作用侵入填土，恶化填土性质，应在原表土和填土之间加砂垫层，以利于水的排出。

如果填土基底有小池塘或泉眼，就应敷设暗排水管等排水设施，或者用耐水性强的道砟或碎石充填压实到原水位高度以上，在填土后进行有效排水，防止浸入填土。

3. 坡面基底的处理

填方路堤，如基底为坡面时，在荷载作用下，粒料极易失稳而沿坡面产生滑移。因此在施工前必须注意对基底坡面处理后方能填筑。以往的高速公路施工经验表明，当坡度较小，在 1:10～1:5 之间时，只需清除坡面上的树、草杂物后，将翻松的表层压实即可保证坡面的稳定。但当坡度较大，在 1:5～1:2.5 之间时，应将坡面做成台阶形，一般宽度不宜小于 2.0 m，高度最小为 1.0 m，而且台阶顶面应做成向堤内倾斜 4%～6% 的坡度。如果基底坡面超过 1:2.5 时，则应采用修挡土墙、护脚等措施对外坡脚进行特殊处理。

（二）路堤填料的选择和处理

用于路堤填筑的土料，原则上就地取材或利用路堑挖方土壤，但对填土料总的要求是：具有良好的级配和一定的黏结能力，易于压实稳定；具有基本上不受水浸软化和冻害影响等。淤泥、腐殖质等稳定性较差的土一般不宜作为填土，必须使用时，应根据公路技术规范，有限制地选用。

对于透水性良好的石块、碎（砾）石土、粗砂、中砂和湿度未超过所设计规定极限值的亚砂土、轻亚黏土和黏土等，均可用于填筑路堤。在特殊情况下，受工程作业现场条件的限制，在路堤填筑工地附近可能没有合适的填土材料，而从远处运来又不经济，这时通常是对附近不符合施工规范要求的土料进行适当处理后，作为填土使用。

1. 含水率调节

一般情况下，如料场土料的自然含水率接近最佳含水率时，只要对挖出的土料及时装卸上堤，及时摊平碾压即可。如果土料含水率过高，应予以翻晒，最好利用松土机或圆盘耙搂翻，增大曝气面，加速蒸发效果。另外，也可在取土场工作面下面挖沟，使地下水位降低，改变土料含水率，这也是一种有效方法。如含水率过低时，常在材料上人工洒水，洒水率可由自然含水率和最佳含水率之差简单地求出，常用的洒水工具有洒水车和水泵等。在实际工作中，土料的人工湿润可在取土场和堤上进行，由于取土场场地宽阔，工作方便，易控制洒水均匀，如洒水过度，也不影响堤上已有的土体，因而采用较多。在料场湿润土料，可以采取把取土场用水淹盖起来的方法进行，宜用于黏土层垂直孔隙较大的情况。作业时，应首先除掉表土植物层，并将土面整平，而后灌水淹盖，直至吸够必需水量为止。所需水量由地面至挖深厚度内全部土体计算，淹水后的土壤不宜立即取用，需让水经一定下沉或蒸发后方可使用。

在路堤施工时，也常采用洒水车直接在堤上喷洒，但应配用圆盘耙等机具对土料进行翻拌，使其润湿均匀，还须预计润湿时间，绝不可洒水后立即碾压。

2. 化学稳定处理

即利用石灰或水泥作稳定剂对土壤性质进行改良，达到填土要求，这种方法对含水率大、塑性高的材料（如黏土），或强度不足的其他材料（如含有大量细粒砂的砂质土），都有较好的效果。化学稳定处理的施工方法，是将土和石灰、水泥等添加材料按一定比例混拌均匀后铺平压实。一般采用路拌式稳定土拌和机（灰土拌和机）和平地机等进行作业，也可由设于专门场地的厂拌设备制备。

三、路堤的填筑作业

（一）路堤填筑方法

路堤填筑是把填料用一定方式运送上堤进行铺平、碾压密实的过程。路堤填筑分为水平分层填筑法、纵向分层填筑法、横向填筑法和混合填筑法四种方法。

1. 水平分层填筑法。填筑时按照横断面全宽分成水平层次，逐层向上填筑。

若原地面不平，应从最低处分层填起，每填一层经过压实符合规定要求后再填上一层。

2.纵向分层填筑法。宜用于推土机从路堑取料填筑距离较短的路堤，填方侧应按要求，人工开挖土质台阶后，依纵坡方向分层，逐层向上填筑碾压密实。原地面纵坡大于12%的地段常采用此法。

3.横向填筑法。从路基一端或两端同时按横断面的全部高度，逐步推进填筑，仅用于无法自下而上填筑的深谷、陡坡、断岩、泥沼等运土和机械无法进场的路堤。横向填筑因填土过厚，不易压实，施工时需采取下列措施：

（1）选用高效能压实机。

（2）采用沉陷量较小的砂性土或附近开挖路堑的废石方，并一次填足路堤全宽度。

（3）在底部进行拨土夯实。

4.混合填筑法。即路堤下层用横向填筑，而上层用水平分层填，使上部填料经分层压实获得需要的压实度。混合填筑法适应于因地形限制或填筑堤身较高，不宜采用水平分层法或横向填筑法自始至终进行填筑的情况。

上述方法中，后三种路堤填筑施工方法工程质量较难保证，同时也不易检测。因此，除非工程特殊要求外，一般应尽可能采用第一种方法施工。

（二）路堤机械化作业

1.推土机作业

（1）推土机横向填筑

这是一种水平分层填筑方法。推土机在路堤一侧或两侧取土场取土，一般沿线路分段进行，每段距离以20～40 m为宜，可以单机作业，也可多机作业，多在地势平坦或两侧有可利用的山地土场的场合采用。

推土机在路堤单侧取土时，可采用穿梭法进行作业。作业时，推土机铲满土料，推送至路堤的坡脚，卸土后，按原路返回到铲挖位置，如此往复在同一路线上。采用槽式作业法送2～3刀就可挖到0.7～0.8 m深，然后做斜线倒退，向一侧移位，同样方法可推送相邻土料。整个作业区段完成后，可以沿作业时相反方向侧移，可推净遗留土埂，整平取土坑。

当推土机由路堤两侧取土场取土时，每侧作业方法与上述方法相同，所不同的是路堤用土由两侧运来，分别推至路基中心线即可。作业时，为使中心线两侧运土的结合处能充分压实，两侧运来的土料均应推送超过中线。采用这种作业方法时，每个作业区段最好由两侧相同台数的推土机相向同步作业，可使路堤均衡对称地成形。

用推土机从两侧取土填筑路堤，适用于取土距离较短、路堤较低的场合，一般在 1 m 以下。作业时要分层有序地进行，每层层厚视土质及压实特性而定，一般为 20～30 cm，并须随时分层压实。

（2）推土机纵向填筑路堤

用推土机进行移挖填土施工时，多采用这种方法（一般多用在丘陵、山地）。可做纵坡分层，只要挖方土壤符合填土要求，即可采用，但以开挖部分坡度不大于 1:2 为限。开挖中应随时注意复核路基标高和宽度，避免超挖和欠挖。

（3）综合作业法

这是上述两种方法的综合，即在纵横方向联合作业。沿线路分段进行，每段长 60～80 m，每段中部设有横向送土道，用横向作业的方式，将两侧土壤送上路堤，再由另外的推土机纵推送铺平，同时，分层压实。

2. 铲运机作业

利用铲运机填筑路堤，其基本方法与推土机大致类似，仅因作业现场条件不同而有所区别。其最大特点是曲线作业散落料少，故有更灵活的作业路线，并适宜于较远距离取土（一般为 100 m 以外，且填筑高度为 2 m 以上）。其作业的运行路线，在根据地形条件，考虑施工效率时，有以下几种基本方式，可在实际工作中灵活应用。

（1）椭圆形运行路线

此方法适用于填土高度在 1.5～2 m 以内，且工作长度在 100 m 以下的情况。主要缺点是重载上坡转向角大，转弯半径小；每一循环，铲运机需要转两次 180° 大弯。

（2）"8"字形运行路线

实际上是上述椭圆形路线的组合，每一个作业循环，在同样两次 180° 大转弯的情况下，可完成两次铲装运送、卸土的过程。而且可以容纳多机作业，工效比单椭圆形作业路线有一定程度的提高，多用于工作段较长（一般为 300～500 m）的填筑作业，要求取土场在路堤两侧。作业区段较长时，可以多个 "8" 形工作面首尾相连，可在整个区段内连续作业，适宜于群机作业。如果各机间隔适当，可使其互相不受干扰，并把每次填挖段与上次的错开，作业均衡，缺点为一次循环的时间较长。

（3）全堤宽循环作业

上述几种方法，均在路堤单侧取土（指一个循环内），对于两侧取土场同时取土作业时，可采取全堤宽循环作业的方法。即铲运机连续相间地在路堤两侧取土场取土，而在路堤全宽上均匀铺撒。这种作业方法，适宜于作业区段较长，且宽度较大的路堤填筑，铲运机每次循环中，多次装卸土壤，运行路线可均匀错开，因此碾压质量较好。

用铲运机填筑路堤，无论采取何种运行路线，在路堤整个宽度上，应注意从两侧分层向中间填筑，始终保持两侧高于中间，可防止铲运机向外翻车。当两侧填至标高时，再填平中间并按要求修整成一定的坡度。

另外，铲运机进行路堤填筑作业时，经常是利用自重压实的。因此，作业过程中，卸土应均匀分布在堤面上，同时铲运机车轮应使路堤上的卸土都能被压到，以保证路基的压实质量。

当路堤高度在1m以上时，应修筑运行通道。高度大于2m时，每隔50～60m修筑一个通道或缺口，最小宽度为4m，使铲运机转弯半径不小于6m。上坡通道坡度一般为15%～20%，下坡极限坡度为50%，整个填筑作业完成后，所有进出口通道应予封填。

3. 挖掘机（或装载机）与运输车辆配合作业

用正铲、反铲和抓斗挖掘机或装载机与运输车辆配合进行路堤填筑施工，适用于取土场较远或特殊地形的施工条件下作业，工作过程比较简单。挖掘机或装载机按其基本作业方法进行挖掘装载，由运输车辆将土料送上路堤，然后由推土机或铲运机按规定厚度铺平并由压实机械压实。采用这种作业方法，影响工效的主要因素是：与一定装载能力的挖掘装载机械相配合的运土车辆数及运行路线。

图2-1所示为正铲挖掘机与自卸卡车配合作业的运行路线图，挖掘机在取土场设有四个掘进道，而汽车运行路线视土质优劣，分两路运行，填土运上路堤按路堤放样边桩分层、有序卸填，弃土直接运往弃土地点。

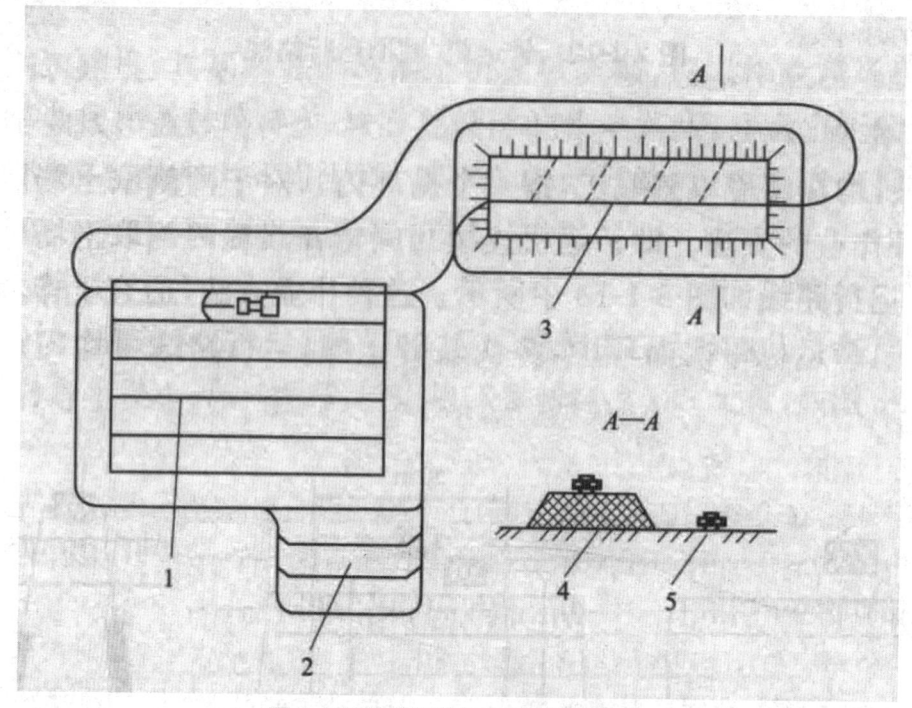

图 2-1 正铲挖掘机与自卸卡车辆配合

1—取土坑；2—不适用的废弃土；3—重车道；4—路堤；5—汽车

其他挖掘机和装载机作业时，方法与此相同，仅在于各种挖掘装载机械施工条件不同。如拉铲装车较为困难，要求司机操纵技术熟练，由于抓斗对土壤适应性差，一般不做直接挖土工作，这些类型的工作装置进行填土作业时，效率不及正铲。

与挖掘装载机械配合作业的车辆数，除与挖掘机、汽车性能有关外，同时还与运输距离、道路条件、驾驶员技术素质有关，还受到平整和压实机械生产能力的影响。因此，应尽可能使各种设备，而不仅仅是运输车辆，做到相互平衡、协调，才能既使总的工效最佳，又使各机种利用率和单机效率提高。

四、填土边坡施工

（一）一般规定

路堤边坡施工是路堤作业中的重要环节，如果注意不够，不但延误工期，降低工程质量，造成经济损失，而且也可能给运输安全带来很大的威胁，施工中务必充分重视。

路堤边坡的要求应符合《公路工程技术标准》中的规定，还要在施工时注意以下几点：

1. 放样。根据线路中桩和设计图表，通过放样，定出边坡的位置和坡度，确定路基轮廓，要求放样准确可靠。

2. 做好坡度式样。按照规定，首先在适当位置做出边坡式样，作为全面施工的参照，以免沿错误边坡延续施工。

3. 随时测量。对高路堤或深路堑，每做一段距离就要抄平打线一次，发现问题应及时纠正，变坡点处更要注意测量检查。

4. 留有余量。路基修筑包括路堑、路堤时，边坡部位要留有一定的余量，以方便进一步修整后，达到设计要求的标准，岩石边坡要尽量一次完成。

此外，边坡附近，如遇打眼放炮时，要严格控制炮眼方向及装药量，防止将边坡震松破坏。

填土边坡面，除了截面符合施工图纸形状，并注意上述各点外，施工中最重要的一点是边坡的压实。如果边坡面层和路堤主体相比不够密实，在遇降雨天气时，很可能在水的作用下发生滑坡等破坏。为了防止这种情况，要对路堤边坡尽可能采用机械压实的方法，达到密实度要求。

施工中，需估计施工过程中降雨的情况，采取必要措施预防因遭雨水洗刷和水渗透而发生边坡滑移。由于填土坡度面的施工程序和压实方法不当，引起的路堤崩溃和路侧下沉的情形是经常发生的，路堤边坡施工应尽量选定既简单又能有效保证路堤边坡安全的方法。

路堤边坡坡度在 1:1.8 左右时，坡面要拉线先放粗坡，用自重 3 t 以上的振动压路机（拖式）从填土坡脚开始向上卷振压实，注意必须是从下往上振压。放下过程中，不能振动，防止斜坡上的材料被振松而滚滑。土质良好且坡度不大时，也可用推土机在斜坡上往返行驶压实，这也是压实边坡行之有效的方法。对含水率较高的黏性土，须选用湿地推土机进行压实。

另外一种路堤边坡施工方法，是填土时适当加大宽度和高度，然后分层填土、压实，多余部分可利用平地机或其他方法铲除修整即可。这种方法作业面增大，需要有一定的施工回旋活动余地，但在没有条件进行坡面压实的情况下，往往可以取得满意的效果。

路基经过填土压实后，要进行整形作业。除路基顶面以外，施工作业较复杂的也是边坡面的整形，可用平地机或推土机进行。

（二）平地机坡面整形作业

由于平地机的性能和刮刀长度的限制，当坡面坡度为 1:1.5 ～ 1:5，坡面在平地机刮刀宽度以内时，可以用一台平地机在一个平面上行驶作业。如果坡面超过刮刀宽度或坡度较缓时，一台平地机在一个平面上无法完成全坡面整形，可采用两台平地机在上下两个平面上同时进行作业，或一台平地机分两次在上下两个平面内分别作业。对于平地机在上下两平面上仍不能完成整形作业的大坡面，则必须在分层填筑过程中，在适当时候就进行修整。

无论采取何种方式进行坡面整形，施工作业前，都必须在作业段两端做好标准坡面，以便在刮削时有所参照，或者随时用线绳连接两端标准坡面同一位点并指导、检查平地机作业情况，防止超刮及欠刮。对于有找平装置的平地机，也可以用拉线的方式，设置基准进行作业。当坡面出现超刮，要用人工分层夯实的方法，超高回填后，再做刮削，使之与原坡面构成一体。对于要求较高的过水坡面，上述回填应采取齿阶接合的方法，这个工作一般较为困难，且不易保证工程质量，故要尽量避免发生超刮现象。

（三）推土机坡面整形作业

推土机坡面整形作业，只适用于坡度较小（小于 1:2.5）的坡面。一般先用人工做出标准坡面，然后推土机紧靠标准坡面，自下而上或自上而下进行刮削。为了保证推土机不至于远离标准坡面而造成超刮现象，作业段内应有一定数量的标准坡面，以对推土机的作业加以控制，标准坡面布设一般以铲刀宽的 4 ～ 6 倍为宜，即 10 ～ 15 m。

由于推土机进行整形作业时，是与机车在坡面上行驶同时进行的（而平地机是在平面上行驶）。因此，推土机作业过程中，虽然可以多布设一些标准坡面，以便对照，但仍然比较难以掌握，所以对操作人员的技术水平要求较高。可根据推土机行驶的坡度与铲刀切削坡度一致的程度，采用简易的环形测坡仪进行监测，以便控制。一般而言，推土机进行坡面整形作业的质量远不如平地机容易控制。

第二节　路堑施工

路堑开挖是路基施工中工程量最大、最普遍的施工内容，有多种施工机械，使机械优势得到充分发挥。所以，路堑开挖主要采用机械化施工。

一、路堑施工的特点

从作业程序上说，路堑施工较为简单，按规定要求把土挖掘出来并运到弃土地点，不像路堤填筑有材料选择、分层碾压密实等问题存在。然而，从以往施工经验和公路使用的角度看，路基上发生的问题，却大多出在路堑上。例如，路堑施工往往成为整个工程的控制工程，影响工期。施工中常发生塌方、落石等事故。在道路使用过程中，路堑地段又是塌方、滑坡、翻浆、冒泥、冻害等路基病害的多发区段，而这些又在很大程度上与路堑施工得当与否有着密切的关系。如由于开挖坡度不合适或弃土太近，使土体失去平衡而发生塌方；由于排水不畅造成土体松软发生边坡溜滑；由于没有及时修筑挡土墙等防护工程而发生滑坡现象。因此，在路堑施工中，对采取的作业方式、开挖步骤、弃土位置等应予以充分重视，进行全面规划，保证有较高的质量和效率。在挖掘作业特别是深挖掘作业时，应将粗加工和挖掘作业同时进行，使坡面作业尽量减少，并且必须经常不断地检查尺寸。单面挖掘、单面堆土时，应尽量避免土堆太高，即使设计上没有防滑措施，也要将基底面进行阶梯挖掘，才比较合理。

深挖掘的另一特别需要注意的问题是：应保证施工过程中或竣工后的有效排水。一般应先开挖排水沟槽，并设法排除一切可能影响边坡稳定的地面水和地下水。为此，路基开挖作业时应注意以下几点：

1. 由于水是造成路堑各种病害的主要原因，所以，不论采取何种开挖方法，均应保证开挖过程中及竣工后的有效排水，施工时均应先开挖截水沟，并设法引走一切可能影响边坡稳定的地面水和地下水。开挖路堑时，要在路堑的线路方向保持一定的纵坡度，以利于排水顺利和提高运输效率。

2. 开挖时应按照横断面自上而下，依照设计边坡逐层进行，防止因开挖不当，而引起边坡失稳崩塌。对坡度较大、开挖厚度较薄的地形，由于挖削部分较薄，对坡体崩塌问题往往容易忽视。应按原有自然坡面自上而下挖至坡脚，不可逆转施工，否则，可能引起滑坡体滑塌。

3. 在地质不良拟设挡土墙的路堑中，路堑开挖应分段挖掘，同时修筑挡土墙或其他防护设施，以保证安全。

4. 路堑弃土应按要求，整齐地堆在路基侧或两侧。弃土堆内侧坡脚（靠路堑一侧）至路堑边坡顶端距离不得小于 5 m。

5. 对于弃土运往他处时，挖掘工作面的运输散落土料，要及时清除。尤其是每个工作日作业结束时，更要注意及时用推土机将散落土清除干净，以防土遇淤积水，造成滑坡损害，以致发生崩塌事故。

6. 松软土地带或其他不符合要求的土质地段，要采取各种稳定处理措施，并注意地下水的上升情况，据需要应设置排水盲沟等。

二、路堑的开挖

路堑开挖前，应做好现场伐树除根等清理工作。如果移挖作填时，还需将表层土壤单独掘砌。路堑的开挖方法根据现场施工条件，可采用以下几种基本方法：

1. 全断面开挖法

从开挖路堑的一端或两端按断面全宽一次挖到设计标高，逐渐向纵深挖掘，挖出的土方一般都是向两侧运送。这种方法适用于深度不大且较短的路堑。

2. 分层横断面挖法

从开挖路堑的一端或两端按横断面分层挖至设计标高，每层都有单独的运土出路和临时排水设施，适用于开挖深而短的路堑。土方工程数量较大时，各层应纵向拉开，做到多层、多方向出土，可安排较多的劳动力和施工机械，以加快施工进度。每层挖掘深度视工作方便和安全而定，一般为 1~2 m。

3. 分段纵挖法

当路堑较长、开挖深度不大时，把开挖路堑横断面分成若干段，并沿纵向条形开挖，一般出土于两侧。若是傍山路堑，一侧堑壁不厚，选择一个或几个地方挖穿路堑壁出土。

4. 分层纵挖法

如果路堑宽度及深度都不大，可以纵向分层挖掘。在短距离及大坡度时，可用推土机施工，较长的宽路堑则宜用铲运机作业。

5.通道纵挖法

在开挖路堑全长上，沿路堑纵向先挖出一通道，然后开挖两旁。这是一种快速施工的有效方法，通道可用于机械通行或运输土料车辆的运土。

三、路堑开挖机械化施工

（一）推土机作业

推土机操纵灵活，运转方便，既可开挖土方，又能短距离运输土料，在路堑开挖作业中被广泛应用。采用推土机开挖路堑，根据具体情况可有两种施工作业方法：

1.平地上两侧弃土，横向开挖

用推土机横向开挖路堑，其深度在 2 m 以内为宜。开始时，推土机以路堑中线为界，向两侧用横向"穿梭"推土作业法进行，将路堑中挖出的土送至两侧弃土堆，最后再做专门的清理和平整。当开挖深度超过 2 m 时，则需与其他机械配合作业。

此外，对上述施工作业，推土机也可采用环形作业法。推土时，推土机可按椭圆形或螺旋路线运行，这种运行路线可利用推土机本身对弃土堆进行分层压实和平整。

不论采用何种作业路线进行路堑开挖，都要注意不允许路堑的中部下凹，以免积水。在整个开挖段上，应做出排水方向的坡度以便排除降雨积水。在接近挖至规定断面设计线时，应随时复核路基的标高和宽度，避免出现超挖或欠挖。通常在挖出路堑的粗略外形后，多采用平地机整修边坡和边沟。

2.纵向开挖山坡路堑

（1）开挖傍山半路堑。一般多用斜铲推土机进行。开挖时首先由路堑边坡的上部开始，沿线路行驶，渐次由上而下，分段、分层将土推送至坡下填筑路堤处。推土机的水平回转角根据土壤的性质来调整，在Ⅰ、Ⅱ级轻质土壤上作业时，可调至 60°；在Ⅲ、Ⅳ级土壤作业时可调至 45°。由于推土机沿山坡施工，要特别注意安全，推土机始终应行驶在坚实稳定的土壤上，填土部保持道路外侧高于内侧，行驶的纵坡角不宜超过推土机最大爬坡角。

采用上述方法时，铲刀的平面角使土料沿刀身向填土部送出，当使用直铲推土机完成这种半路堑作业时，土料只能由推土机曲线行驶，方可卸土于填土部。

这时，最好铲土数次，将几次铲起的土壤集至一处堆起，然后再将土壤一起推运到边坡前沿卸土。这样不但可提高推土机的生产效率，而且比较安全。直铲推土机进行开挖半路堑作业只适用于坡度不大（25°以下）的场合。

（2）开挖深路堑。开挖深路堑运土作为填土路堤作业时，应首先做好准备工作，要在开挖路堑的原地面线顶端各点和填挖之间零点处设置标记，同时挖半小丘，使推土机能顺利进入作业现场。如果推土机能沿斜坡驶至最高点时，则可以由路堑的所在坡面上顶点处开始，逐层开挖至路堤处，开挖时可用1~2台推土机沿线路中线的平行线进行纵向推填。当路堑挖到设计深度的一半位置时，再用另外1~2台推土机，横向分层推削路堑斜坡。由斜坡上推削下来的土壤，仍由下面的推土机送至填土区段，直至路堑路堤全部完成为止。

这种深路堑的开挖顺序，如图2-2所示，每层均按沟槽运土法开挖，并尽量利用地形做到下坡推土。

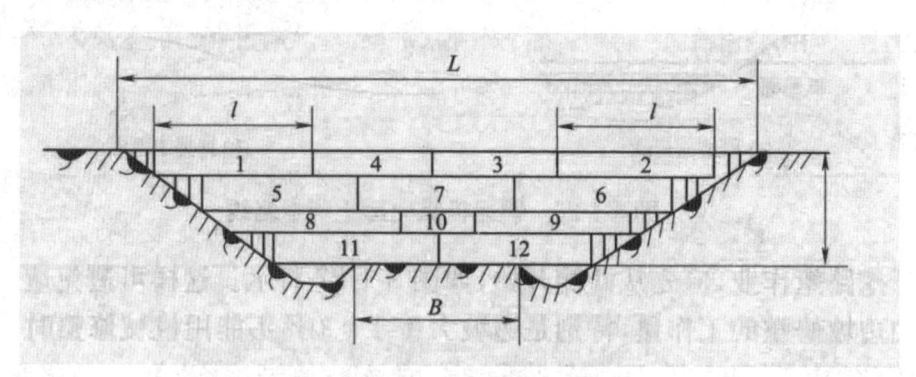

图2-2 推土机深挖路堑施工顺序

（二）铲运机作业

铲运机开挖路堑也有两种作业方法，一是横向弃土开挖；二是纵向移挖作填。路堑应分层开挖，并从两侧开始，每层厚15~20 cm。这样做既能控制边坡，又能使取土场保持平整，同时还应沿路堑两侧做出排水纵坡。

路堑在以下情形下，宜采用横向开挖，即：堑顶地面有显著横坡，而上游一侧须设置弃土堆，阻挡地面水流入路堑；路堑中纵向运土距离太长，超过铲运机的经济运距，严重影响工效；不需要利用土方或利用有剩余时；长路堑由于施工条件的限制，机械只承担其中一段，两端又无法纵向送土时。横向开挖路堑的施工运行线路与路堤横向取土填筑类似。

铲运机纵向移挖作填,当路堑须向堑口外相接的路堤处运土填筑时,铲运机应当利用纵坡自路堑端部开始做下坡铲土,适用于并逐渐向堑内段延伸挖土长度,而填筑路堤也应做相应的延伸。

一般铲运机可在路堑内做180°转向,从路堑两端分别开挖。当延伸到路堑中部且长度在30 m以内时,可改用直线迂回运行圈的方法,做纵向贯通运行,往返交替向两端挖运。如果地面纵坡过陡,铲运机不能运行时,应先用推土机在路堑的端部推出15°左右的缓坡。此外,在挖土区段内,每隔20～30 m宽度为铲运机开通一条回驶上坡道,并延伸至填土区段内。这样铲运机可用较大功率下坡铲土,在填土区段上回驶坡道卸土填方,并逐步扩大通路宽度,直到工作面的全宽普遍具备正常运行条件。

铲运机纵向运土时,也可根据工地情况采取几种不同行走路线。当然,一次循环可以做两次甚至更多次取土、卸土,视作业面纵向长度而定,这样可获得更好的经济性。

铲运机开挖路堑作业,应先从两侧开始。这样可避免造成超挖欠挖,否则将大大增加边坡修整的工作量,特别是边坡大于1:3且不能用机械修整时尤其应当注意。另外采取先挖两侧的顺序,亦利于雨后排水。

(三)挖掘机作业

用挖掘机开挖路堑,一般是与运输车辆配合作业的。

1. 正铲挖掘机开挖路堑

正铲挖掘机进行路堑开挖作业,可采用全断面开挖和分层开挖两种方法。路堑深度在5 m以下时,可采用全断面开挖,挖掘机依次向前开挖路堑全宽至设计标高,运输车辆停在与挖掘机同一平面,且并列布置,或在挖掘机后侧。这种方法施工简单,但挖掘机须横向位移,才能挖到设计标高。

当路堑深度为5 m以上时,宜采用分层开挖,即挖掘机在纵向行程中,先把路堑开通一部分,运输车辆在挖掘机一侧布置,并与开挖路线平行,如此往返几个行程,直至将路堑全部开通。第一开挖道高度,应以停在路堑边缘的车辆能够装料为准,其余各次开挖道都可以按要求位于同一水平之上,这样可以利用前次挖好的开挖道作为运输车辆的行驶路线。

各次的开挖道在全作业段完成后,可退返或调头做反向开挖,视现场具体情况而定,但务必注意每次开挖道的排水问题。

挖掘机各次开挖后在边坡上留下的土角，可由推土机修整。

2. 反铲挖掘机开挖路堑

由于反铲挖掘机只能挖掘停机面以下的土壤，因此做开挖路堑作业时，是停在路堑顶部两侧进行，一般只适用于开挖深度在挖掘范围内的路堑，可视现场情况采用沟端、沟侧的作业方法。

3. 拉铲挖掘机开挖路堑

用拉铲挖掘机开挖路堑作业时，如卸料半径能及至两侧弃土堆位置，则挖掘机可停在路堑中心线上，采取沟端挖掘的方法进行。否则，必须采用双开挖道作业。当弃土堆位于路堑一侧时，挖掘机沿路堑边缘移动，为了保证安全，挖掘机内侧履带应与路堑边沿保持 $1 \sim 1.5 \mathrm{~m}$ 的距离。

4. 推土机和铲运机联合作业

在组织大型土方机械开挖路堑作业时，往往投入作业的机型很多，各自又有不同的运用范围和作业效果，为多机联合作业提供了可能性。其中，不同功率的推土机和不同斗容量的铲运机联合作业最为常见。

在组织推土机与铲运机联合开挖作业时，应根据它们各自的特点将它们安排在最能发挥各自优势的部位进行作业。

推土机动作灵活，可正驶推运、倒驶空返，当推运翻松土壤时效率较高。其中大型推土机载运土量较大，爬坡性能最好；而中型推土机，进退速度较快。当推土机增设侧挡板后推运翻松土壤，可提高经济运距和载土量。而铲运机能下坡铲土入斗，上坡可以斜驶使上料损失最小，具有较好的整形性能，在干土地质进行深挖高填的大运距作业时，其工效与推土机相当，工程成本可降低。

在多机联合作业时，可将中型推土机安排在开挖段的上层，大型推土机放在中层，铲运机放在底层。为了便于排除降雨积水，开挖工作应自下而上进行。为了提高推土机的作业效率，在较硬土质区段，最好配备翻松机械或机具协同作业。

此外，采用多机联合作业时，还应当注意以下几点：

第一，在多种机械联合作业中，各种机型数量配备，要保证前机（例如中型推土机）的作业量满足后机（例如大型推土机）作业量的要求，最好同一机型的数量不少于两台。

第二，推土机推运松土时，采取纵向作业，效率较高，且故障少，也有利于边坡的控制及分层铲土。

第三，无论推土机还是铲运机，都应尽量坚持分段分层铲土、运土，随时保持弃土堆的平整密实，为了均衡各机作业，在作业中可随时调整分段长度。

第四，要坚持由低地段向高地段开挖，各机流水作业，以挖成一段，成型一段为原则，不宜打乱长堑、顺沟纵向犁翻的有利条件，以利排除积水和便于雨后继续作业。实践表明，联合作业具有工程质量好、工效高、受降雨影响小、现场管理方便等优点，是值得推广的一种较好的作业方式。

四、边坡作业

路堑挖土边坡施工的基本要求基本上与填土边坡类似，除了边坡坡度符合设计规范外，也应做好放样、布设标准坡面等工作。但是，与填方边坡相比又有自己的一些特点，主要表现为作业对象土壤土质的多样性。路堤边坡是由填土而成，所以，其工程性质差异不大。而路堑边坡则是由自然状态土、石方挖掘形成，随线路经过地带不同而有较大变化，其工程性质不仅不同，有时还差别很大，施工作业难易程度也就有一定的区别。根据以往施工经历，下面介绍路堑开挖边坡的几种类型及其施工要点：

1. 砂土边坡

挖出的斜坡要留有足够的余量，然后打桩定线进行坡面整修。具体做法是，先用机械开挖，留有 20～30 cm 的余量，后用人工修整或用平地机修整，也可用小型反铲挖掘机修整。如果采用挖掘机修整边坡，要求操作人员有较高的技术水平，否则，很容易造成超挖或欠挖。

2. 岩石边坡

如果坡面是软岩，可用镐或风镐开挖；如果是硬质岩石，要用手动冲击式钻机，沿着需要修整的坡面先开炮孔，然后，注意不要使剩下的岩盘松动，装少量炸药进行爆破。在大型工程中，也可直接爆破成斜面，然后进行放坡作业。

岩石边坡施工，特别应注意地质变化，岩盘和风化土界限实际高度与估计的不一样，施工时要视情况采取一定措施。总之，边坡一旦放好，是不容易变更的，所以，施工时，事先做好地质调查工作非常重要。

3. 碎石类土边坡

影响碎石类土挖方边坡的因素，主要是土体结合的紧密程度。其坡度要结合土壤、地质水文等条件确定。

碎石类土的潮湿程度及边坡高度对边坡的稳定有较大影响。一般湿度大、边坡高时，宜采用较缓坡度；对密实度差的土体，应避免深挖。同时，要注意由于边坡过缓，受雨水作用面积增大，故不宜过缓，并根据具体情况采取边坡防护和加固措施，切实做好排水工作，以免影响边坡稳定。

五、石质路堑开挖

由于岩石坚硬，石质路堑的开挖往往比较困难，这对路基的施工进度影响很大，尤其是工程量大而集中的山区石方路堑更是如此。因此，采用何种开挖方法以加快工程进度，是石质路堑开挖需要解决的重要问题。通常，应根据岩石的类别、风化程度、节理发育程度、施工条件及工程量大小等选择爆破法、松土法或破碎法进行开挖。

（一）爆破法开挖

爆破法是利用炸药爆炸的能量将土石炸碎以利挖运或借助爆炸能量将土石移到预定位置的方法。用这种方法开挖石质路堑具有工效高、速度快、劳动力消耗少、施工成本低等优点。对于岩质坚硬、不可能用人工或机械开挖的石质路堑，通常要采用爆破法开挖。爆破后用机械清方，是非常有效的路堑开挖方法。

根据炸药用量的多少，爆破法分为中小型爆破和大爆破，其中使用频率最高的是中小型爆破，大爆破的应用则受多种因素的限制。例如开挖山岭地带的石方路堑时，若岩层不太破碎、路堑较深且路线通过突出的山嘴时，采用大爆破开挖可有效提高施工效率。但如果路堑位于页岩、片岩、砂岩、砾岩等非整体性岩体时，则不应采用大爆破开挖。尤其是路堑位于岩石倾斜朝向路线且有夹砂层、黏土层的软弱地段及易坍塌的堆积层时，禁止采用大爆破开挖，以免对路基稳定性造成危害。

爆破对山体破坏较大，对周围环境也有较大影响。因此必须按有关施工规定和安全规程进行作业，严格按设计文件实施。通常应做试爆分析，其结果作为指导施工的依据。

（二）松土法开挖

松土法开挖是充分利用岩体的各种裂缝和结构面，先用推土机牵引松土器将岩体翻松，再用推土机或装载机与自卸汽车配合将翻松的岩块搬运到指定地点的方法。松土法开挖避免了爆破作业的危险性，而且有利于挖方边坡的稳定和附近建筑设施的安全。凡能用松土法开挖的石方路堑，应尽量不采用爆破法施工。随着大功率施工机械的使用，松土法愈来愈多地应用于石质路堑的开挖，而且开挖的效率也愈来愈高，能够用松土法施工的范围也不断扩大。

松土法开挖的效率与岩体破裂面情况及风化程度有关，岩体被破碎岩石分隔成较大块体时，松开效率较高。当岩体已裂成小石块或呈粒状时，松土只能劈成沟槽，效率较低。砂岩、石灰岩、页岩等沉积岩有沉积层面，是比较容易松开的岩石，沉积层愈薄愈容易松开。片麻石、片岩、石英岩等变质岩，松开的难易程度要视其破裂面发育程度而定。花岗岩、玄武岩、安山岩等岩浆岩不呈层状或带状时，松开比较困难。

多齿松土器适用于松动较破碎的薄层岩体。单齿松土器则适用于松动较坚硬的厚层岩体。松土器型号及松土间隔应根据岩石的强度、裂隙情况以及推土机功率等选择，最好通过现场松土器劈松试验来确定。遇到较坚硬的岩石，松土器难以贯入，引起推土机后部翘起或履带打滑时，可用另一台推土机在松土器后面顶推。坚硬完整的岩石难以翻松，可进行适当的浅孔松动爆破，再进行松土作业。

（三）破碎法开挖

破碎法开挖是利用破碎机凿碎岩块，然后进行挖运等作业的方法。这种方法是将凿子安装在推土机或挖土机上，利用活塞的冲击作用使凿子产生冲击力以凿碎岩石，其破碎岩石的能力取决于活塞的大小。破碎法主要用于岩体裂缝较多、岩块体积小、抗压强度低于 100 MPa 的岩石。由于开挖效率不高，只能用于前述两种方法不能使用的局部场合，作为爆破法和松土法的辅助作业方式。

以上三种开挖方法各有特点，应视施工条件合理选用。

六、深挖路堑的作业

路堑边坡高度等于或大于 20 m 时称为深挖路堑。深挖路堑的施工方法与一般路堑的施工方法基本相同，但有一些特殊问题和要求需要注意。

（一）施工前的准备

深挖路堑因为它的边坡较高，易于坍塌，且工程数量大，常是影响全线按期完工的重点工程。因此，施工前准备工作的一个重要任务，就是要详细复查设计文件所确定的深挖路堑地段的工程地质资料及路堑边坡，并收集了解土石界限、工程等级、岩层风化厚度及破碎程度等岩层工程特征。若路堑为砂类土时，应了解其颗粒级配、密实程度和稳定角；路堑为细粒土时，应了解含水率和物理力学性质，以及不良地质情况、地下水及其存在形式等。根据详细了解的工程地质情况、工程量的大小和工期，编制施工组织设计，确定配备机械设备类型和劳动力，这对保证工程质量和按期完成是非常重要的。

施工前准备工作的另一重要任务是对工程地质进行补探工作，过去有些深挖路堑常缺乏工程地质资料或者仅有地表面 $1 \sim 2$ m 深的探坑地质资料，有些资料只根据天然露头确定工程难易等级，这对保证深挖路堑边坡稳定的论证是不够的，更不能以此编制施工组织设计和指导施工。因此，在施工前，必须进行工程地质补探工作（补做工程地质勘探时应以钻探为主），解决原设计文件中工程地质资料缺乏或严重不足的问题。补做工程地质勘探并验算后，若高路堑边坡难以稳定，将造成长期后患，则应按补做的地质资料进行方案的选择，并报请审批后实施。

（二）土质高路堑

深挖路堑边坡是否能够稳定，因素很多，最主要的是边坡坡度大小。若坡度小，边坡平缓，则易于稳定；反之，则不稳定。同时亦与气候有关，因此要求边坡应严格按照设计坡度施工，但遇到土质情况与设计资料不符，特别是土质较设计松散时，应向有关方面提出修改设计的意见，批准后实施，以保证路堑边坡的稳定。

路堑边坡按一定高度设平台与从上至下一个面坡相比，虽然设平台的综合坡度与一面坡的坡度相同，但前者边坡较稳定些。此外，分层设有平台还可起到碎落台作用。因此，在施工高路堑边坡时，应每隔 $6 \sim 10$ m 高度设置一个平台，平台宽度人工施工不应小于 2 m，机械施工不应小于 3 m，平台表面横向坡度应向内倾斜，坡度约为 $0.5\% \sim 1\%$；纵向坡度应与路线平行，平台上的排水设施应与排水系统连通。

施工过程中修建平台后的边坡如果仍然不能稳定，应根据其不稳定因素，如设计边坡过陡、过大造成含水率增加、土的内摩擦角降低等，采用修建石砌护坡、边坡上植草皮或做挡墙等防护措施。若边坡上有地下水渗出时，还应根据地下水渗出的位置、流量，修建排水设施将其排走。

土质单边坡和双边坡深挖路堑的施工方法，与一般高度的平边坡路堑的施工方法基本相同，只不过需多分几层施工。

单边坡路堑可采用多层横向全宽挖掘；双边坡则通常采用分层纵挖法和通道

纵挖法。若路堑纵向长度较大，一侧边坡的土壁厚度和高度不大时，可采用分段纵挖法。施工机械可采用推土机或铲运机。当弃土运距较远，超过铲运机的经济运距时，可采用挖掘机配合自卸汽车作业，或采用推土机、装载机配合自卸汽车作业。

土质深挖路堑施工中应注意的是，不能采用不加控制的爆破法施工和掏洞取土法施工。不加控制的爆破法施工会造成路堑边坡失稳，易于坍方；掏洞取土易造成土坍塌伤人。特别应注意在靠边坡 3 m 以内禁止采用爆破法，即使是土质紧密，为加快施工进度在距边坡 3 m 以外准备采用爆破法施工时，也应进行缜密设计，以免炸药量过多，爆破时将边坡上的土炸松，使边坡不能稳定，造成后患。

（三）石质高路堑

石质高路堑宜采用中小爆破法施工，只有当路线穿过独山丘，开挖后边坡不高于 6 m，且根据岩石产状和风化程度，确认开挖后边坡稳定，才可考虑大爆破方案。

单边坡石质深路堑已有一面临空，为了使爆破后的石块较小，便于推土机清方，绝对不能采用松动爆破、减弱松动爆破或药室爆破。前两种爆破方法虽然能节约炸药，但爆破后石块太大，有些大石块还要重新钻眼爆破将石块炸小（二次爆破），或需用人工以撬棍将大石块慢慢移走，无法使用机械施工，导致施工进度太慢。药室爆破虽然爆破方量较大，但可能将边坡炸松，而且构建药室时都是人工操作，花费时间多。正确的做法是采用深粗炮眼、分层、多排、多药量、群炮、光面、微差爆破方法。其原则是打炮眼尽量使用机械，可使爆破后石块小一些，便于机械清除。若最后一排炮眼靠近边坡时，应采用光面爆破设计施工。

双边坡石质深挖路堑的施工较单边坡的困难一些。先要采用纵向挖掘法在横断面中部每层开辟一条较宽的纵向通道，以便运走爆破后的石料，同时成为两侧未炸石方的临空面，然后横断面两侧按单边坡石质路堑的施工方法作业。

第三节　特殊路基处理

一、一般规定及特点

1. 特殊路基施工，应进行必要的基础试验，编制专项施工组织设计，批准后实施。

2. 施工中若实际地质情况与设计不符或设计处治方案因故不能实施，应及时向监理、业主、设计院反映，申请设计变更。

3. 采用新技术、新工艺、新设备、新材料时，必须制定相应的工艺、质量标准。

4. 用湿黏土，红黏土和中、弱膨胀土作为填料直接填筑时，应符合下列规定：

（1）液限在40%～70%之间，塑性指数在18～26之间。

（2）采用湿土法制作试件，试件的CBR值满足规范要求。

（3）不得作为零填及挖方路基0～0.80 m范围内的填料。

二、黏土填筑路基施工

1. 当湿黏土液限不在40%～70%，塑性指数不在18～26之间填筑路基时，应进行处理，处理后CBR值和粒径大小应符合相关要求，且压实质量应符合规范规定。

2. 基底为软土时，应按设计要求进行处治。

3. 不同类的填料，不得填筑在同一压实层上。

4. 路堤填筑时，每层宜设2%～3%的横坡；当天的填土，宜当天完成压实。

5. 填筑层压实后，应采取措施防止路基工作面暴晒失水。

6. 水稻田地段路基施工，要符合下列规定：

（1）水稻田地段路基施工，不得影响农田排灌。

（2）施工前应采取措施排除公路用地范围内的地表水。疏干地表水确有困难时，应按设计要求进行处治。

（3）二级及二级以上公路路堑段，应在边坡顶适当距离外筑埝并挖截水沟；土质、风化岩石边坡，应浆砌护墙或护坡；路堑路段宜加大边沟尺寸并采用浆砌。

三、膨胀土地区路基施工

1. 在膨胀土地区路基施工前，按图纸和监理工程师的要求，修筑长度不小于 200m 全幅路基宽度的试验段，应确定膨胀土路堤施工中的石灰掺量、松铺厚度、最佳含水率、碾压机具以及全部施工工艺，试验结果应报监理工程师批准。

2. 当路堤高度不足 1 m 时，必须挖去地表 300～600 mm 的膨胀土，换填非膨胀土，并按规定压实。当地表潮湿时，必须挖去湿软土层，换填碎砾石土、砂砾或坚硬岩石碎渣，或将土翻开掺石灰稳定并按规定压实，一般换填深度可控制在 1.2 m 左右。

3. 填土路堤不得采用强膨胀土填筑。高速公路采用中、弱膨胀土用作路床填料时，应做改性处理。改性处理后要求胀缩总率不超过 0.7 为宜，并按试验段报告要求施工。弱膨胀土做填料只能填在路堤下层及中层，边坡表面及路基顶面应以非膨胀性土或石灰改性膨胀土包边，包边厚度应符合图纸规定。

4. 膨胀土地区的路堑施工，路床应超挖 300～500 mm，并应立即用非膨胀土或改性土回填，并按规定压实。

5. 用改性的膨胀土填筑时，应加强土的粉碎和注意与石灰拌和的均匀性。压实机具应选用重型压路机或振动压路机。碾压时，直线段由两边向中央，超高段由内侧向外侧碾压。考虑到膨胀土路堤的沉降，路堤两侧应各加宽 300～500 mm。

6. 膨胀土地区路基施工，应避开雨季作业，路堤填筑要连续进行。路堤或路堑两侧边坡的防护封闭工程必须及时完成，做好膨胀土路基的防水、排水工作。

7. 膨胀土地区路基压实标准，应符合要求。

四、黄土地区路基施工

1. 黄土地区路基施工应符合《公路路基施工技术规范》要求。

2. 黄土路堤应分层填筑，分层压实，大于 10 cm 的土块必须打碎，并应在最佳含水率范围时碾压密实。

3. 路基范围内的回填及碾压的压实度均应符合土方路基压实度标准。

4. 湿陷性黄土路基应采用拦截、排除地表水等措施，并防止地表水下渗。其地下排水构筑物及地面排水沟渠必须采取防渗措施。

5. 对于Ⅱ级以上湿陷性黄土地基应在填筑前进行碾压或采用强夯石灰桩挤密填土等加固处理。

6. 黄土陷穴地区的路基施工，应将路堤或路堑边坡上侧 50 m、下侧 10～20 m 以内的陷穴进行处理。承包人应将陷穴的位置、埋藏深度及大小、所采取的处理措施报监理工程师批准。

7. 对路基路床的陷穴应封堵其进口，引排周围地表水，使其不再流向陷穴，并回填砾石夯实或灌注混凝土等。

五、盐渍土地区路基施工

1. 盐渍土路基的处理宜在干旱季节施工。施工前应对该地区地表土层 1 m 内的土质含盐性及含盐量进行控制检测，并报监理工程师审查。

2. 当盐渍土的容许含盐量符合《公路路基施工技术规范》规定时，盐渍土路堤应分层填筑、分层碾压，每层松铺厚度不大于 200 mm，并严格控制含水率，不得大于最佳含水率 1 个百分点。

3. 盐渍土路基的施工，应分段一次完成。自清除基底含盐量较大的表土开始，连续施工，一次做到路床设计标高。

4. 当盐渍土含水率超过《公路路基施工技术规范》规定时应换填渗水性土，当基底含水率超过液限的土层厚度在 1 m 以内时，必须全部换填渗水性土，并应在路堤下部设置封闭隔水层。

5. 施工中应首先做好排水系统，不应使路基及其附近有积水。无论是填筑黏性土或换填渗水性土，其压实度均应符合土方路基压实度标准。

第四节　路基压实

一、土质路基的压实

土质路基的压实过程，其本质上是土体在压力作用下，克服土颗粒间的内聚力和摩擦力，使原有结构受到破坏，固体颗粒重新排列，大颗粒之间的间隙被小颗粒所填充，变成密实状态，达到新的平衡。在施工作业中，表现为土壤的体积被压缩，而达到一定程度后，这个过程不再持续。这是因为在颗粒重新排列后，土中气体被挤出，由快变缓，最终趋于结束。这时，作用于土体的压力，只能引起弹性变形，而压力过大时，则可能使土壤产生剪切破坏，影响土体强度。

路基压实状况通常用压实度来表征，压实度与密实度容易产生概念上的混淆。密实度亦称理论密实度，是指单位体积内固体颗粒排列的紧密程度，即土的固体体积率越大，土的干密度也越大。所以，有时也用干密度来表示土的密实度。但两者在物理意义上是有区别的，压实度是指土压实后的干密度与标准的最大干密度之比，用百分率表示，亦称干密度系数，或相对密实度。所谓标准的最大干密度，是指用标准击实试验方法，在最佳含水率条件下得到的干密度。

二、填石、土石混填及高填方路堤的压实

（一）填石路堤

1. 压实质量标准

填石路堤不能用土质路基的压实度来判定路基的密实程度，我国现行《公路路基施工技术规范》对填石路堤压实度也没有明确的数值要求，对填石路堤压实质量见表2-1。

表2-1 填石路堤上、下路堤压实质量标准

分区	路面地面以下深度（m）	硬质石料孔隙率	中硬石料孔隙率	软硬石料孔隙率
上路堤	0.8～1.5	≤23%	≤22%	≤20%
下路堤	>1.5	≤25%	≤24%	≤22%

填石路堤施工前，应先修筑试验路段，确定满足表2-1中孔隙率标准的松铺厚度、压实机械型号及组合、压实速度及压实遍数、沉降差等参数。用在填石路堤施工过程中的每一压实层，可用试验路段确定的工艺流程和工艺参数，控制压实过程，用试验路段确定的沉降差指标检测压实质量。

2. 压实方法及检查

填石路堤在压实之前，应用大型推土机摊铺平整。个别不平处应用人工配合以细石屑找平，使石块之间无明显高差台阶才便于压路机碾压，或使夯锤下坠到地面时，受力基本均匀，不致使夯锤倾倒。

填石路堤填料石块本身是密实而不能压缩的，压实工作是使各石块之间松散

接触状变为紧密咬合状态。由于石块粒径较大，质量较大，必须选用工作质量18 t 以上的重型振动压路机、工作质量 2.5 t 以上的夯锤或 25 t 以上的轮胎压路机压（夯）实，才能达到规定的紧密状态。用振动压路机或夯锤压实能在压实时产生振动力和冲击力，可使石块产生瞬时振动而向紧密咬合状态移位，其压实厚度可达 1.0 m。当缺乏上述两种压实机具，只能采用重型静载光轮压路机或轮胎压路机压实时，应减少每层填筑厚度和石料粒径，其适宜的压实厚度和粒径应通过试验确定，但不应大于 50 cm。

填石路堤应先压两侧后压中间，压实路线对于轮碾应纵向互相平行，反复碾压。压实路线对夯锤应成弧形，当夯实密实程度达到要求后，再向后移动一夯锤位置。行与行之间应重叠 40～50 cm，前后相邻区段应重叠 1.0～1.5 m，其余注意事项与土质路基压实相同。

填石路堤使用各种压实机具时的注意事项与压实填土路基相同，而填石路堤压实到所要求的紧密程度所需的碾压或夯压的遍数应经过试验段确定。采用重锤夯实时，重锤下落时不下沉而发生弹跳现象，可进行压实度检验。

填石路堤顶面至路床顶面 80 cm 范围内应填筑符合路床要求的土，并按要求进行压实。

（二）土石混填路堤

土石混填路堤的压实方法与技术要求，应根据混合料中巨粒土的含量百分比确定。当混合料中巨粒土（粒径大于 200 mm 的颗粒）含量多于 70% 时，其压实作业接近于填石路堤，应按填石路堤的方法和要求进行。当混合料中巨粒土的含量低于 50% 时，其压实作业接近于填土路堤，应按前述填路堤的方法和要求进行。

土石路堤的压实度可采用灌砂法或水袋法检测。其标准干容重应根据每一种填料的不同，含石量的最大干容重做出标准干容重曲线，然后根据试坑挖取试样的含石量，从标准干容重曲线上查出对应的标准干容重。当采用灌砂法或水袋法检验有困难时，可根据填石路堤的方法进行检验，即通过 18 t 以上振动压路机压实试验，当压实层顶面稳定，不再下沉时，可判定为密实状态。

如几种填料混合填筑，则应从试坑挖取的试样中计算各种填料的比例，利用混合料中几种填料的标准干容重曲线查得对应的标准干容重，用加权平均的计算方法，计算所挖试坑的标准干容重。

土石路堤的压实度标准，可采用灌砂法或水袋法检验，并应符合填土路堤的压实度要求,也可按填石路堤的方法检验,并应用灌砂法或水袋法判定压实度是否合格。

(三)高填方路堤

高填方路堤的基底承受路堤土本身的荷载很大,因此对基底应进行场地清理,并按照设计要求的基底承压强度进行压实。设计无要求时,基底的压实度不应小于90%。当地基松软仅依靠对厚土压实不能满足设计要求的承压强度时,应进行地基加固处理,以达到设计要求。当基底处于陡峻山坡上或谷底时,应做挖台阶处理,并严格分层填筑压实。当场地狭窄时,压实工作应采用小型的手扶式振动压路机或振动夯进行。当场地较宽广时应采用自行式12 t以上的振动压路机碾压。

第五节 路基排水施工

路基以及沿线各种结构物,经常受到水的作用,严重时形成水害。因此,对路基的排水必须予以充分重视。

作用于路基的水有地面水和地下水之分。地面水能形成冲刷而破坏路基,也能渗入路基内部,使土体软化。地下水则可使路基潮湿引起边坡塌落、滑动、翻浆、冻害等。所以,路基必须具备完善的排水系统,保证迅速排泄路基范围内的地面水,并对影响路基稳定的地下水进行截流降低水位或予以排除。各级公路应根据沿线的降水与地质水文等具体情况,设置必要的地面排水、地下排水设施,并与沿线桥涵相配合,形成一个有机的排水系统,以保证路基及其边坡的稳定。

一、地面排水

排除地面水的各种设施,应充分考虑多方面进入路基范围的水流量,包括因降雨、降雪所产生的路面水流,以及从公路附近地区向道路范围流入的水流,还包括路堑边坡排水和农田横跨道路的排水工程,据此来确定排水设施的排水能力。

地面排水设施主要有边沟(侧沟)、截水沟、排水沟以及跌水和急流槽等。

(一)边沟(侧沟)

设置在路堑路肩两侧或路堤的坡脚外侧,用以汇集和排除路基范围内及流向路基方向的少量地面水的沟槽叫作边沟。边沟的断面形式，一般有梯形、三角形和矩形。通常土质边沟多用梯形，石质边沟用矩形，机械化施工时则采用三角形边沟居多。

梯形边沟边坡，靠路基一侧为 1:1～1:1.5，另一侧与路堑边坡相同；三角形边沟边坡一般为 1:2～1:4；矩形边沟用于石质地段或用块石铺砌时，边坡可以直立，亦可稍有倾斜，边沟深度一般取 0.4～0.8 m，边沟底宽不应小于 0.4 m，在水流较多的情况下，需适当加宽或加深。

一般情况下，边沟不宜与其他沟渠合并使用。为控制边沟中的水流不致过多，可以充分利用地形，在较短距离内即将边沟水排至路旁洼地、沟谷或河道内，一般每隔 300～500 m 设涵沟一道，用以及时将边沟水排至路基范围的外侧。

通常，边沟的纵坡与路线纵坡相同，但不宜小于 0.2%～0.5%，以免水流阻滞和使边沟淤塞。当纵坡大于 3% 时，应对边坡进行加固；当纵坡超过 7% 时，流速变大且冲刷严重，可采用跌水或急流槽的形式缓冲水流。另外在平曲线区段内，应注意使边沟纵坡与平曲线平顺衔接，以保证水流畅通。在路基外侧，边沟开挖深度应适当加大，保证不致因平曲线引起边沟纵坡坡度变小，而妨碍水流畅通。在平曲线段内调整边坡确有困难时，也在平曲线上游段适当增设涵洞，减少曲线段边沟的水流量。

边沟的出水口，必须妥善处理。在路堑路堤结合处，应设排水沟沿路堑山坡将水流引出路基以外，以免冲刷填方边坡；或者用跌水、急流槽把水直接引到填方坡脚外。当边沟的出口与涵洞间高差较大，可以在涵洞进水口前设雨水井，或根据地形情况，急流槽与跌水并用将水流引入涵洞。若边沟出水口有桥头翼墙等建筑物，也可以用急流槽或跌水将水接引入河道。

（二）截水沟

截水沟应设在路基横坡上方的边坡上，垂直于水流方向（大致与线路平行），以拦截外部水流，并引入他处，保证路基不受冲刷。截水沟必须排水迅速，不得在沟内积水或沿沟壁土层渗水，否则，会加剧路基病害，截水沟可能成为边坡塌方的顶边线。所以，截水沟应设有合适的纵坡度，最小不应小于 0.2%～0.5%，亦不可超过 3%，使截水沟边坡冲刷严重。一般取用 1%，沟内应适当加固，以保证不渗水，在转弯处用平顺的曲线相连接，保证水流畅通。

截水沟的横断面形状一般多为梯形，底宽不应小于 0.5 m，深度应根据拦截的水流量确定，不宜小于 0.5 m。边坡坡度视土质而定，一般土质可取 1:1 ～ 1:1.5。

截水沟离路堑边坡坡顶边缘的距离 d 视土质不同而异，以不影响路堑边坡稳定为原则，一般取 d ≥ 5 m。在截水沟与路堑之间，用土壤堆筑挡水土台。

山坡路堤上方的截水沟，应布置在路堤坡脚以外约 2 m 处，截水沟与路堤之间修筑护坡道，顶面以 2% 的横坡向截水沟倾斜，如有取土坑，则在坑内挖沟，并加以修整。

如果路堑边坡坡顶边缘至分水岭的山坡不宽，坡度较缓，降雨量也不大，土质良好且植被覆盖茂密，此时也可不设截水沟；反之，如坡面很长，降雨量又大时，根据具体情况，可设一道或几道大致平行的截水沟，以分段拦截地面流水。

截水沟也应设有可靠的出水口，需要时应设排水沟、跌水或急流槽，将水引至自然沟及桥涵水流进口处。

（三）排水沟

设置排水沟的目的，在于将水流从路基排泄至低洼地或排水设施中。因此，其位置与地形等条件有关，灵活性较大。路堤有取土坑时，应挖成畅通的沟槽，起排水作用；没有取土坑时，应在路基横向坡度上方一侧，或横坡不明显而路堤较低的情况下，在路基的两侧，挖纵向排水沟，用以截、引流向路基的地面水流，不使滞积而危害路基。

排水沟一般为梯形断面，底宽不小于 0.5 m，深度根据流量而定，边坡坡度视土质情况取 1:1 ～ 1:1.5，排水沟应尽量做成直线，如必须做成弯度时，其曲线半径不宜小于 10 ～ 20 m。排水沟长度根据地形情况视需要而定，当排水沟水流流入河道或其他沟渠时，应使水流平顺流畅。

（四）跌水与急流槽

当排水的高差较大，距离较短或坡度陡峻时，应采用跌水和急流槽的形式，以防止过高流速的水流冲刷。从水力计算特点出发，跌水和急流槽的构造分为进水、缓冲、出水三部分。跌水和急流槽一般用石砌或混凝土筑成，要求基础牢固，不渗水。

二、地下排水

为了拦截、汇集和排除路基地下水，降低其水位，设置的地下排水设施有暗沟（盲沟）、排水管和排水涵洞几种形式，它们的布置可以在路基的不同部位。地下水排水设施设置，应分析地下水侵入路基土体的途径，抓住关键性矛盾，有针对性地采取措施。路基土渗透水的途径有以下几项。

1. 从与道路相连接的高处向路堤渗透。
2. 由地下水通过毛细作用向上渗透。
3. 路面水向下渗透。
4. 由于路边土和路基土含水率不同，产生的抽吸渗透。
5. 路基土对地下水的抽吸。
6. 通过土孔隙，地下水蒸汽上升。

针对具体情况，可采用不同形式的排水设施。暗沟是常用的一种地下排水设施，其设置深度不应小于当地土壤冰冻深度，以保证冬季也起排水作用。填料应选用有较好透水性能的材料，常用的有碎石、砾石、粒砂等，选择时应考虑其级配和形状应有利于增强渗透能力。

第六节　路基防护与加固

路基经受长期行车作用，并遭受雨雪、地震等自然灾害侵蚀破坏，填挖边坡和自然坡面引起的公路病害，使得道路发生损坏。所以，一般都要对路基边坡采取必要措施，必要时亦包括路肩表面，以及同路基稳定直接相关的近旁河流与山坡予以防护或加固。

由于具体作用与目的的不同，路基防护与加固工程可分为坡面防护、堤岸加固和支挡结构三个方面。坡面防护主要是保护路基边坡表面，以防受到自然因素的破坏，如雨水冲刷、干湿及冷热循环作用以及表面风化等。坡面防护的措施有种草、植树、铺草皮、抹面、勾缝、灌浆、修筑护坡及护墙等。堤岸加固主要是使沿河路堤不致受到水流的冲刷、掏空和浸软作用，常用的方法有：属于直接措施的植树、护坡、抛石、石笼、驳岸及浸水挡墙；属于间接措施的修筑丁坝与顺坝等导流（调治）结构物，有时亦可整治或改变河道。支挡结构主要是指各类挡土墙，亦可包括具有承受外力作用的护肩、护坡和护脚等。应当说明的是，上述三个方面，是相辅相成的，而不是截然分开的，各种措施除了具有其主要作用外，还常常兼有其他几个方面的共同作用。

路基的各种防护和加固措施，除去支挡路基的结构物外，大部分本身不具有或具有很少承受外力的能力，一般是附设在边坡表面起隔离作用，只是在路基基本稳定的前提下，才具有保护和加固的实际效果。如若路基本身具有缺陷而不稳定，则坡面防护（尤其是简易式的）则达不到预期目的。工程较大的驳岸及挡土墙等，除应注意就地取材、简单实用之外，对于病害严重的路段，要注意根治病害。例如沿河路堤，当水流正面冲击或冲刷严重时，除应设置坚固的驳岸或浸水挡土墙外，有时还要因势利导，结合整治河道，改变水流方向，达到根治的目的；又如塌方严重处，除修筑永久性的挡土墙，还应注意加强排水和放缓边坡等。

各种类型的防护与加固措施，选用时应根据公路性质与使用要求，针对具体需要选择采用，还要注意结合当地自然条件及已有成功的实践经验合理设置。随着对公路质量要求的提高，路基的防护与加固工程，需要加倍重视，保证路基工程的总体质量。

一、坡面防护

路基边坡受到降水、融雪、地下水河水、风吹、日晒及其他自然力的作用，表层极易受到损害，边坡愈陡，土质愈软弱，受害就愈是严重，而且以水害更为突出。所以，边坡坡面防护与加固应和路基排水相结合，综合应用各种方法，对于保护路基效果会更为显著。

（一）植被防护

植被工程是指用植物所做的防护工程，其主要方法是铺草皮、种草或植树等，方法简单易行且经济有效，目的是减缓地面水流速，调节表层土的水温状况，植被根系深入土中，在一定程度上对表土层起着固结作用。

1. 种草

种草适用于边坡稳定、坡面冲刷轻微的路堤或路堑边坡，一般要求边坡坡度不陡于 1:1，边坡地面水径流速不超过 0.6 m/s，长期浸水的边坡不宜采用。

采用种草防护时，对草籽的选择应注意当地的土壤和气候条件，通常应以容易生长、根部发达、叶茎低矮的多年生草种为宜，最好采用几种草籽混合播种，使之生成一个良好的覆盖层。

播种的坡面应平整、密实、湿润，播种方法有撒播法、喷播法和行播法等。采用撒播法时，草籽应均匀撒布在已清理好的土质边坡上，同时做好保护措施。

对于不利于草类生长的土质，应在坡面上先铺一层种植土，路堑边坡较陡或较高时，可通过试验采用草籽与含肥料的有机质泥浆混合，用喷播法将混合物喷射于坡面。采用行播法时，草籽埋入深度应不小于5 cm，且行距应均匀。

种草应在温度、湿度较大的季节播种，播种前应在路堤的路肩和路堑的堑顶边缘埋入与坡面齐平的宽20~30 cm的带状草皮。播种后，应适时进行洒水、施肥、清除杂草等养护管理，直到植物覆盖坡面。

2. 铺草皮

铺草皮适用于各种土质边坡。特别是当坡面冲刷比较严重，边坡较陡（可达60°），径流速度大于0.6 m/s时，采用铺草皮防护比较适宜。铺草皮的方式有平行于坡面的平铺、水平叠置、垂直坡面或与坡面成一半坡角的倾斜叠置，以及采用片石铺砌成方格或拱式边框，方格式框内铺草皮等，可根据具体条件（坡度与流速等）选用。

铺草皮需预先备料，草皮可就近培育，切成整齐块状，然后移铺在坡面上。铺时应自下而上，并用竹木小桩将草皮钉在坡面上，使之稳定。草皮根部土应随草切割，坡面要预先整平，必要时还应加铺种植土，草皮应随挖随铺，注意相互贴紧。

铺草皮前，应将边坡表面挖松整平，尽可能在春、秋季或雨季进行，随挖随铺，成活率较高。不宜在冰冻时期或解冻时期施工。路堑边坡铺草皮时，应铺过路堑顶部1 m或铺至截水沟边。为提高防护效果，在铺草皮防护坡面上，尽可能植树造林，以形成一个良好覆盖层。

3. 植树

植树适用于各种土质边坡和风化极严重的岩石边坡，边坡坡度不陡于1:1.5。在路基边坡和漫水河滩上植树，对于加固路基与防护河岸均有良好的效果，可以降低水流速度。在河滩上植树，可促使泥沙淤积，防止水流直接冲刷路堤。在风沙和积雪地面、林带植树，可以防沙、防雪，保护路基不受侵蚀。此外还可美化路容，调节气候，改善高速公路的美学效果。

植树防护宜选用在当地土壤与气候条件下能迅速生长、根系发达、枝叶茂密的树种。用于冲刷防护时宜选用生长很快的杨柳类，或不怕水淹的灌木类。种植后在树木未成长前，应防止流速大于3 m的水流侵害，必要时应在树前方设置障碍物加以保护。植树防护最好与种草结合使用，使坡面形成一个良好的覆盖层，才能更好地起到防护作用。高速公路边坡上严禁种植乔木。

（二）坡面处治

对于岩石边坡的防护，可以采用抹面、喷浆、勾缝、灌浆、嵌补或铆固等方法进行处治，以达到防护的目的。

抹面防护适用于易风化而表面比较完整、尚未剥落的岩石边坡，如页岩、泥岩、泥灰岩或千枚岩等，目的是防止表面风化。通常的做法是用石灰炉渣的混合灰浆、三合土或四合土（三合土为石灰、炉渣、黏土按一定比例混合而成，四合土则另加河沙）进行抹面，作业前，应对被处治的边坡加以清理，去掉风化层、浮土、松动石块，并填坑补洞，洒水湿润，以利牢固耐久，抹面后还要进行养生。

喷浆是一种施工简便、效果较好的方法，适用于容易风化和坡面不平的岩石边坡处治，喷射材料可以是水泥砂浆和混凝土，其厚度一般为 5～10 cm。对于气候条件恶劣或寒冷地区，应适当加厚，喷浆前也应对坡面进行清理，有条件时可将铁丝网固定在边坡上，之后进行喷浆。对于一般不重要的工程，采用水泥、石灰、河沙混合喷浆比较经济。

勾缝适用于比较坚硬但节理裂缝多而细的岩石边坡处治，主要为防止水侵入岩层内造成病害。

灌浆则适用于坚硬但裂缝较深和较宽的岩石边坡处治，它借助砂浆或混凝土使坡面表层形成一个防水整体。

嵌补主要用于补平坡面岩石中较大凹坑，以防岩面继续破损碎落，以保证整个边坡稳定。材料多使用浆砌块石，也可根据需要用钢筋串牢，再灌入水泥混凝土。

（三）结构物防护

即用片石、块石、圆石或水泥混凝土预制块铺砌护坡，其主要目的是防止小于 1:10 的缓坡坡面风化和被侵蚀，用于没有黏结力的砂土、硬土，以及易于崩塌的黏土等地段。

砌石有单层和双层两种形式，方法有干砌或浆砌。

用结构物防护还可采用护面墙的形式，作为浆砌石铺层的覆盖物，多用于封闭各种软质岩层的挖方边坡，以防止严重风化；或设在破碎岩层上，防止碎落；也有设在较软的夹层面上的（如粉砂、细砂或坡积层），防止碎落成凹坑。显然，这种方法比抹面等护坡措施要求更高，作用也更明显，但又不像挡土墙那样能承受压力作用，护面墙只能承受自重作用，所以要求被防护的边坡必须是稳定的。

二、挡土墙

路基支挡防护，可以利用干砌或浆砌石料形成挡土墙等结构物。其中挡土墙结构类型多、适应性广，是山区公路重要结构物之一。永久性的挡土墙，造价较高，应与路线位置移动、放缓边坡等措施结合，综合比较，选择使用。

（一）挡土墙的种类及其适用范围

靠近回填土的一面为墙背，暴露在外的一侧为墙面（或称墙胸），墙的基底称为基脚，有时另设基础，基脚或基础外侧前缘部分称为墙趾，内侧外缘为墙踵。

按挡土墙的位置不同，可分为路肩、路堑、路堤和山坡式四种。其中路肩或路堤挡墙，设在较陡山坡上，可保证填方稳定，缩小占地宽度，减少填方量，不拆或少拆原有建筑物。沿河路堤还可少占河床，防止水流冲刷路基。路堑或山坡挡墙，则可以少挖方，避免破坏原地层的天然平衡，降低边坡高度，放缓边坡，并支挡边坡，保证边坡的稳定。

按构造形式与特点的不同，挡土墙可分为重力式、悬臂式和扶壁式等，其中以重力式运用比较普遍，它结构简单，施工方便，有利于就地取材。但圬工体积大，砌体较重，要求地基有较高承载力，在使用上受到一定的限制。

（二）挡土墙的构造与布置

重力式挡土墙因其墙背不同，有仰斜式、俯斜式、垂直式几种形式的挡土墙。

仰斜式挡土墙所受土压力较小，墙身断面较为经济，用作路堑挡墙时，墙背与开挖的临时边坡比较吻合，开挖和回填的土石方量较少。但当墙趾处的地面横坡较陡时，如果采用这种形式，则会增高墙身和加大断面尺寸。因此，仰斜式适用于作为路堑挡墙，亦可用作墙趾处地面平坦的路肩挡墙或路堤挡墙。

俯斜式挡土墙所受土压力较大，通常在地面横坡较陡时选用，以利用陡直的墙面与填料之间的摩擦力，有利于减小墙高。如做成台阶式还可提高墙背挡墙的稳定性。俯斜式适用于作为路肩或路堑挡墙，是常用的挡墙形式之一。

垂直式挡土墙，在其墙背上设有衡重平台，上墙俯斜，下墙仰斜，适用于作为陡坡上的路肩或路堤挡墙，也可用作路堑挡墙。因为墙身上设有平台，借助上面填方的垂直压力，有利于墙的稳定，而且下墙仰斜，易与挖方边坡相吻合。上、下墙高比例，与平台宽度以及同上、下墙背斜坡有关，依照断面经济的原则，一般可取 2:3。

挡土墙基础以上的墙面，一般是稍向内侧倾斜的直线，倾斜度为 1:0.05～1:0.20，如果原地面比较平坦，可放缓至 1:0.4。在地势平坦处修建高度为 2～4 m 的矮墙时，墙面可以垂直。除此之外，通常均采用俯斜，以利于稳定。墙背斜坡，对于俯斜式不宜陡于 1:0.25，对于仰斜式最好同墙面一致。虽然仰斜墙背坡度越缓，越可以减小主动土压力，但也增加了施工困难。一般以 1:0.25 为宜，最缓不宜超过 1:0.36。对于垂直式挡土墙，墙面可直立，上墙背俯斜在 1:0.25～1:0.45 范围内，下墙背仰斜一般为 1:0.25。

挡土墙顶的最小宽度，浆砌块（片）时为 0.4 m，干砌时为 0.5 m。路肩挡墙加混凝土或粗料石台帽时，台帽的厚度不宜小于 0.4 m，顶部帽檐悬出的宽度为 0.1 m。高度在 6 m 以上的挡土墙，连续长度超过 20 m 时，必须设护栏。挡土墙顶设护栏时，不得占用路肩宽度，保证护栏内侧与路面边缘之间具有规定的最小路肩宽度。

第七节　冬、雨期路基施工

一、一般规定

1. 冬、雨期施工应根据季节特点和施工段的地质地形条件，制订合理的施工方案。

2. 冬、雨期施工应做好临时排水，并与永久排水设施衔接顺畅。

3. 冬、雨期施工应加强安全管理，制订安全预案，加强气象信息的收集工作，避免灾害和事故发生。

4. 冬、雨期施工前必须做好各项准备工作。

二、冬期施工

1. 在反复冻融地区，昼夜平均温度在 -3℃ 以下，且连续 10 天以上，或者昼夜平均温度虽在 -3℃ 以上，但冻土没有完全融化时，均应按冬期施工办理。

2. 高速公路土质路堤和地质不良地区不宜进行冬期施工；河滩低洼地带，可被水淹没的填土路堤不宜冬期施工；土质路堤路床以下 1 m 范围内，不得进行冬期施工；半填半挖地段，挖填方交界处不得在冬期施工。

3. 冬期路基施工应采取措施，及时排放雨雪水及路堑开挖时出现的地下水。

4. 冬期施工路基基底处理应符合下列规定：

（1）冻结前应完成表层清理，挖好台阶，并应采取保温措施防止冻结。

（2）填筑前应将基底范围内的积雪和冰块清除干净。

（3）对需要换填土地段或坑洼处需补土的基底应选用适宜的填料回填，并及时进行整平压实。

（4）基底处理后应立即采取保温措施防止冻结。

5. 冬期填方路堤应符合下列规定：

（1）路堤填料，应选用未冻结的砂类土碎石、卵石土、石渣等透水性良好的材料，不得用含水率过大的黏性土。

（2）填筑路堤，应按横断面全宽平填，每层松铺厚度应比正常施工减少 20%～30%，且松铺厚度不得超过 300 mm，填土应当天完成碾压。

（3）中途停止填筑时，应整平填层和边坡并进行覆盖防冻，恢复施工时应将表层冰雪清除，并补充压实。

（4）当填筑标高距路床底面 1 m 时，碾压密实后应停止填筑，在顶面覆盖防冻保温层，待冬期过后整理复压，再分层填至设计标高。

（5）冬期过后必须对填方路堤进行补充压实，压实度应达到本规范相关要求。

6. 冬期挖方路基施工应符合下列规定：

（1）挖方边坡不得一次挖到设计线，应预留一定厚度的覆盖层，待到正常施工季节后再修整到设计坡面。

（2）路基挖至路床顶面以上 1 m 时，完成临时排水沟后，应停止开挖，待冬期过后再施工。

7. 河滩地段可利用冬期水位低的特点，开挖基坑修建防护工程，但应采取措施保证工程质量。

三、雨期施工

1. 路基排水应符合下列规定：

（1）雨期施工应综合规划，合理设置现场防排水系统，采取有效措施，及时引排地面水。

（2）对施工临时挤占的沟渠、河道应采取措施保证不降低原有的排水能力。

（3）路堤填筑的每一层表面应设 2%～4% 的排水横坡。

（4）在已填路堤路肩处，应采取设置纵向临时挡水土埂，每隔一定距离设出水口和排水槽等措施，引排雨水至排水系统。

（5）雨期路堑施工宜分层开挖，每挖一层均应设置纵横排水坡，使水排放畅通。

2. 路基基底处理应符合下列规定：

（1）在雨期前应将基底处理好，孔洞、坑洼处填平夯实，整平基底，并设纵横排水坡。

（2）低洼地段，应在雨期前将原地面处理好，并将填筑作业面填筑到可能的最高积水位 0.5 m 以上。

3. 填方路堤施工应符合下列规定：

（1）填料应选用透水性好的碎（卵）石土、砂砾、石方碎渣和砂类土等，利用挖方土做填料。含水率符合要求时，应随挖随填及时压实，含水率过大难以晾晒的土不得用作雨期施工填料。

（2）雨期填筑路堤需借土时，取土坑的设置应满足路基稳定的要求。

（3）路堤应分层填筑，当天填筑的土层应当天或雨前完成压实。

4. 挖方路基施工应符合下列规定：

（1）挖方边坡不宜一次挖到设计坡面，应预留一定厚度的覆盖层，待雨期过后再修整到设计坡面。

（2）雨期开挖路堑，当挖至路床顶面以上 300～500 mm 时应停止开挖，并在两侧挖好临时排水沟，待雨期过后再施工。

（3）雨期开挖岩石路基，炮眼宜水平设置。

5. 结构物基坑在雨期开挖后未能及时施工时，应采取防浸泡措施，必要时雨后应对基坑地基承载力再次检测，以确定是否满足设计要求。

6. 制订雨期施工安全预案，做好防洪抢险的准备工作。

第八节 路基安全施工与环境保护

一、一般规定

1.工程开工前必须进行现场调查,根据施工地段的地形、地质、水文、气象、环境等,制定相应的安全技术和环境保护措施。施工中应及时掌握气温、雨雪、风暴、汛情等预报,做好防范工作。

2.路基施工前,应了解施工范围内地下埋设的各种管线、电缆、光缆等情况,并与相关部门联系,制定合理的安全保护措施。施工中如发现有危险品及其他可疑物品时,应立即停止施工,报请有关部门处理。

3.应按照国家有关规定配置消防设施和器材,设置消防安全标志,施工现场应设置醒目的安全、警示标志和安全防护设施。

二、安全施工

1.路基施工应制订安全预案,具备安全生产条件,确保施工安全。

2.施工现场的临时用电应严格执行现行《施工现场临时用电安全技术规范》,夜间施工时,现场应设有保证施工安全要求的照明设施。

3.施工便道、便桥应设立警示和交通标志。必要时应设专人维护,指挥交通,施工车辆必须遵守道路交通法规。

4.施工作业人员必须遵守本工种的各项安全技术操作规程。作业人员、进入现场人员必须按规定佩戴和使用劳动防护用品。由人工配合机械进行辅助作业时,作业人员应注意观察,严禁在机械正在作业的范围内进行辅助作业。

5.多台机械同时作业时,各机械之间应注意保持必要的安全距离。机械在路基边坡、边沟、基坑边缘、不稳定体(地段)上作业时,应采取必要的安全措施。

6.在靠近结构物附近挖土时,必须采取安全防护措施,对于在路基范围内暂时不能迁移的结构物,应留出土台,土台周围应设警示标志。

7.结构物基坑开挖,应根据土质、水文和开挖深度等选择安全的边坡坡度或支撑防护,在施工过程中进行监测,并及时采取相应的处理措施。开挖弃土或坑边材料的堆放不得影响基坑的稳定。沟槽（基坑）开挖深度超过 2 m 时，其边缘上面作业应按高处作业要求进行安全防护并设置警告标志。开挖沟槽（基坑）位于现场通道或居民区附近时，应设置安全护栏。

8. 采用围堰法施工沿河路基防护基础时，应制订针对出现洪水、渗漏水、流砂、涌砂、围堰变形等情况的安全预案。

9. 作业高度超过 1.2 m 时，应设置脚手架。脚手架应通过专业设计，必须进行强度、刚度及稳定性等方面的验算。施工过程中，对脚手架应经常检查，发现松动、变形或沉陷应及时加固。

10. 用提升架运送石料时，应有专人指挥和操作，严禁超负荷运行，严禁使用提升架载人。临时起吊设备的制作、安装必须符合国家相关规定。

11. 砌筑作业时，脚手架下不得有人操作及停留，不得重叠作业。砌筑护坡时，严禁在坡面上行走，不得采用从上到下自由滚落的方式运输材料。

12. 喷浆作业时应密切注意压力表变化。出现异常时，应停机、断电、停风并及时排除故障，作业区内严禁在喷浆嘴前方站人。

13. 预应力张拉时，预应力张拉设备必须安装牢固。千斤顶近旁严禁站人，无关人员不得进入现场。

三、环境保护

（一）防止水土污染和流失

1. 施工前，应制定相应的预防水土污染和水土流失措施，考虑土地资源的合理利用，缩短临时占地使用时间。

2. 在崩塌滑坡危险区和泥石流易发区严禁取土挖砂、采石。

3. 施工过程中，各种排水沟渠的水流不得直接排放到饮用水源、农田、鱼塘中。

4. 不得随意丢弃生产及生活垃圾，垃圾的掩埋或处理应按当地环保部门的要求进行，不得随意排放含油废水及生活污水。

5. 使用工业废渣填筑路基，当废渣中含有可溶性有害物质时，可能造成土质、水污染时，应采取措施，予以处理。

6. 在自然保护区、森林、草原、湿地及风景名胜区进行施工时，应遵守国家环境保护的相关规定。

（二）噪声、空气污染的防治

1. 在居民聚居区或其他噪声敏感建筑物附近施工时，当噪声超过规定时，应及时采取措施，减少施工活动对沿线居民的干扰。

2. 对施工作业人员在噪声较大的现场作业时，应采取有效防护措施。

3. 路基施工过程中应采取措施控制扬尘、废气排放等。

4. 路基施工堆料场、搅拌站，材料加工厂等宜设于主要风向的下风处的空旷地区，当无法满足时，应采取必要的环保措施。

5. 粉状材料运输应采取措施防止材料散落。

6. 粉煤灰、石灰等在露天堆存时，应采取防尘、防水措施。

7. 采用粉状材料作为路基填料或对路基填料进行现场改良施工时，应避免在大风天作业，施工人员应佩戴防尘口罩等劳动保护用品，并采取环境保护措施。

四、文物保护

1. 在文物保护区周围进行施工时，应制定相应的保护措施，严防损毁文物古迹。

2. 施工中发现文物时，应暂停施工，保护好现场，并立即报告当地文物管理部门研究处理，不得隐瞒不报或私自处置。

第三章 路面工程施工技术

通过路面基层施工技术的学习，掌握公路工程路面基层的类型及其适用条件以及无机结合料稳定类基层的施工方法、施工工艺流程及质量控制要点。本章将对路面工程施工技术进行论述分析。

第一节 概述

路面是在路基顶面用各种混合料铺筑而成的层状构筑物，是道路的主要结构物。

路面工程施工是影响路面使用质量与寿命的重要环节之一，也直接关系到整条公路的使用。作为公路工程管理及技术人员，应熟练掌握目前工程上成熟且可靠的路面施工技术，必须进行合理的施工组织设计，做到路面设计、管理、监理和施工单位之间充分协调及配合，各司其职，做到精心组织、严格管理、认真施工，并且对施工中存在的问题进行分析，在持续解决问题中不断创新，促进路面施工技术不断发展。

随着路面施工技术的不断发展，新的施工工艺及施工设备不断涌现，不但提高了公路路面的施工质量、施工效率，还提高了公路施工的安全性。在路面工程施工中，在保证原材料质量合格、配合比准确、拌和均匀、摊铺平整、碾压密实、接缝平整等基础上，尽可能采用施工机械化程度高、劳动强度低、施工效率高及效果好的新工艺，在提高施工质量的同时促进路面工程技术不断发展。

一、路面结构分层及层位功能

按照行车荷载和自然因素对路面的影响，以及使用要求、受力状况、土基支承条件和自然因素影响程度的不同，将路面结构分为若干层次。按照各个层位功能的不同，划分为三个层次，即面层、基层和功能层（垫层）。在路面结构设计过程中，根据公路等级及使用需要，不同路面的结构也有所不同。

1. 面层

面层是直接同行车和大气接触的表面层，承受较大行车荷载的垂直力和起水平剪切力的作用，同时还受到降水的侵蚀和气温变化影响。因此同其他层次相比，面层应具备较高的结构强度以抵抗垂直应力作用，较高的抗变形能力以抵抗剪切作用，较好的水稳定性以抵抗水损害和很好的温度稳定性以抵抗车辙，表面还应有良好的抗滑性和平整度。

2. 基层

基层主要承受由面层传来的车辆荷载的作用力（包括垂直力和拉应力），将垂直力扩散到下面的垫层和土基中去，承受拉应力作用并维持良好的耐久性。因此，基层是路面结构中的承重层，应具有一定的强度和刚度，并具有良好的抵抗疲劳破坏能力。

基层遭受大气因素的影响虽然比面层小，但是仍然有可能经受地下水和通过面层渗入雨水的侵蚀，所以基层结构应具有足够的水稳定性。基层表面虽不直接供车辆行驶，但仍然要求有较好的平整度，这是保证面层平整性的基本条件。由于基层一般受到拉应力的作用，因此，必须保证基层的疲劳寿命满足设计要求。基层或底基层主要承受拉应力或拉应变，因此基层或底基层材料主要应考虑其抗疲劳特性。如果基层或底基层采用粒料材料，则必须考虑垂直力作用产生的永久变形。

修筑基层的材料主要有各种结合料（如石灰、水泥或沥青等）稳定土或稳定碎（砾）石，贫水泥混凝土，各种工业废渣（如煤渣、粉煤灰、矿渣、石灰渣等），以及土、砂、石所组成的混合料等天然砂砾、各种碎石或砾石、片石、块石或圆石，以提高基层的整体抗冰冻、抗水侵害和承载能力。

3. 功能层（垫层）

为保证面层和基层不受路基水温状况变化所造成的不良影响，必要时应设置功能层，它的主要功能是加强路面结构层之间的联结、改善路基的湿度和温度状况。

修筑功能层的材料，强度要求不一定高，但水稳定性和隔温性能要好。常用的功能层材料有三类：一类是由松散粒料（如粗砂、砂砾、碎石等）组成的透水性材料层或防冻层；一类是用水泥或石灰稳定土等修筑的稳定类材料层；还有一类用沥青或乳化沥青构成的封层、黏层、透层及应力吸收层。

二、路面分类

在国外，路面分类如下：

铺装路面：一般包含水泥混凝土路面和沥青混凝土路面形式。简易铺装路面：包含表面处治、沥青碎石、沥青贯入式路面形式。未铺装路面：砂石路面等归入未铺装路面。

在国内，主要从路面结构的力学特性的相似性出发，将路面结构划分为沥青混合料路面复合式路面和水泥混凝土路面（也称刚性路面）三类。

在工程现场，一般习惯于按照面层所用的材料进行分类，如沥青类路面、水泥混凝土路面、砂石路面等。

1. 沥青类路面

根据沥青类路面基层类型，沥青类路面可分为柔性基层沥青路面、半刚性基层沥青路面、刚性基层沥青路面及组合式基层沥青路面。

（1）柔性基层（主要是沥青结合料类基层及粒料类基层）沥青路面的总体结构刚度较小，在车辆荷载作用下产生的表面变形较半刚性基层沥青路面大。虽然路面结构某一层的抗拉强度较低，但通过合理的结构组合和厚度设计可以保证路面结构整体具有很强的抵抗荷载作用能力。同时通过各结构层将车辆荷载传递给路基，可使路基承受的压力控制在一定范围内。路基路面结构主要靠抗压强度和抗剪强度承受车辆荷载的作用。柔性基层沥青路面主要包括各种未经处理的粒料基层和各类沥青层组成的路面结构。

（2）半刚性基层（主要是无机结合料类基层）沥青路面用水泥、石灰等无机结合料处的土或碎（砾）石及含有水硬性结合料的工业废渣修筑的基层，在前期具有柔性基层的力学性质，而后期的强度和刚度均有较大幅度增长，但是最终的强度和刚度仍小于水泥混凝土。由于这种材料的刚度处于柔性基层与刚性基层之间，因此把这种基层和铺筑在它上面的沥青面层统称为半刚性基层沥青路面。这种路面结构是目前我国高速公路采用的主要结构形式。

（3）刚性基层（主要是水泥混凝土基层）沥青路面主要是用水泥混凝土做基层，沥青混凝土做面层的路面结构，这种路面结构有时也称为复合式路面结构。

水泥混凝土具有强度高、稳定性好等特点，沥青混凝土具有行车舒适、噪声小等特点。这种路面可以避免各自的缺点，具有良好的使用性能和耐久性。普通混凝土（JPCP）、钢筋混凝土（JRCP）基层沥青路面，由于接缝处存在反射裂缝，对使用性能有一定的影响；连续配筋混凝土基层（CRCP）沥青混凝土路面由于连续配筋将水泥混凝土裂缝宽度约束在一定范围内（一般要求小于 1 mm），故其有良好的使用性能和耐久性，但必须采取措施保证沥青层与沥青层、沥青层与水泥混凝土层之间有良好的黏结状态。

（4）组合式基层沥青路面结构主要是沥青路面的基层含有无机结合料稳定材料、水泥混凝土材料等刚度较大或相对较大的材料，但是在沥青层与刚度相对较大的材料之间夹有柔性材料，如沥青混凝土层＋级配碎石＋无机结合料稳定材料层路面结构、沥青混凝土层＋级配碎石＋普通水泥混凝土材料层路面结构、沥青混凝土层＋级配碎石＋碾压式水泥混凝土材料层路面结构等。

2. 水泥混凝土路面

水泥混凝土强度高，与其他筑路材料相比，抗弯拉强度高，并且有较高的弹性模量，故呈现出较大的刚性。在车辆荷载作用下，水泥混凝土结构层处于板体工作状态，竖向弯沉较小，路面结构主要靠水泥混凝土板的抗弯拉强度承受车辆荷载，通过板体的扩散分布作用，传递给基础上的单位压力较柔性路面小得多。

3. 砂石路面

砂石路面是以砂、石为骨料，以土、水、灰为结合料，通过一定的配合比铺筑而成的路面，包括级配砂（砾）石路面、泥结碎石路面、水结碎石路面、填隙碎石路面及其他粒料路面

第二节　路面基层（底基层）施工技术

路面基层直接位于沥青混凝土面层或水泥混凝土面板之下，是路面结构体系中的主要承重层或下承层，在路面结构起着"承上启下"作用。路面基层可以是一层或多层，可以是一种材料或多种材料。基层由多层构成时，除最上一层外的其他层被称为"底基层"，在此情况下，最上一层相应地被称为"基层"。应注意鉴别基层概念在不同情况下的内涵。

通常按照基层材料差异，将其分为四类：无机结合料稳定类、粒料类、沥青

结合料类和水泥混凝土类基层。

目前，我国高等级公路的基层使用最多的首先是水泥稳定碎石、水泥稳定砂砾，其次是二灰碎石、二灰砂砾，其他还有水泥稳定砂掺碎石、水泥稳定砂砾掺碎石，个别也有粉煤灰土加水泥。

底基层首先以石灰土为最多，其次还有水泥稳定土、水泥石灰稳定土、水泥石灰粉煤灰稳定土等。

一、无机结合料稳定类基层施工

（一）般规定

1. 无机结合料稳定类基层施工宜在气温较高的季节组织。无机结合料稳定材料施工期的日最低气温应在5℃以上。在有冰冻的地区，应在第一次重冰冻（一般指气温达到-5～3℃）到来的15～30 d之前完成施工。

2. 宜避免在雨季施工，且不应在雨天施工；也不适宜在高温季节施工。

3. 无机结合料稳定材料在过分潮湿路段上施工时应采取措施，降低潮湿程度，消除积水。

4. 在正式施工前，必须铺筑试验段，对施工工艺进行总结，试验段的质量检查频率应是正常路段的两倍。

5. 压实厚度不应超过20 cm，设计厚度超过20 cm时，应分层铺筑，最小压实厚度为10 cm。压实厚度可根据所选用的压路机种类、吨位确定。

混合料摊铺应保证足够的厚度，碾压成型后每层的摊铺厚度宜不小于160 mm，最大厚度应不大于200 mm。具有足够的摊铺能力和压实功率时，可增加碾压厚度，具体的摊铺厚度应根据试验结果确定。大厚度摊铺施工时，应增加相应的拌和能力。

（二）施工方法选择

无机结合料稳定类基层施工方法主要有路拌法施工和厂拌法施工两种。对于边角部位施工，混合料拌和方式应与主线相同，可采用推土机摊铺、平地机整平的人工方式摊铺，并与主线同步碾压成型。

二、粒料类基层施工

粒料类基层也称为柔性基层、无机结合料基层，公路工程中常指级配碎石、级配砾石及填隙碎石等材料级配碎石可用于各级公路的基层和底基层。级配碎石可用作较薄沥青面层与半刚性基层之间的中间层。级配砾石、级配碎（砾）石以及符合级配、塑性指数等技术要求的天然砂砾，可适用于轻交通二级及以下公路的基层以及各级公路的底基层。填隙碎石可用于各等级公路的底基层和二级以下公路的基层。

（一）级配碎（砾）石施工

级配碎（砾）石施工主要有人工路拌法和集中厂拌法。集中厂拌法施工步骤与无机结合料稳定类路面基层集中厂拌法类似。

（二）填隙碎石施工

1. 一般要求

（1）填隙碎石可采用干法或湿法施工。干旱缺水地区宜采用干法施工。单层填隙碎石的压实厚度宜为公称最大粒径的 1.5～2.0 倍。填隙碎石施工时，应符合下列规定：

①填隙料应干燥。

②宜采用振动压路机碾压。碾压后，表面骨料间的空隙应填满，但表面应看得见骨料。填隙碎石层上为薄沥青面层时，宜使骨料棱角外露 3～5 mm。

③碾压后基层的固体体积率宜不小于 85%，底基层的固体体积率宜不小于 83%。

④填隙碎石基层未洒透层沥青或未铺封层时，不得开放交通。

（2）填隙碎石施工前，应按有关规定准备下承层和施工放样。

（3）应根据各路段基层或底基层的宽度、厚度及松铺系数，计算各段需要的骨料数量，并应根据运料车辆的车厢体积，计算每车料的堆放距离。填隙料用量宜为骨料质量的 30%～40%。

（4）材料装车时，应控制每车料的数量基本相等。

（5）应由远到近将骨料按计算的距离卸置于下承层，应严格控制卸料距离。

（6）用平地机或其他合适的机具将骨料均匀地铺在预定范围内，表面应平整，并有规定的路拱。应同时摊铺路肩用料。

（2）应检验松铺材料层厚度，不满足要求时应减料或补料。

2. 填隙碎石干法施工

（1）初压宜用两轮压路机碾压 3～4 遍，使骨料稳定就位。初压结束时，表面应平整，并具有规定的路拱和纵坡。

（2）填隙料应采用石屑撒布机或类似的设备均匀地撒铺在已压稳的骨料层上，松铺厚度宜为 25～30 mm；必要时，可用人工或机械扫匀。

应采用振动压路机慢速限压，将全部填隙料振入骨料间的空隙中。无振动压路机时，可采用重型振动板。路面两侧宜多压 2～3 遍。

（4）再次撒布填隙料，松铺厚度宜为 20～25 mm，应用人工或机械扫匀。

（5）同第 3 条，再次振动碾压；局部多余的填隙料应扫除。

（6）碾压后，应对局部填隙料不足之处进行人工找补，并用振动压路机继续碾压，直到全部空隙被填满，应将局部多余的填隙料扫除。

（7）填隙碎石表面空隙全部填满后，宜再用重型压碾压 1～2 遍。碾压过程中不应有任何蠕动现象。碾压之前，宜在表面洒少量水，洒水量宜不少于 3 kg/m^2。

（8）需分层铺筑时，应将已压成的填隙碎石层表面骨料外露 5～10 mm，然后在其上摊铺第二层骨料，按第 1～7 条要求施工。

3. 填隙碎石湿法施工

（1）开始工序应与填隙碎石干法施工第 1～7 条要求相同。

（2）骨料层表面空隙全部填满后，宜立即用洒水车洒水，直到饱和。

（3）宜用重型压路机跟在洒水车后碾压。应将湿填隙料及时扫入出现的空隙中。必要时，宜再添加新的填隙料。

（4）应洒水碾压至填隙料和水形成粉浆，粉浆应填塞全部空隙，并在压路机轮前形成微波纹状。

（5）碾压完成的路段应让水分蒸发一段时间，结构层变干后，应将表面多余的细料以及细料覆盖层扫除干净。

（6）需分层铺筑时，宜待结构层变干后，将已压成的填隙碎石层表面填隙料扫除一些，使表面骨料外露 5～10 mm，然后在其上摊铺第二层骨料。

第三节　沥青路面施工技术

一、沥青路面层位及类型

（一）沥青路面层位

沥青路面主要有面层、基层（底基层）和功能层。其中沥青路面面层可分为2层或3层铺筑，如高速公路沥青面层总厚度18～20 cm，可分为上、中、下3层铺筑，并根据各分层要求采用不同的级配。

（二）沥青路面类型

1. 按技术品质和使用情况分类

（1）沥青混凝土路面：由适当比例的各种不同大小颗粒的集料、矿物和沥青，加热到一定温度后拌和，经摊铺压实而成的路面面层。采用相当数量的矿粉是沥青混凝土的一个显著特点。较高的黏结力使路面具有较高的强度，可以承受比较繁重的车辆交通。但沥青混凝土路面的允许拉应变值较小，会产生规则的横向裂缝，因而要求强度较高的基层。对高温稳定性与低温稳定性都有要求，较小的空隙率使沥青混凝土路面透水性小、水稳性好、耐久性高，有较强的抵抗自然因素的能力，使用年限达15～20年以上。沥青混凝土路面适用于各级公路及城市道路路面，多用于高等级道路。

（2）沥青碎石路面：用有一定级配或同粒径的碎石与沥青拌和而成的混合料，称为沥青碎石混合料，用其铺成的面层称为沥青碎石面层。沥青碎石又被称为黑色碎石。

用沥青碎石作为面层的路面高温稳定性好，路面不易产生波浪，冬季不易产生冻缩裂缝，行车荷载作用下裂缝少；路面较易保持粗糙，有利于高速行车，对石料级配和沥青规格要求较高，材料组成设计比较容易满足要求；沥青用量少，且不用矿粉，造价低。但其孔隙较大，路面容易渗水和老化。热拌沥青碎石适宜用于三、四级公路。

我国按矿料的最大粒径对沥青碎石混合料进行分类，共分为6种类型并在最大粒径之前冠以字母 LS，即粒径 LS-35、LS-30（粗粒式），粒径 LS-25、LS-20（中粒式），粒径 LS-15、LS-10（细粒式）。LS-35 表示最大粒径为 35 mm 的沥青碎石混合料。中粒式、粗粒式沥青碎石宜用作沥青混凝土面层下层、联结层和整平层。

沥青玛蹄脂碎石混合料简称 SMA，是一种新型混合料，由间断级配集料构成粗集料嵌挤骨架，并由沥青玛蹄脂（沥青、填料、砂和纤维稳定剂组成）填充骨架孔隙而组成的沥青混合料，具有良好的抗剪切变形性能、抗疲劳开裂性能和耐久性，并具有良好的抗滑和降低噪声的性能，但工程造价较高，适用于承受特重和重交通荷载等级公路。经常应用于高速公路、一级公路和其他重要公路的表面层。

（3）沥青贯入式路面：用沥青贯入碎（砾）石作为面层的路面，即把沥青浇洒在铺好的主层集料上，再分层撒布嵌缝石屑和浇洒沥青，分层压实，形成一个较致密的沥青结构层。沥青贯入式路面的强度和稳定性主要由石料相互嵌挤作用构成。厚度通常为 4～8 cm，但乳化沥青贯入式路面的厚度不宜超过 5 cm。当贯入式上部加铺拌的沥青混合料封层时，总厚度宜为 6～10 cm，其中拌合层的厚度宜为 2～4 cm 沥青贯入式路面需要 2～3 周的成型期，在行车碾压与重力作用下，沥青逐渐下渗包裹石料，填充孔隙，形成整体的稳定结构层，温度稳定性好，热天不易出现推移、壅包，冷天不宜出现低温裂缝。贯入式路面最上层应撒布封层料或加铺拌合层。

沥青贯入式碎石适用于做二级及以下公路的沥青面层，也可以作为沥青混凝土面的联结层。

（4）沥青表面处治路面：用沥青和集料按层铺法或拌和法在具有一定强度的基层或面层上铺筑而成、厚度不超过 3 cm 的沥青路面。沥青表面处治路面厚度一般为 1.5～3.0 cm。层铺法可分为单层、双层、三层。单层表处厚度为 1.0～1.5 cm，双层表处厚度为 1.5～2.5 cm，三层表处厚度为 2.5～3.0 cm。沥青表面处治路面的使用寿命不及沥青贯入式路面，设计时一般不考虑其承重强度，其作用主要是对非沥青承重层起保护和防磨耗作用。

沥青表面处治路面适用于三级、四级公路的面层、旧沥青面层上加铺罩面或抗滑层、磨耗层等。

2. 按组成结构分类

（1）密实—悬浮结构：采用连续密级配矿料配置的沥青混合料中，一方面，矿料颗粒由大到小连续分布，并通过沥青胶结作用形成密实结构；另一方面，较大一级的颗粒只有留出充足的空间才能容纳下一级较小的颗粒，这样粒径较大的颗粒往往就被较小一级的颗粒挤开，造成粗颗粒之间不能直接接触，也就不能形成相互支撑形成嵌挤骨架结构，而是彼此分类悬浮于较小的颗粒和沥青胶浆中间，形成密实—悬浮结构沥青混合料。工程常用的 AC-I 型沥青混凝土就是这种结构的典型代表。

（2）骨架—空隙结构：采用连续开级配矿料与沥青组成沥青混合料时，由于矿料多集中在较粗的粒径上，所以粗粒径的颗粒可以相互接触，彼此相互支撑，形成嵌挤的骨架。但因很少含有细颗粒，粗颗粒形成的骨架孔隙无法填充，从而压实后在混合料中留下较多的孔隙，形成骨架—空隙结构。工程中使用的沥青碎石混合料（AN）和排水沥青混合料（OGFC）是典型的骨架—空隙型结构。

（3）密实—骨架结构：采用间断型密级配矿料与沥青组成的沥青混合料时，由于颗粒集中在级配范围的两端，缺少中间颗粒，所以一端的粗颗粒相互支撑嵌挤形成骨架，另一端较细的颗粒填充于骨架留下的空隙中间，使整个矿料结构呈现密实状态，形成密实—骨架结构。

3. 按矿料级配分类

（1）密级配沥青混凝土混合料：各种粒径的颗粒级配连接、相互嵌挤密实的矿料，与沥青拌和而成，且压实后的剩余孔隙率小于 10% 的混凝土混合料。剩余空隙率为 3%～6%（行人道路 2%～6%）的是 I 型密实式改性沥青混凝土混合料；剩余空隙率为 4%～10% 的是 II 型半密实式改性沥青混凝土混合料。代表类型有沥青混凝土、沥青稳定碎石。

（2）半开级配沥青混合料：由适当比例的粗集料、细集料及少量填料（或不加填料）与沥青拌和而成，压实后剩余空隙率在 10% 以上的半开式改性沥青混合料。代表类型有改性沥青稳定碎石，用 AM 表示。

（3）开级配沥青混合料：矿料级配主要由粗集料组成，细集料和填料较少，采用高黏度沥青结合料黏结形成，压实后空隙率大于 15% 的开式沥青混合料。代表类型有排水式沥青磨耗层混合料，以 OGC 表示；另有排水式沥青稳定碎石基层，以 ATPCZB 表示。

（4）间断级配沥青混合料：矿料级配组成中缺少 1 个或几个档次而形成的级配间断沥青混合料。代表类型有沥青玛蹄脂碎石混合料（SMA）。

4. 按矿料粒径分类

（1）砂砾式沥青混合料：矿料最大粒径等于或小于 4.75 mm（圆孔筛 5 mm）的沥青混合料，也称为沥青石屑或沥青砂。

（2）细粒式沥青混合料：矿料最大粒径为 9.5 mm 或 13.2 mm（圆孔筛 10 mm 或 15 mm）的沥青混合料。

（3）中粒式沥青混合料：矿料最大粒径为 16 mm 或 19 mm（圆孔筛 20 mm 或 25 mm）的沥青混合料。

（4）粗粒式沥青混合料：矿料最大粒径为 26.5 mm 或 31.5 mm（圆孔筛 30～40 mm）的沥青混合料。

（5）特粗粒式沥青混合料：矿料最大粒径等于或大于 37.5 mm（圆孔筛 45 mm）的沥青混合料。

5. 按施工温度分类

（1）热拌热铺沥青混合料：沥青与矿料经加热后拌和，并在一定的温度下完成摊铺和碾压过程的混合料。

（2）冷拌（常温）沥青混合料：采用乳化沥青或稀释沥青在常温下（或者加热温度很低）与矿料拌和，并在常温下完成摊铺和碾压过程的混合料。

（3）温拌沥青混合料：一类拌和温度介于热拌沥青混合料（150～180℃）和冷拌（常温）沥青混合料之间，性能达到（或接近）热拌沥青混合料的新型节能减排沥青混合料。

6. 按施工工艺分类

按施工工艺的不同，沥青路面可分为路拌法和厂拌法。

（1）路拌法：在路上用机械将矿料和沥青材料就地拌和堆铺、碾压密实形成沥青面层的方法。

此类面层所用的矿料若为碎（砾）石则称为路拌沥青碎（砾）石，所用的矿料若为土则称为路拌沥青稳定土。路拌沥青面层通过就地拌和，沥青材料在矿料中的分布比层铺法均匀，路面成型期较短。但因所用的矿料为冷料，需使用黏稠度较低的沥青材料，故混合料的强度较低

（2）厂拌法：将规定级配的矿料和沥青材料用专用设备加热拌和，然后送到工地摊铺碾压形成沥青路面的方法。矿料中细颗粒含量少，不含或含少量矿粉，混合料为开级配的（空隙率达 10%～15%），称为厂拌沥青碎石；若矿料中含有矿粉，混合料是按最佳密实级配配制的（空隙率在 10% 以下），称为沥青混凝土。

按混合料铺筑时温度的不同，可分为热拌热铺方法和热拌冷铺方法两种。热拌热铺是将混合料在专用设备中加热拌和后立即趁热运到路上摊铺压实的方法。如果混合料加热拌和后储存一段时间再在常温下运到路上摊铺压实，则为热拌冷铺。

二、沥青路面原材料要求

（一）一般规定

1. 沥青路面使用的各种材料运至现场后必须取样进行质量检验，经评定合格后方可使用，不得以供应商提供的检测报告或商检报告代替现场检测。

2. 沥青路面集料的选择必须经过认真的料源调查，确定料源应尽可能就地取材。质量符合使用要求，石料开采必须注意环境保护，防止破坏生态平衡。

3. 集料粒径规格以方孔为准。不同料源、品种、规格的集料不得混杂堆放。

（二）道路石油沥青

1. 道路石油沥青的质量应符合现行《公路沥青路面施工技术规范》的相关要求。

2. 沥青路面采用的沥青标号，宜按照公路等级、气候条件、交通条件、路面类型及在结构层中的层位及受力特点、施工方法等，结合当地的使用经验，经技术论证后确定。

对高速公路、一级公路，夏季温度高、高温持续时间长、重载交通、山区及丘陵区上坡路段、服务区、停车场等行车速度慢的路段，尤其是汽车荷载剪应力大的层次，宜采用稠度大、黏度大的沥青，也可提高高温气候分区的温度水平选用沥青等级；对冬季寒冷地区或交通量小的公路、旅游公路宜选用稠度小、低温延度大的沥青；对温度日温差、年温差大的地区宜注意选用针入度指数大的沥青。当高温要求与低温要求发生矛盾时，应优先考虑满足高温性能的要求。当缺乏所需标号的沥青时，可采用不同标号掺配的调和沥青，其掺配比例由试验决定。掺配后的沥青质量应符合《公路沥青路面施工技术规范》的相关要求。

（三）乳化石油沥青

1. 乳化沥青适用于沥青表面处治路面、沥青贯入式路面、冷拌沥青混合料路面、修补裂缝，以及喷洒透层、黏层与封层等。

2.乳化石油沥青质量应符合"道路用乳化沥青技术要求"的规定。

3.乳化沥青类型根据集料品种及使用条件选择。阳离子乳化沥青可适用于各种集料品种，阴离子乳化沥青适用于碱性石料。乳化沥青的破乳速度、黏度宜根据用途与施工方法选择。

4.乳化沥青宜存放在立式罐中，并保持适当搅拌。贮存期以不离析、不冻结、不破乳为度。

（四）液体石油沥青

1.液体石油沥青适用于透层、黏层及拌制冷拌沥青混合料。根据使用目的与场所，可选用快凝、中凝、慢凝的液体石油沥青，其质量应符合"道路液体石油沥青技术要求"的规定。

2.液体石油沥青宜采用针入度较大的石油沥青，使用前按先加热沥青后加稀释剂的顺序，掺配煤油或轻柴油，经适当的搅拌、稀释制成。掺配比例根据使用要求由试验确定。

3.液体石油沥青在制作、贮存、使用的全过程中必须通风良好，并有专人负责，确保安全。基质沥青的加热温度严禁超过140℃，液体沥青的贮存温度不得高于50℃。

（五）改性沥青

1.改性沥青可单独或复合采用高分子聚合物、天然沥青及其他改性材料制作。

2.各类聚合物改性沥青质量应符合"聚合物改性沥青技术要求"的规定，其中P（针入度指数）值可作为选择性指标。当使用"聚合物改性沥青技术要求"表列以外的聚合物及复合改性沥青时，可通过试验研究制定相应的技术要求。

3.制造改性沥青的基质沥青应与改性剂有良好的配伍性。供应商在提供改性沥青质量报告时，应提供基质沥青质量检验报告或沥青样品。

4.天然沥青可以单独与石油沥青混合使用或与其他改性沥青混融后使用。沥青质量要求宜根据其品种参照相关标准和成功的经验执行。

5.用作改性剂SBR胶乳的固体物含量宜少于45%，使用中严禁长时间暴晒或遭冰冻。

6.改性沥青剂量以改性剂占改性沥青总量的百分数计算，胶乳改性沥青剂量应以扣除水以后的固体物含量计算。

7.改性沥青宜在固定式工厂或在现场设厂集中制作，也可在拌和场现场制造和使用，改性沥青的加工温度不宜超过180℃。胶乳类改性剂和制成颗粒的改性剂可直接投入拌和缸中生产改性沥青混合料。

8.用溶剂法生产改性沥青母体时，挥发性溶剂回收后的残留量不得超过5%。

9.现场制造的改性沥青最好随配随用，需做短时间保存或运送到附近工地时，使用前必须搅拌均匀，在不发生离析的状态下使用。改性沥青制作设备必须设有随机采集样品的取样口，采集的试样宜立即在现场灌模。

三、热拌沥青混合料路面施工

（一）一般规定

1.沥青混合料集料的最大粒径宜从上至下逐渐增大，并应与压实层厚度相匹配。对热拌热铺密级配沥青混合料，沥青层一层的压实厚度不宜小于集料公称最大粒径的2.5～3倍，对SMA和OGFC等嵌挤型混合料不宜小于公称最大粒径的2～2.5倍，以减少离析，便于压实。

2.石油沥青加工及沥青混合料施工温度应根据沥青标号及黏度、气候条件、铺装层厚度确定。

3.热拌沥青混合料面层施工前，应对混合料进行配合比设计，配合比设计分目标配合比设计、生产配合比设计和生产配合比验证三个阶段。在施工过程中，不得随意变更经设计确定的标准配合比。对同一拌和场两台拌和机，如果使用相同品种的矿料和沥青，可使用同一目标配合比，但每台拌和机必须独立进行生产配合比设计。矿料和沥青产地、品种等发生变化，必须重新进行设计。

4.热拌沥青混合料面层施工应采用集中厂拌混合料、摊铺机摊铺、压路机碾压施工工艺。

5.正式施工前，必须铺筑试验段，对施工工艺进行总结。试验段质量检查频率应是正常路段的两倍。

6.沥青面层应在不低于10℃气温下进行施工，同时严禁雨天、路面潮湿情况下施工。施工期间应注意天气变化，已摊铺沥青层因遇雨未进行压实的应予以铲除。雨天过后，下卧层完全干燥后方可进行沥青面层施工。

（二）施工工艺流程

1. 施工准备

（1）沥青混合料面层施工前的技术、机械、试验检测仪器、料场与材料及作业面等各项准备可参照沥青路面施工技术细则执行。

（2）应对沥青混合料拌和机、摊铺机、压路机等各种施工机械和设备进行调试，对机械设备的配套情况、技术性能、计量设备等进行检查或标定。

（3）应准备施工过程中所需要的各种记录表格和现场温度、厚度检测设备。根据摊铺长度估算当日生产吨位，明确拌和场、施工现场、试验室责任联系人，实现拌和场与施工现场畅通联系、动态控制。

（4）铺筑沥青面层前，应检查基层或下卧沥青层质量，不符合要求的不得铺筑沥青面层。下卧层已被污染时，必须清洗或经统刨处理后方可铺筑沥青混合料。

（5）根据施工方案确定的高程及厚度控制方式进行测量放线，恢复中线，设置边桩，中面层桥头处和下面层摊铺前中分带，路肩外侧直线段宜每 10 m 设一边桩，平曲线段宜每 5 m 设一个边桩，中、上面层在中分带、路肩外边缘设置指示标志，应明显标记出施工桩号，用白灰画出各结构层的边缘线。

2. 试验段施工

高速公路和一级公路沥青路面在施工前应铺筑试验段。其他等级公路在缺乏施工经验或初次使用重大设备时，也应铺筑试验段。当同一施工单位在材料、机械设备及施工方法与其他工程完全相同时，也可利用其他工程的结果，不再铺筑新的试验路段试验段开工前 28 d 安装好试验仪器和设备，配备好的试验人员报请监理工程师审核。各层开工前 14 d 在监理工程师批准的现场备齐全部机械设备进行试验段铺筑，以确定松铺系数施工工艺、机械配备、人员组织、压实遍数，并检查压实度、沥青含量、矿料级配、沥青混合料马歇尔各项技术指标等。

（1）试验段应选在具有代表性的主线直线段，采用两种或两种以上的试铺碾压方案，每种方案长度通常不小于 250 m。

（2）热拌热铺沥青混合料路面试验段铺筑包括试拌和试铺两个阶段，需要确定以下试验内容：

①根据各种机械施工能力相匹配的原则，确定适宜的施工机械，依据生产能力结合实际工程决定机械数量与组合方式。

②通过试拌确定拌和数量、时间、温度及上料速度等参数，考察计算机打印装置的可信度；验证沥青混合料的配合比设计和沥青混合料的技术性质，提出生产用的标准配合比和最佳沥青用量。

③通过试验段确定：检验沥青混合料施工性能，评价是否利于摊铺和压实，要求混合料均匀不离析、不结块；摊铺机的操作方式、摊铺温度、摊铺速度、初步振捣夯实的方法和强度、自动找平方式等；压实机具的选择、组合、压实顺序、碾压温度、限压速度及遍数，建立用钻孔法与核子密度仪无破损检测路面密度的对比关系，确定压实度的标准检测方法；通过试铺，确定透层油的喷洒方式和效果，摊铺、压实工艺，确定松铺系数；采用适宜的施工缝处理方法；检测试验段的渗水系数和路面平整度。

3. 沥青混合料拌和

沥青混合料可采用间歇式拌和机或连续式拌和机拌制。高速公路和一级公路宜采用间歇式拌和机拌和。连续式拌和机使用的集料必须稳定不变，一个工程从多处进料、料源或质量不稳定时，不得采用连续式拌和机。

4. 混合料运输

（1）热拌沥青混合料宜采用大吨位的车辆运输，一般应不小于 15 t。车辆数量应根据运输距离、摊铺速度确定，适当留有富余，摊铺机前方应有不少于 5 辆运料车等候卸料为宜，以确保现场连续摊铺需要。

（2）运输车辆在每天使用前后，要检验其完好性，装料前应将车厢清洗干净。为防混合料黏在车厢底板上，可采取涂刷隔离剂或一薄层油水（柴油：水=1:3）混合液，但不得有余液积聚在车厢底部。

（3）拌和机或储料仓向运料车放料时，料车应"前、后、中"移动，分 3～5 次装料。

（4）运料车应采用厚苫布覆盖严密，苫布至少应下挂到车厢板的一半，卸料过程中宜继续覆盖直到卸料结束。在气温较低时，运料车车厢侧面应加装保温层，确保混合料温度稳定。

（5）采用数字显示插入式热电偶温度计检测沥青混合料的出厂温度和运到现场温度，插入深度要大于 150 mm。在运料卡车侧面中部设专用检测孔，孔口距车箱底面约 300 mm。

（6）运输到摊铺现场的混合料，如温度不符合要求或遇雨淋，应做废弃处理。

（7）运料车进入摊铺现场时，轮胎上不得黏有泥土等可能污染路面的脏物，否则应将轮胎清洗后方可进入施工现场。

（8）卸料过程中，运料车在摊铺机前 10～30 cm 处停住，运料车不得撞击摊铺机。卸料过程中运料车应挂空挡，靠摊铺机推动前进。

有条件时，运料车可将混合料卸入转运车经二次拌和后向摊铺机连续均匀地供料。运料车每次卸料必须倒净，尤其是对改性沥青或 SMA 混合料，如有剩余，应及时清除，防止硬结。

SMA 及 OGF 混合料在运输、等候过程中，如发现有沥青混合料沿车厢板滴漏时，应采取措施予以避免。

5. 混合料摊铺

热拌沥青混合料应采用沥青摊铺机摊铺。在喷洒有黏层油的路面上铺筑改性沥青混合料或 SMA 时，宜使用履带式摊铺机。

（1）沥青混合料摊铺时应单幅一次性摊铺，可采用两台或多台摊铺机梯队同时摊铺作业，也可采用一台摊铺机摊铺。两台摊铺机摊铺时，摊铺机必须为同一机型，新旧程度和性能相近，以保证铺筑均匀、一致。

（2）摊铺机开工前应提前 0.5～1 h 预热熨平板，使其温度不低于 100℃。铺筑过程中，应使熨平板的振捣或夯锤压实装置有适宜的振动频率和振幅，以保证面层的初始压实度达 85% 左右。熨平板连接应紧密，避免摊铺的混合料出现划痕。

（3）沥青混合料底面层摊铺与桥面上下铺装层摊铺时，应采用钢丝引导控制高程的方式，简称走钢丝。钢丝为扭绞式，直径不小于 3 mm，钢丝拉力大于 800 N，每 10 m 设一钢丝支架。采用两台摊铺机进行摊铺施工时，靠中央分隔带侧摊铺机在前，其左架设钢丝，摊铺机上安装横坡仪或在右侧架设铝合金导梁控制摊铺层横坡；后面摊铺机右侧架设钢丝，左侧在摊铺好的层面上走"雪橇"控制高程。中、上面层应采用非接触式平衡梁控制摊铺高度和厚度。两台摊铺机摊铺层的纵向热接缝应采用斜接缝，避免出现缝痕。两台摊铺机前后距离不应超过 10 m。

（4）调好螺旋布料器两端的自动料位器，并使料门开度、链板送料器速度和螺旋布料器转速相匹配。螺旋布料器内混合料表面以略高于螺旋布料器 2/3 高度为宜，熨平板挡板前混合料高度应在全宽范围内保持一致，避免离析现象。

（5）摊铺机作业方向应与路面车辆行驶方向一致，摊铺速度应控制在 2～6 m/min，改性沥青摊铺速度宜放慢至 1～3 m/min。根据拌和机的产量、施工机械配套情况及摊铺厚度、摊铺宽度予以调整，做到缓慢、均匀、连续摊铺，做到每天仅在收工时停机一次。

（6）面层压实前，禁止人员踩踏。一般不宜人工整修，若出现局部离析等特殊情况，应在技术人员指导下，由施工人员进场找补或更换混合料。

（7）在桥隧过渡段应严格按照设计要求进行施工，提前做好工作面准备，处理好欠压实、松散、不平整等问题，并扫除松散材料和所有杂物。

（8）摊铺过程中，应随时检测松铺厚度，发现异常应立即调整。

（9）中央分隔带路缘石应在摊铺面层前完工，铺筑时应在靠近路缘石位置适量多铺混合料，并确保该处沥青混合料压实度。

（10）在路面狭窄和加宽部分、平曲线半径过小的匝道、斜交桥头等摊铺机不能摊铺的部位，可辅用人工摊铺混合料。人工摊铺应严格控制操作时间、松铺厚度、平整度等。

6. 混合料压实

沥青混凝土道路施工中，对沥青混凝土必须进行压实，其目的是提高沥青混凝土混合料的强度稳定性以及疲劳特性。所以，压实质量的好坏直接影响沥青路面的平整度和密实度，沥青路面的压实度采取重点对碾压工艺进行过程控制，综合采用钻孔抽检压实度和核子密度仪法测定压实度。碾压工艺的控制包括压路机的配置（台数、吨位及机型）、排列和碾压方式、压路机与摊铺机的距离，碾压温度、碾压速度、压路机洒水（雾化）情况、碾压段长度、掉头方式等。

（1）碾压设备配置。沥青面层施工应配备足够数量的压路机。当施工气温低、风速大、碾压层薄时，应增加压路机数量。沥青混合料面层压实应采用重型压路机，双钢轮压路机应不小于 12 t，轮胎压路机应不小于 25 t。必要时应采用 30 t 以上的轮胎压路机进行碾压作业，OGFC 沥青混合料宜采用小于 12 t 双钢轮压路机。压路机使用性能良好，不得出现漏油现象。

（2）应选择合理的压路机组合方式及碾压步骤。初压应在混合料不产生推移、开裂且较高温度下进行。初压一般采用双钢轮压路机，AC 和 Superpave 型混合料复压宜采用轮胎压路机，SMA、OGFC 宜采用双钢轮压路机，终压采用双钢轮压路机。

四、温拌沥青混合料路面施工

温拌沥青混合料（WMA）是拌和温度介于热拌沥青混合料（150～180℃）和冷拌沥青混合料（常温）之间，性能达到热拌沥青混合料（HMA）要求的新型沥青混合料温拌技术是一种高节能低排放的新型环保路面技术，降低了矿料、沥青加热温度及混合料施工温度，减少了气体和烟尘的排放量，从环境保护角度上看，一定程度上缓解了因修筑沥青路面造成的空气污染以及温室气体排放；气体排放量降低，间接象征了重要费用的节约，沥青拌和场选址也更加灵活；对人体健康造成的影响也大大降低，提高工作效率，尤其对封闭空间如隧道施工时非常有利；拌和过程中，沥青烟有毒物质的排放减少了87%，摊铺过程中，未产生难闻的烟雾和气味，显著降低了沥青气味，降低了对环境的污染和对施工人员健康的损害，减轻了沥青因拌和温度过高的老化，延长了沥青路面的使用寿命。

温拌沥青混合料路面施工目前没有行业的统一规范，各地都在积极探索相应的施工技术。

温拌沥青混合料路面的施工工艺流程，质量控制要点与热拌沥青混凝土路面基本相同，施工质量检查与验收完全遵循热拌热铺沥青混合料的质量标准。

温拌沥青混合料路面施工关键技术的主要区别在于温拌沥青混合料生产过程中温拌沥青混合料添加剂（简称"温拌剂"）的添加及施工过程中施工温度的控制。

经过国内外学者的大量研究，相继出现了多种温拌技术及温拌产品，应用最为广泛的是有机添加剂类、沸石类、乳化沥青和表面活性温拌剂，如Sasobit、Aspha-mim以及Evotherm等产品。每种温拌剂的原理不同，效果也不尽相同，但其本质都是降低沥青在施工过程中的高温黏度，进而实现在较低温度下沥青混合料的拌和与压实。

1. 有机添加剂温拌技术

沥青中加入的有机降黏剂与沥青有较好的相容性，能够降低沥青的施工温度，不影响或改变沥青混合料的使用性能。目前，世界范围内最具代表性的有机添加温拌剂为Sasobit（固体石蜡）。它是德国Sasol Wax公司于1997年开发的一种新型聚烯烃类沥青普适改性剂，主要成分为正烷烃和异烷烃，其碳原子个数为37～115，熔点为100℃左右，外观为白色或淡黄色的小颗粒。

当热沥青中加入Sasobit温拌剂时，Sasobit分子会进入沥青质或胶质片状分子之间，形成新的聚集体。此时沥青中的分子结构由较高层次转化为较低层次，释放出胶团结构中所裹覆的饱和成分，引起胶团体系的分散度增加，降低沥青的黏度。同时在形成 H 键的过程中，-CH 烷基长链舒展地露在芳香片的外侧，形成降黏剂溶剂化层，使沥青质聚集体外围形成一个非极性的环境，阻碍了沥青质或胶质芳香片的重新聚集，起到屏蔽作用，减小了聚集体的尺寸，有利于降低黏度。

2. 沸石温拌技术（Aspha-min）

沸石是网状的硅酸盐组合，其结构中有巨大的相互连通的空间。这些空间形成了各种尺寸较长、较宽的通道，可以容纳较大的阳离子以及相对较大的分子，使离子和分子更容易地进出沸石结构，便于水汽挥发。目前，沸石降黏技术的代表就是德国 Eurovia 公司开发的 Aspha-min 技术。它是一种极细的白色粉末状的人工合成沸石，实为含结晶水占 21% 左右的硅铝酸钠。将沸石加入热集料中，同时喷入沥青，沸石挥发出的水蒸气使沥青体积膨胀形成泡沫沥青，可以使沥青与集料在较低的温度下拌和均匀。

3. 乳化沥青温拌技术（Evotherm）

乳化沥青温拌技术是用一种特殊的高浓度乳化沥青 Evotherm 替代普通热沥青进行混合料拌和。Evotherm 采用了化学外加剂和沥青分散技术，当它与热集料拌和时，乳液中的水以蒸汽形式释放出来，降低了拌和与压实时沥青的黏度，并使其形成与热拌沥青混合料相当的裹附性能。

4. 表面活性技术

表面活性剂的分子结构一般是由极性部分（亲水部分）和非极性部分（亲油部分）组成。当把离子型表面活性剂水溶液加入沥青中搅拌均匀时，表面活性剂分子会在沥青微粒表面自由排列，亲油烃链端牢固地黏附在沥青微粒上，使沥青微粒表面带有一层电荷。亲水的离子基则与水接触，在沥青微粒表面形成一层水膜，降低了沥青微粒的表面张力，并且沥青微粒表面所带的电荷会使微粒与微粒之间产生静电排斥作用，此时沥青微粒会均匀地弥散在连续水相中，形成沥青微粒、表面活性剂和水的平衡状态。这种平衡状态阻碍了沥青微粒重新联结扩展成一片，降低了沥青的黏度，加上微量水的润滑和发泡作用，沥青与集料能在相对较低的温度下拌和。在拌和与压实过程中，一方面由于水分逐渐蒸发，表面活性剂慢慢失去作用，沥青微粒发生逐点聚集；另一方面由于集料表面所带的电荷与沥青微粒表面的电荷发生中和，促使沥青与集料黏附。因此，当拌和和压实完毕时，沥青就会牢牢地裹附在集料表面。

表面活性技术的降黏机理相对较为简单，且添加剂本身的物理性能对胶结料和沥青混合料的性能影响较小，推广起来比较容易。

五、冷拌沥青混合料路面施工

（一）一般规定

1.冷拌沥青混合料适用于三级及以下的公路沥青面层、二级公路罩面层施工，以及各级公路沥青路面的基层、联结层或整平层。冷拌改性沥青混合料可用于沥青路面的坑槽冷补。

2.冷拌沥青混合料宜采用乳化沥青或液体沥青拌制，也可采用改性乳化沥青。

3.冷拌沥青混合料宜采用密级配沥青混合料。当采用半开级配的冷拌沥青碎石混合料路面时，应铺筑上封层。

（二）冷拌沥青混合料配合比设计

1.冷拌沥青混合料可参照相应的矿料级配使用，并根据已有的成功经验经试拌确定设计级配范围和施工配合比。

2.乳化沥青碎石混合料的乳液用量应根据当地实践经验以及交通量、气候、集料情况、沥青标号、施工机械等条件确定，也可按热拌沥青混合料的沥青用量折算。实际的沥青残留物数量可较同规格热拌沥青混合料的沥青用量减少10%～20%。

（三）冷拌沥青混合料路面施工

1.冷拌沥青混合料宜采用拌和厂机械拌和及沥青摊铺机摊铺的方式。缺乏厂拌条件时，也可采用现场路拌及人工摊铺方式。冷拌沥青混合料施工应注意防止混合料离析。

2.当采用阳离子乳化沥青拌和时，宜先用水使集料湿润。若湿润后仍难以与乳液拌和均匀时，应改用破乳速度更慢的乳液，或用1%～3%浓度的氯化钙水溶液代替水润湿集料表面。

3.混合料适宜的拌和时间应根据实际情况调节并通过试拌确定。矿料中加进乳液后的机械拌和时间不宜超过30 s，人工拌和时间不宜超过60 s。

4.已拌好的混合料应立即运至现场进行摊铺，并在乳液破乳前结束。在拌和与摊铺过程中已破乳的混合料，应予废弃。

5. 乳化沥青冷拌混合料铺后宜采用 6 t 左右的轻型压路机初压 1～2 遍，使混合料初步稳定，再用轮胎压路机或钢筒式压路机碾压 1～2 遍。当乳化沥青开始破乳、混合料由褐色转变成黑色时，改用 12～15 t 轮胎压路机碾压，将水分挤出，复压 2～3 遍后停止，待晾晒一段时间，水分基本蒸发后继续复压至密实为止。当压实过程中有推移现象时应停止碾压，待稳定后再碾压。当天不能完全压实时，可在较高气温状态下补充碾压。当缺乏轮胎压路机时，也可采用钢筒式压路机或较轻的振动压路机碾压。

6. 乳化沥青混合料路面的上封层应在压实成型、路面水分完全蒸发后加铺。

7. 乳化沥青混合料路面施工结束后宜封闭交通 2～6 d，并注意做好早期养护。开放交通初期，应设专人指挥，车速不得超过 20 km/h，不得刹车或掉头。

8. 冷拌沥青混合料施工遇雨应立即停止铺筑，以防雨水将乳液冲走。

六、冷补沥青混合料施工

（一）一般规定

1. 用于修补沥青路面坑槽的冷补沥青混合料宜采用适宜的改性沥青结合料制造，并具有良好的耐水性。

2. 沥青用量通过试验并根据实际使用效果确定，通常宜为 4%～6%。其级配应符合补坑的需要，粗集料级配必须具有充分的嵌挤能力，以便在未经充分碾压的条件下可开放通车碾压而不松散。

（二）冷补沥青混合料施工

冷补沥青混合料的质量应符合下列要求：

1. 制造冷补沥青混合料的集料必须符合热拌沥青混合料集料的质量要求。

2. 具有良好的低温操作和易性。用于冬季寒冷季节补坑的混合料，应在松散状态下经 -10℃ 的冰箱保持 24 h 并无明显的凝聚结块现象，且能便于铁铲拌和。

3. 良好的耐水性。混合料按水煮法或水浸法检验的抗水剥落性能（裹覆面积）不得小于 95%。

4. 冷补沥青混合料应有足够的黏聚性，马歇尔试验稳定度宜不小于 3 kN。

七、透层、黏层及封层施工

（一）透层施工技术

1. 基本要求

（1）沥青路面各类基层都必须喷洒透层油，沥青层必须在透层油完全渗透基层后方可铺筑。

基层上设置下封层时，透层油不宜省略。气温低于10℃或大风天气，即将降雨时不得喷洒透层油。

（2）根据基层类型选择渗透性好的液体沥青、乳化沥青、煤沥青做透层油，喷洒后通过钻孔或挖掘确认透层油渗透入基层的深度宜不小于 5 mm（无机结合料稳定集料基层）~ 10 mm（无结合料基层），并能与基层联结成为一体。透层油的质量应符合现行的《公路沥青路面施工技术规范》的要求。

（3）透层油的黏度通过调节稀释剂用量或乳化沥青浓度得到适宜的黏度，基质沥青的针入度通常宜不小于 100。透层用乳化沥青的蒸发残留物含量允许根据渗透情况适当调整。当使用成品乳化沥青时，可通过稀释得到要求的黏度。透层用液体沥青的黏度通过调节煤油或轻柴油等稀释剂的品种和掺量经试验确定。

2. 施工技术要求

（1）在无结合料粒料基层上洒布透层油时，宜在铺筑沥青层前 1 ~ 2d 洒布。

（2）用于半刚性基层的透层油宜紧接在基层碾压成型后表面稍变干燥，但尚未硬化的情况下喷洒。

（3）喷洒透层油前应清扫路面，遮挡防护路缘石及人工构造物避免污染，透层油必须洒布均匀。有花白遗漏应人工补洒，喷洒过量的立即撒布石屑或砂吸油，必要时做适当碾压。透层油洒布后不得在表面形成能被运料车和摊铺机黏起的油皮。透层油达不到渗透深度要求时，应更换透层油稠度或品种。

（4）透层油洒布后应不致流淌，应渗入基层一定深度，不得在表面形成油膜。

（5）透层油洒布后的养生时间应根据透层油的品种和气候条件以及试验确定，确保液体沥青中的稀释剂全部挥发，乳化沥青渗透且水分蒸发，然后尽早铺筑沥青面层，防止工程车辆损坏透层。

（6）喷洒透层油后一定要严格禁止人和车辆通行。

（7）透层油洒布后应待充分渗透，一般不少于 24 h 后才能摊铺上层，但也不能在透层油喷洒后很久不做上层施工，应尽早施工。摊铺沥青前，应将局部尚有多余的未渗入基层的沥青清除。

（8）对无机结合料稳定的半刚性基层喷洒透层油后，如果不能及时铺筑面层时，并还需开放交通，应铺撒适量的石屑或粗砂，此时宜将透层油增加10%的用量。用6～8t钢筒式压路机稳压一遍，并控制车速。摊铺上层时发现局部沥青剥落，应修补，还需清扫浮动屑或砂。

（二）黏层施工技术

1.基本要求

（1）符合下列情况之一时，必须喷洒黏层油：

双层式或三层式热拌热铺沥青混合料路面的沥青层之间。

水泥混凝土路面、沥青稳定碎石基层或旧沥青路面层上加铺沥青层。

路缘石、雨水口、检查井等构筑物与新铺沥青混合料接触面的侧面。

（2）黏层油宜采用快裂或中裂乳化沥青，改性乳化沥青，也可采用快、中凝液体石油沥青，其规格和质量应符合现行《公路沥青路面施工技术规范》的要求，所使用的基质沥青标号宜与主层沥青混合料相同。

（3）黏层油品种和用量应根据下卧层的类型通过试洒确定。当黏层油上铺筑薄层大空隙排水路面时，黏层油的用量宜增加到0.6～1.0 L/m。在沥青层之间兼作封层而喷洒的黏层油宜采用改性沥青或改性乳化沥青，其用量宜不少于1.0 L/m。

2.施工技术要求

（1）黏层油宜采用沥青洒布车喷洒，并选择适宜的喷嘴，洒布速度和喷洒量保持稳定。当采用机动或手摇的手工沥青洒布机喷洒时，必须由熟练的技术工人操作，均匀洒布。气温低于10℃时不得喷洒黏层油，寒冷季节施工不得不喷洒时可以分成两次喷洒。路面潮湿时不得喷洒黏层油，用水洗刷后需要待表面干燥后喷洒。

（2）喷洒的黏层油必须呈均匀雾状，在路面全宽度内均匀分布成一薄层，不得有洒花漏空或成条状，也不得有堆积。喷洒不足的要补洒，喷洒过量处应予刮除。喷洒黏层油后，严禁运料车外的其他车辆和行人通过。

（3）黏层油宜当天洒布，待乳化沥青破乳、水分蒸发完成，或稀释沥青中的稀释剂基本挥发完成后，紧跟着铺筑沥青层，确保黏层不受污染。

（二）封层的施工技术

1. 基本要求

封层宜选择在干燥和较热的季节施工，并在最高温度低于15℃到来前半个月及雨季前结束。

2. 施工技术要求

（1）被磨损的旧路面上铺筑稀浆封层时，施工前应先修补坑槽、整平路面。

（2）封层施工时，其下承层应干燥。

（3）使用层铺法沥青表面处治铺筑上封层时，施工方法按层铺法表面处治工艺施工。

（4）使用层铺法沥青表面处治铺筑下封层时，施工工艺同上封层。矿料用量应根据矿料尺寸、形状、种类等情况确定，宜为 5～8 m/1 000 m。

（5）采用集中拌和法施工上、下封层时，应按照热拌沥青混凝土路面施工工艺进行。

（6）稀浆封层施工应使用稀浆封层铺筑机，其工作速度宜匀速铺筑，应达到厚度均匀、表面平整的要求。

（7）封层铺筑后，必须待乳液破乳、水分蒸发、干燥成型后方可开放交通。

第四节　水泥混凝土路面施工技术

水泥混凝土路面包括普通混凝土（素混凝土）、钢筋混凝土、连续配筋混凝土、预应力混凝土、装配式混凝土、钢纤维混凝土和混凝土小块铺砌等面层板和基（垫）层所组成的路面。目前所谓普通混凝土路面，是指除接缝区和局部范围（边缘和角隅）外不配置钢筋的混凝土路面。

相对于沥青混凝土路面而言，水泥混凝土路面的优点是使用寿命长、强度高、稳定性好、耐久性好、养护费用少、经济效益高，有利于夜间行车，有利于带动当地建材业的发展。

相对于沥青混凝土路面而言，水泥混凝土路面的缺点是对水泥和水的需要量大，有接缝，开放交通较迟，修复困难。

一、水泥混凝土路面用料要求

（一）水泥

1. 极重、特重、重交通荷载等级公路面层水泥混凝土应采用旋窑生产的道路硅酸盐水泥、硅酸盐水泥、普通硅酸盐水泥，中、轻交通荷载等级公路面层水泥混凝土可采用矿渣硅酸盐水泥。高温期施工宜采用普通型水泥，低温期宜采用早强型水泥。

2. 水泥进场时，每批量应附有化学成分、物理、力学指标合格的检验证明，并通过混凝土配合比试验，根据其配制弯拉强度、耐久性和工作性优选适宜的水泥品种、强度等级。

3. 用机械化铺筑时，宜选用散装水泥。对于散装水泥的夏季出厂温度，南方不宜高于65℃，北方不宜高于55℃。对于混凝土搅拌时的水泥温度，南方不宜高于60℃，北方不宜高于50℃，且不宜低于10℃。

当贫混凝土和碾压混凝土用作基层时，可使用各种硅酸盐类水泥。不掺入粉煤灰时，宜使用32.5级以下水泥。掺入粉煤灰时，只能使用道路水泥、硅酸盐水泥、普通水泥。水泥的抗压强度、抗折强度、安定性和凝结时间必须检验合格。

（二）掺合料

1. 面层水泥混凝土可单独或复配掺用符合规定的粉状低钙粉煤灰、矿渣粉或硅灰等掺合料，不得掺用结块或潮湿的粉煤灰、矿渣粉和硅灰。粉煤灰质量不应低于Ⅱ级粉煤灰的要求。不得掺用高钙粉煤灰或Ⅲ级及以下低钙粉煤灰。粉煤灰宜用散装，进货应有等级检验报告。

2. 应确切了解所用水泥中已经加入的掺和料种类和数量，掺加于面层水泥混凝土中的矿渣粉、硅灰，其质量应符合规定。使用矿渣硅酸盐水泥时不得再掺加矿渣粉。高温期施工时，不宜掺用硅灰。

3. 各种掺合料在使用前，应进行混凝土配合比试配检验与掺量优化试验，确认面层水泥混凝土弯拉强度、工作性、抗磨性、抗冰冻性、抗盐冻性等指标满足设计要求。

（三）粗集料与再生粗集料

1. 粗集料应使用质地坚硬、漂亮、耐久、干净的碎石、碎卵石或卵石。极重、特重、重交通荷载等级公路面层混凝土用的粗集料质量应不低于Ⅱ级的要求,中、轻交通荷载等级公路面层混凝土可使用Ⅲ级粗集料。

2.用作路面和桥面混凝土的粗集料不得使用不分级的集料,应按最大公称粒径的不同采用2～4个粒级的集料进行参配,并应符合合成级配的要求。卵石最大公称粒径不宜大于19.0 mm,碎卵石最大公称粒径不宜大于26.5 mm,碎石最大公称粒径不应大于31.5 mm。贫混凝土基层粗集料最大公称粒径不应大于31.5 mm,钢纤维混凝土与碾压混凝土粗集料最大公称粒径不宜大于19.0 mm,碎卵石或碎石中粒径小于75 m石粉含量不宜大于1%。

(四)细集料

1.细集料应采用质地坚硬、耐久、洁净的天然砂或机制砂,不宜使用再生细集料。使用天然砂或机制砂时,应符合各自对应的质量标准。极重、特重、重交通荷载等级公路面层混凝土用的细集料质量应不低于Ⅱ级要求,中、轻交通荷载等级公路面层混凝土可使用Ⅲ级细集料。机制砂宜采用碎石为原料,并用专用设备生产,对机制砂母岩的抗压强度应满足相应的技术要求。

2.细集料的级配要求应符合规范规定,路面和桥面用天然砂宜为中砂,也可使用细度模数2.0～3.5的砂。同一配合比用砂的细度模数变化范围不应超过0.3,否则,应分别堆放,并调整配合比中的砂率后使用。

(五)水

饮用水可直接作为混凝土搅拌和养护用水。非饮用水应进行水质检验,并符合现行《公路水泥混凝土路面施工技术细则》的规定,还应与蒸馏水进行水泥凝结时间与水泥胶砂强度的对比试验。对比试验的水泥初凝与终凝时间,其允许偏差不应大于30 min,水泥胶砂3 d和28 d强度不应低于蒸馏水配制的水泥胶砂3 d和28 d强度的90%。养护用水可不检验,但也应符合相关要求。

(六)外加剂

1.外加剂主要有普通减水剂、高效减水剂、早强减水剂、缓凝高效减水剂、缓凝减水剂、引气减水剂、引气高效减水剂、引气缓凝高效减水剂、早强高效减水剂、引气早强高效减水剂、早强剂、缓凝剂、引气剂、阻锈剂等。其产品质量应符合相应技术指标。供应商应提供有相应资质外加剂检测机构出示的品质检测报告,检验报告应说明外加剂的主要化学成分,认定对人员无毒副作用。

2. 引气剂应选用表面张力降低值大、水泥稀浆中起泡容量多、不溶残渣少的产品。有抗冰（盐）冻要求地区，各交通等级路面、桥面、路缘石、路肩及贫混凝土基层必须使用引气剂；无抗冰（盐）冻要求地区，二级及以上公路路面混凝土中应使用引气剂。

3. 各交通等级路面、桥面混凝土宜选用减水率大、坍落度损失小、可调控凝结时间的复合型减水剂。高温施工宜使用引气缓凝（保塑）（高效）减水剂，低温施工宜使用引气早强（高效）减水剂。选定减水剂品种前，必须与所用的水泥进行适应性检验。

4. 处在海水、海风、硫酸根离子环境或冬季撒盐除冰的路面或桥面钢筋混凝土、钢纤维混凝土宜掺阻锈剂。

（七）钢筋

1. 各交通等级混凝土路面、桥面和搭板所用钢筋网、传力杆、拉杆等钢筋应符合国家有关标准的技术要求。

2. 各交通等级混凝土路面、桥面和搭板所用钢筋应顺直，不得有裂纹、断伤、刻痕、表面油污和锈蚀。传力杆钢筋加工应锯断，不得挤压切断；断口应垂直、光圆，用砂轮打磨掉毛刺，并加工成圆锥形或半径为 2～3 mm 圆倒角。

（八）纤维

1. 用于公路混凝土路面和桥面的钢纤维除应满足现行《混凝土用钢纤维》的规定外，还应符合下列技术要求：

（1）单丝钢纤维抗拉强度不宜小于 600 MPa。

（2）钢纤维长度应与混凝土粗集料最大公称粒径相匹配，最短长度宜大于粗集料最大公称粒径的 1/3，最大长度不宜大于粗集料最大公称粒径的 2 倍，钢纤维长度与标称值的偏差不应超过 ±10%。

2. 路面和桥面混凝土中，宜使用防锈蚀处理的钢纤维和有锚固端的钢纤维；不得使用表面磨损前后裸露尖端导致行车不安全的钢纤维和搅拌易成团的钢纤维。

（九）接缝材料

1. 应选用能适应混凝土面板膨胀和收缩、施工时不变形、弹性复原率高、耐久性好的胀缝板。高速公路、一级公路宜采用塑胶、橡胶泡沫板或沥青纤维板，其他公路可采用各种胀缝板。

2.填缝材料应具有与混凝土板壁黏结牢固，回弹性好，不溶于水，不渗水，高温时不挤出、不流淌，抗嵌入能力强，耐老化龟裂，负温拉伸量大，低温时不脆裂，耐久性好等性能。填缝料有常温施工式和加热施工式两种，其技术指标应分别符合相关技术要求。常温施工式填缝料主要有聚（氨）酯、硅树脂类及氯丁橡胶泥类、沥青橡胶类等。加热施工式填缝料主要有沥青玛蹄脂类、聚氯乙烯胶泥类、改性沥青类等。高速公路、一级公路应优选用树脂类、橡胶类或改性沥青类填缝材料，并宜在填缝料中加入耐老化剂。

3.填缝时，应使用背衬垫条控制填缝形状系数。背衬垫条应具有良好的弹性、柔韧性、不吸水、耐酸碱腐蚀和高温不软化等性能。背衬垫条材料有聚氨酯、橡胶或微孔泡沫塑料等，其形状应为圆柱形，直径应比接缝宽度大 2～5 mm。

（十）其他材料

1.当使用油毡、玻纤网和土工织物做防裂层及修补基层裂缝时，油毡、玻纤网和土工织物的物理力学性能及技术性能应符合相关技术规范规定。

2.传力杆套（管）帽、沥青及塑料薄膜应符合下列要求：

（1）用于滑模摊铺传力杆自动插入装置（DBI）缩缝传力杆塑料套管，其管壁厚度不应小于 0.5 mm，套管与传力杆应密切贴合。套管长度应比传力杆一半长度长 30 mm。

（2）用于胀缝传力杆端部的套帽宜采用镀锌管或塑料管，厚度不应小于 2.0 mm；要求端部密封不透水，内径宜较传力杆直径大 1.0～1.5 mm，塑料套帽长度宜为 100 mm 左右，镀锌套帽长度宜为 50 mm 左右，顶部空隙长度均不应小于 25 mm。

（3）用于滑动封层的石油沥青、改性沥青和乳化沥青，应符合相关技术规范的规定。

（4）用于滑动封层的软聚氯乙烯吹塑或压延塑料薄膜厚度不应小于 0.12 mm，拉伸强度不应小于 12.0 MPa，直角撕裂强度不应小于 400 N/mm。用于混凝土路顶养护塑料薄膜可为聚氯乙烯、聚乙烯、聚丙烯等品种，厚度不宜小于 0.05 mm。

3.水泥混凝土面层用养护剂应采用由石蜡、适宜高分子聚合物与适量稳定剂、增白剂经胶体磨制成的水乳液，不得采用以水玻璃为主要成分的养护剂。养护剂宜为白色胶体乳液，不宜为无色透明乳液。使用养护剂时，高速公路、一级公路水泥混凝土面层应使用满足一级品要求的养护剂，其他等级公路可使用满足合格品要求的养护剂。

4. 水泥混凝土面层用节水保湿养护膜应由高分子吸水保水树脂和不透水塑料面膜制成。

5. 高温期施工时，宜选用白色反光面膜的节水保湿养护膜；低温期施工时，宜选用黑色或蓝色吸热面膜的产品。

二、施工方法的选择

目前，通常采用的水泥混凝土面层铺筑技术方法有现浇水泥混凝土路面施工和装配式水泥混凝土路面施工两类。现浇水泥混凝土路面是目前公路水泥混凝土路面最常见的一种，以小型机械设备施工法和滑模摊铺机施工法为主。装配式水泥混凝土路面是一种新型水泥混凝土路面结构，是根据路面纵横缝的布置情况提前将路面板在工厂批量生产，然后运输至现场安装。

（一）现浇水泥混凝土路面施工方法

1. 小型机械设备施工

小型机械设备施工是水泥混凝土路面施工方式中传统的施工方式，其主要采用立模板、人工及小型设备铺筑及振捣混凝土、人工抹面及养护等方式进行水泥混凝土路面施工。该施工技术简单成熟，施工便捷，不需要大型设备，主要靠人工，机械化程度适中，设备投入少，技术容易掌握，应用范围较广。根据施工过程中混凝土在施工范围内的铺筑方式又分为小型机具施工、三辊轴机械施工及碾压混凝土施工等。

2. 滑模摊铺机施工

滑模摊铺工艺是采用滑模摊铺机铺筑水泥混凝土面层的施工工艺。其特点是不架设边缘固定模板，布料、摊铺、振捣密实、挤压成型、抹面装饰等施工流程在摊铺机行进过程中连续完成。滑模摊铺技术在我国经过多年推广应用，已经成为我国在施工速度最快、装备最现代的高等级公路水泥混凝土路面施工中广泛采用的高新成熟技术。

（二）装配式水泥混凝土路面

装配式水泥混凝土路面是在工厂中把混凝土预制成板块，然后运至工地现场装配而成。这种路面的优点是混凝土板可以全年生产，不受气候影响，混凝土质量容易保证；施工进度快，铺筑完毕即可通车；损坏后易于拆换修理。因此，它较适用于城市道路、厂矿道路、大型基建场地、停车站场和软弱路基上。

装配式水泥混凝土路面的缺点是接缝多，整体性差，容易引起行车颠簸跳动，因而在公路上一般不宜采用。为了便于吊装及搬运，装配式混凝土板一般做成1～2 m正方形或矩形，也可做成边长1.2 m六角形。板厚一般为0.12～0.18 m。有些国家还采用宽3.5 m、长3～6 m矩形板，但需有相应的运输和吊装机具配合。六角形板的强度和稳定性较好。为承受车轮荷载应力和吊装应力，装配式混凝土板可在边缘和角隅配置钢筋，有时亦可设全面网状钢筋。为提高板的质量，可采用预应力、真空作业、机械振捣或蒸汽养生等技术制作混凝土板。为加速板的硬结，在冬季可采用电热法或在铸模内安装管线，内通蒸汽或热水。有些国家还利用先张法或电热法施加预应力，做成装配式预应力混凝土板。

三、现浇水泥混凝土路面施工

现浇水泥混凝土路面施工工艺流程主要有现场清理→测量放线，垫高抄水平→模板制作及安装雨水、污水管网和井篦子→混凝土搅拌，运输→铺筑混凝土→接缝施工→混凝土振捣、整平→混凝土抹面、压实→切缝、清缝、灌缝→养护。

（一）模板及其架设与拆除

（1）施工模板应采用刚度足够的槽钢、轨模或钢制边侧模板，不应使用木模板、塑料模板等易变形模板。

（2）支模前，在基层上应进行模板安装及摊铺位置的测量放样，核对路面标高、面板分块、胀缝和构筑物位置。

（3）纵横曲线路段应采用短模板，每块模板中点应安装在曲线切点上。

（4）模板安装应稳固、平顺、无扭曲，应能承受摊铺、振实、整平设备的负载行进，冲击和振动时不发生位移。

（5）模板与混凝土拌合物接触表面应涂脱模剂。

（6）模板拆除应在混凝土抗压强度不小于8.0 MPa方可进行。

（二）混凝土拌合物搅拌

（1）搅拌楼的配备，应优先选配间歇式搅拌楼，也可使用连续搅拌楼。

（2）每台搅拌楼投入生产前，必须进行标定和试拌。在标定有效期满或搅拌楼搬迁安装后，均应重新标定。施工中应每15 d校验一次搅拌楼计量精确度。搅拌楼配料计量偏差不得超过规定。不满足时，应分析原因，排除故障，确保拌和计量精确度。采用计算机自动控制系统的搅拌楼时，应使用自动配料生产，并按需要打印每天（周、旬、月）对应路面摊铺桩号的混凝土配料统计数据及偏差。

（3）应根据拌合物的黏聚性、均质性及强度稳定性试拌确定最佳拌和时间。

（4）外加剂应以稀释溶液加入，其稀释用水和原液中的水量应从拌和加水量中扣除。

（5）拌和引气混凝土时，搅拌楼一次拌和量不应大于其额定搅拌量的90%。纯拌和时间应控制在含气量最大或较大时。

（三）混凝土拌合物运输

（1）应根据施工进度、运量、运距及路况，选配车型和车辆总数。总运力应比总拌和能力略有富余，确保新拌混凝土在规定时间内运到摊铺现场。

（2）运输到现场的拌合物必须具有适宜摊铺的工作性。不同摊铺工艺的混凝土拌合物从搅拌机出料到运输、铺筑完毕的允许最长时间应符合时间控制的规定。不满足时，应通过试验加大缓凝剂或保塑剂剂量。

（3）运输过程中应防止混凝土漏浆、漏料和污染路面，途中不得随意耽搁。自卸车运输应减小颠簸，防止拌合物离析。车辆起步和停车应平稳。

（四）混凝土的现场铺筑

1. 小型机具铺筑

（1）施工机具配置

小型机具施工是以人工为主，配以常用混凝土振捣及收面工具，主要以插入式振捣棒、平板振动器、提浆滚杠及抹面工具为主。

（2）混凝土浇筑

①施工前按照设计及规范要求安装模板。

②混凝土浇筑过程中应沿横断面连续振捣密实，并应注意路面板底、内部和边角处不得欠振或漏振。振捣棒在每一处的持续时间，应以拌合物全面振动液

化、表面不再冒气浆为限，不宜过振，也不宜少于30 s。振捣棒移动间距不宜大于500 mm，至模板边缘的距离不宜大于200 mm。应避免碰撞模板、钢筋、传力杆和拉杆。

③在振捣棒已完成振实的部位，可开始振动板纵横交错两遍全面提浆振实，每车道路面应配备1块振动板。

④振动板移位时，应重叠100～200 mm，振动板在一个位置的持续时间应不少于15 s。振动板须由两人提位振捣和移位。

⑤对于缺料的部位，应铺以人工补料找平。

⑥采用振动梁振实，每车道路面宜使用一根振动梁。振动梁应垂直路面中线沿纵向拖行，往返2～3遍，使表面泛浆均匀平整。

（3）整平饰面

①每车道路面应配备2根滚杠，每个作业面应配备2根滚杠。振动梁振实后，应拖动滚杠往返2遍提浆整平。

②拖滚后的表面宜采用3 m刮尺，纵模各1遍整平饰面，或采用叶片式或圆盘式抹面机往返2～3遍压实整平饰面。

③抹面机完成作业后，应进行清边整缝，清除黏浆，修补缺边、掉角。精平饰面后的面板表面应无抹面印痕，致密均匀，无露骨，平整度应达到规定要求。

④小型机具施工三、四级公路混凝土路面时，应优先在拌合物中掺外加剂。无掺外加剂条件时，应使用真空脱水工艺。该工艺适用于面板厚度不大于240 mm混凝土面板施工，使用真空脱水工艺时，混凝土拌合物的最大单位用水量可比不采用外加剂时增大312 kg/m^3，对于拌合物适宜坍落度，高温天气为30～50 mm，低温天气为20～30 mm。

2. 三辊轴机械铺筑

三辊轴施工与小型机具施工工艺类似，不同之处在于配备了施工效率更高的一体化设备三辊轴机组。

3. 滑模摊铺机铺筑

滑模摊铺工艺宜用于高速公路、一级公路、二级公路普通水泥混凝土面层以及配筋混凝土面层，纤维混凝土面层，钢筋混凝土桥面，隧道混凝土面层，混凝土路缘石、路肩石及护栏等滑模施工。上坡纵坡大于5%、下坡纵坡大于6%、平面半径小于50 m或超高横坡超过7%的路段，不宜采用滑模摊铺机进行。

采用滑模摊铺机在基层上行走的铺筑方案时，基层侧边缘到滑模摊铺面层边缘的宽度不宜小于 650 mm。

（1）铺筑前的准备工作

①摊铺段夹层或封层质量应检验合格，对于破损或缺失部位，应及时修复。表面应扫干净并洒水润湿，并采取防止施工设备和机械碾坏封层的措施。

②应检查并平整滑模摊铺机的履带行走区。行走区应坚实，不得存在湿陷等病害。应清除砖、瓦、石块、废弃混凝土块等杂物。

③摊铺前应检查并调试施工设备。滑模摊铺机首次作业前，应挂线对铺筑位置、几何参数和机架水平度进行设置、调整和校准，满足要求后方可用于摊铺作业。

④滑模摊铺面层前，应准确架设基准线。基准线架设与保护应符合下列规定：

滑模摊铺高速公路、一级公路时，应采用单向坡双线基准线；横向连接摊铺时，连接一侧可依托已铺成的路面，另一侧设置单线基准线。

滑模整体铺筑二级公路的双向坡路面时，应设置双线基准线，滑模摊铺机底板应设置为路拱形状。

基准线桩纵向间距直线段不宜大于 10 m，桥面铺装、隧道路面及竖曲线和平曲线路段宜为 5～10 m，大纵坡与急弯道可加密布置。基准线桩最小距离不宜小于 2.5 m。

基层顶面到夹线臂的高度宜为 450～750 mm，基准线桩夹线臂夹口到桩的水平距离宜为 300 mm。基准线桩应固定牢固。

单根基准线的最大长度不宜大于 450 m，架设长度不宜大于 300 m。

基准线宜使用钢绞线。采用直径 2.0 cm 钢绞线时，张线拉力不宜小于 1000 N；采用直径 3.0 cm 钢绞线时，不宜小于 2000 N。

基准线设置后，应避免扰动、碰撞和振动。多风季节施工，宜缩小基准线桩间距。

当面层传力杆、胀缝钢筋采用前置支架法施工时，应在表面先准确安装和固定支架，保证传力杆中部对中缩缝切制位置，且不会因布料、摊铺而导致推移。支架可采用与锚固入基层的钢筋焊接等方法固定。

（2）混凝土布料要求

①滑模摊铺机前布料，应采用机械完成。滑模铺筑无传力杆水泥混凝土路面时，布料可使用轻型挖掘机或推土机；滑模铺筑连续配筋混凝土路面、钢筋混凝土路面、桥面和桥头搭板，路面中设传力杆钢筋支架、胀缝钢筋支架时，布料应采用侧向上料的布料机或供料机；当面层传力杆、胀缝与隔离缝钢筋采用前置支

架法施工时，不得在支架顶面直接卸料。传力杆以下的混凝土宜在摊铺前采用手持振捣棒振实。

②布料高度应均匀一致，不得采用翻斗车直接卸料的方式，卸料、布料速度与摊铺速度协调一致，不得局部或全断面缺料。发生缺料时应立即停止摊铺。

③采用布料机布料时，布料机和滑模摊铺机之间的施工距离宜为 5～10 m；现场蒸发率较大时，宜采用较小值。

④坍落度为 10～30 mm 时，布料松铺系数宜为 1.08～1.15。

⑤应保证滑模摊铺机前的料位高度位于螺旋布料器叶片最高点以下，最高料位高度不得高于松方控制板上缘。使用布料时，应按松方高度严格控制料位高度。

（3）滑模摊铺机的施工参数设定及校准应符合下列规定：

①振捣棒应均匀排列，间距宜为 300～450 mm；混凝土摊铺厚度较大时，应采用较小间距。两侧最边缘振捣棒与摊铺边缘距离不宜大于 200 m。振捣棒下缘位置应位于挤压底板最低点以上。

②挤压底板的前倾角宜设置为 3°，提浆夯板位置宜在挤压底板前缘以下 5～10 mm。

③边缘超铺高度应根据拌合物稠度确定，宜为 3～8 mm；板厚较厚、坍落度较小时，边缘超铺高度宜采用较小值。

④搓平梁前沿宜调整到与挤压底板后沿高程相同的位置；搓平梁的后沿应比挤压底板后沿低 1～2 mm，并与路面高程相同。

⑤符合铺筑精度要求的摊铺机设置应加以固定和保护。当基底高程等摊铺条件发生变化，铺筑精度超出范围时，可由操作手在行进中通过缓慢微调加以调整。

（4）滑模摊铺机铺筑作业

①滑模摊铺机起步时，应先开启振捣棒，在 2～3 m 内调整振捣到适宜振捣频率（振捣频率应根据板厚、摊铺速度和混凝土工作性确定，以保证拌合物不发生过振、欠振或漏振。振捣频率可在 100～183 Hz 间调整，宜为 150 Hz），使进入挤压底板前缘拌合物振捣密实，无大气泡，方可开动滑模机平稳推进摊铺。当天摊铺施工结束，摊铺机脱离拌合物后，应立即关闭振捣棒组。

②滑模摊铺应缓慢、匀速、连续不间断地作业。滑模摊铺速度应根据板厚、混凝土工作性、布料能力、振捣排气效果等确定，可在 0.75～2.5m/min 间选择，宜采用 1 m/min。滑模摊铺水泥混凝土面层时，严禁快速推进、随意停机与间歇摊铺。

③摊铺过程中可根据拌合物的稠度大小，采取调整摊铺的振捣频率或速度等措施，保证摊铺质量稳定。当拌合物稠度发生变化时，宜先采取调振捣频率的措施，后采取改变摊铺速度的措施。

④摊铺中应经常检查振捣棒的工作情况和位置。面层出现条带状麻面现象时，应停机检查振捣棒是否损坏；振捣棒损坏时，应更换振捣棒。摊铺面层上出现发亮的砂浆条带时，应检查振捣棒位置是否异常；振捣棒位置异常时，应将振捣棒调整到正常位置。

⑤抹面。滑模摊铺过程中应采用自动抹平板装置进行抹面。对少量局部麻面和明显缺料部位，应在挤压板后或搓平梁前补充适量拌合物，由搓平梁或抹平板机械修整。滑模摊铺的混凝土面板在下列情况下可用人工进行局部修整：

用人工操作抹面抄平器，精整摊铺后表面的小缺陷，但不得在整个表面加薄层修补路面高程。

纵缝边缘出现的倒边、塌边、溜肩现象，应设置侧模或在上部支方形金属管进行边缘补料修整。

起步和纵向施工接头处，应采用水准仪抄平并采用大于 3 m 靠尺边测边修整。

（五）滑模摊铺结束后的工作

滑模摊铺结束后，必须及时清洗滑模摊铺机，进行当日保养等。

宜在第二天硬切横向施工缝，也可当天软做施工横缝。

应丢弃端部的混凝土和摊铺机振动仓内遗留下的纯砂浆，两侧模板应向内各收进 20～40 m，收口长度宜比滑模摊铺机侧模板路长。施工缝部位应设置传力杆，并应满足路面平整度、高程、横坡和板长要求。

1. 纵缝施工

纵缝从功能上分为纵向施工缝和纵向缩缝两类，从构造上分为设拉杆平缝型和设拉杆假缝型。

（1）当一次铺筑宽度小于路面宽度时，应设置纵向施工缝，位置应避开轮迹，并重合或靠近车道线，构造可采用设拉杆平缝型。上部应锯切槽口，深度为 30～40 mm，宽度为 3～8 mm，槽内灌塞填缝料。采用滑模摊铺机施工时，纵向施工缝的拉杆可用摊铺机的侧向拉杆装置插入。采用固定模板施工方式时，应在振实过程中从侧模预留孔中手工插入拉杆。

（2）当一次铺筑宽度大于 4.5 m 时，应设置纵向缩缝，构造可采用设拉杆假缝型。锯切的槽口深度应大于纵向施工缝的槽口深度。纵缝位置应按车道宽度设置，并在摊铺过程中用专用拉杆插入装置插入拉杆。

（3）钢筋混凝土路面、桥面和搭板的纵缝拉杆可由横向钢筋延伸穿过接缝代替。钢纤维混凝土路面切开的纵向缩缝可不设拉杆，纵向施工缝应设拉杆。

（4）插入的侧向拉杆应牢固，不得松动、碰撞或拔出。若发生拉杆松脱或漏插，应在横向相邻路面摊铺前，钻孔重新植入。当发现拉杆可能被拔出时，宜进行拉杆拔出力（握裹力）检验。

（5）纵缝应与路线中线平行。纵缝拉杆应采用螺纹钢筋，设在板厚中央，并应对拉杆中部100 mm进行防锈处理。

2. 横缝施工

横缝从功能上分为横向缩缝、横向胀缝和横向施工缝。横向缩缝从构造上分为设传力杆假缝型和不设传力杆假缝型；横向胀缝通常采用固定的结构形式；横向施工缝从构造上分为设传力杆平缝型和设拉杆企口型，通常与横向缩缝、横向胀缝合设。

（1）横向缩缝

普通水泥混凝土路面横向缩缝宜等间距布置，不宜采用斜缝。必须调整板长时，最大板长不宜大于6.0 m，最小板长不宜小于板宽。

在特重和重交通公路、收费广场、邻近胀缝或路面自由端的三条缩缝应采用设传力杆假缝型，在其他情况下可采用不设传力杆假缝型。

缩缝传力杆的施工方法可采用前置钢筋支架法或传力杆插入装置（DBI）法。传力杆应采用光面钢筋。

横向缩缝的切缝方式有全部硬切缝、软硬结合切缝和全部软切缝3种。切缝方式的选用，应由施工期间该地区路面摊铺完毕到切缝时的昼夜温差确定。

（2）横向胀缝

邻近桥梁或其他固定构筑物处或与其他道路相交处，应设置横向胀缝（简称"胀缝"）。

普通混凝土路面、钢筋混凝土路面和钢纤维混凝土路面视集料的温度膨胀性大小、当地年温差和施工季节的情况设置胀缝。高温施工的，可不设胀缝；常温施工且集料温缩系数和年温差较小时，可不设胀缝；集料温缩系数或年温差较大，路面两端构筑物间距不小于500 m时，宜设一道中间胀缝；低温施工且路面两端构筑物间距不小于350 m时，宜设一道胀缝。

普通混凝土路面的胀缝应包括补强钢筋支架、胀缝板和传力杆，钢筋混凝土路面和钢纤维混凝土路面可不设钢筋支架。胀缝宽20～25 mm，使用沥青或塑料薄膜滑动封闭层时，胀缝板及填缝宽度宜加宽到25～30 m。传力杆一半以上长度的表面应涂防黏涂层。端部应戴活动套帽，套帽材料与尺寸应符合有关规定的要求。胀缝板应与路中心线缝壁垂直，缝隙宽度一致，缝中完全不连浆。

胀缝应采用前置钢筋支架法施工，也可预留一块面板，高温时再铺封。用前置法施工时，应预先加工、安装和固定胀缝钢筋支架，并在使用手持振捣棒振实胀缝板两侧的混凝土后再摊铺。宜在混凝土未硬化时，剔除胀缝板上部的混凝土，嵌入（20～25）mm×20 mm木条，整平表面。胀缝板应连续贯通整个路面板宽度。

（3）横向施工缝

每日施工结束或临时原因中断施工时，应设置横向施工缝，其位置应尽可能选在胀缝或缩缝处。横向施工缝设在缩缝处应采用设传力杆平缝型。施工缝设在胀缝处其构造与胀缝相同。确有困难需设置在缩缝之间时，横向施工缝应采用设拉杆企口缝型。

（六）抗滑构造施工

水泥混凝土路面抗滑构造是确保行车安全的一项关键技术措施。尤其是高等级公路，设计行车速度较高、抗滑构造指标不足时，路表面在雨天容易打滑，对行车安全很不利，极易出现交通事故。因此，各等级公路水泥混凝土路面的表面要求是"平而不滑"，既要求高平整度，又要求足够的细观抗滑构造。

目前，水泥混凝土路面抗滑构造主要通过拉毛处理、塑性拉槽和硬刻槽来实现。

1. 拉毛处理

水泥混凝土面层摊铺完毕或精整平表面后，使用钢支架拖挂1～3层叠合麻布、帆布或棉布，洒水湿润后做拉毛处理。布片接触路面的长度以0.7～1.5 m为宜，细度模数偏大的粗砂，拖行长度取小值；砂较细时，取大值。人工修整表面时，宜使用木抹。用钢抹修整过的光面，仍需进行拉毛处理，以恢复细观抗滑构造。

2. 塑性拉槽

当日施工进度超过500 m时，抗滑沟槽制作宜选用拉毛机械施工。没有拉毛机时，可采用人工拉槽方式。在混凝土表面泌水完毕20～30 min内应及时进行拉槽。拉槽深度应为2～4 mm，槽宽3～5 mm，每耙与槽间距为15～25

mm。可采用等间距或非等间距抗滑槽,考虑减小噪声,宜采用后者。衔接间距应保持一致,槽深基本均匀。

3. 硬刻槽

特重和重交通混凝土路面宜采用硬刻槽,凡使用真空吸水或圆盘、叶片式抹面机精平后的混凝土路面、钢纤维混凝土路面必须采用硬刻槽方式制作抗滑沟槽。硬刻槽机有普通手推式、支架式及自行式三种。刻槽方法也有等间距和不等间距两种。为降低噪声,宜采用非等间距刻槽,尺寸宜为槽深 3～5 mm,槽宽 3 mm,槽间距在 12～24 mm 随机调整。对路面结冰地区,硬刻槽的形状宜使用上宽 6 mm、下窄 3 mm 梯形槽,目的是向上分散结冰冻胀力,保持槽口完好;硬刻槽机重量宜重不宜轻,一次刻槽最小宽度不应小于 500 mm。硬刻槽时不应掉边角,也不得中途抬起或改变方向,并保证硬刻槽到面板边缘。抗压强度达到 40% 后可开始硬刻槽,且宜在两周内完成。硬刻槽后应随即冲洗干净路面,并恢复路面养生。

(七)灌缝

水泥混凝土路面由于构造的原因存在纵横向接缝,这些接缝的存在为雨水渗流入路面结构提供了通道,而水是路面及路面结构诱发病害的主要原因之一。因此,必须对水泥混凝土路面接缝进行填塞处理,又称为灌缝作业。各级公路水泥混凝土路面接缝在养生期满后必须及时灌缝,以提高路面板防水密封性、板间嵌锁和荷载传递能力。

1. 清缝

应先采用切缝机清除接缝中夹杂的砂石、凝结的泥浆等,再使用压力大于或等于 0.5 MPa 的压力水和压缩空气彻底清除接缝中的尘土及其他污染物,确保缝壁及内部清洁、干燥。缝壁检验以擦不出灰尘为灌缝标准。

路面胀缝和桥台隔离缝等应在填缝前,凿去接缝板顶部嵌入的木条。涂胶黏剂后嵌入胀缝专用多孔橡胶条或灌进适宜的填缝料。当胀缝宽度不一致或有啃边、掉角等现象时,必须灌缝。

2. 灌缝

使用常温聚氨酯和硅树脂等填缝料时,应按规定比例将两组分材料按 1 h 灌缝量混拌均匀后使用。填缝料配制要求随配随用。

使用加热填缝料时,应将填缝料加热至规定温度。加热过程中应将填缝料彻底熔化，搅拌均匀，并保温使用。

3. 灌缝质量控制

灌缝的形状系数控制宜为 1.5，钢筋混凝土、连续配筋混凝土面层、过渡板、搭板与桥面的灌缝形状系数为 1.0；灌缝深度宜为 15～20 mm，最浅不得小于 15 mm。先挤压嵌入直径 9～12 mm 多孔泡沫塑料背衬条，再灌缝。灌缝顶面热天应与板面齐平；冷天应填为凹液面，中心低于板面 1～2 mm。填缝必须饱满、均匀、厚度一致并连续贯通，填缝料不得缺失、开裂和渗水。

4. 灌缝料养护

常温施工式填缝料的养护期，低温天宜为 24 h，高温天宜为 12 h。加热施工式填缝料的养护期，低温天宜为 2 h，高温天宜为 6 h。在灌缝料养护期间应封闭交通。

（八）养护

（1）混凝土路面铺筑完成或软做抗滑构造完毕后立即开始养护。机械摊铺的各种混凝土路面、桥面及搭板宜采用喷洒养护剂同时保湿覆盖的方式养护。在雨天或养护用水充足的情况下，也可采用覆盖保湿膜、土工毡、土工布、麻袋、草袋、草帘等洒水湿养护方式，不宜使用围水养护方式。

（2）养护时间根据混凝土弯拉强度增长情况而定，不宜小于设计弯拉强度的 80%，应特别注重前 7 d 的保湿（温）养护。一般养护天数宜为 14～21 d，高温天不宜小于 14 d，低温天不宜小于 21 d。对于掺粉煤灰的混凝土面，最短养护日时间不宜少于 28 d，低温天应适当延长。

（3）混凝土板养护初期，严禁人、畜、车辆通行。在达到设计强度 40% 后，行人方可通行。在路面养护期间，平交道口应搭建临时便桥。面板达到设计弯拉强度后，方可开放交通。

四、装配式水泥混凝土路面施工

装配式水泥混凝土路面是指将水泥混凝土路面板在预制场集中生产，然后运输至施工现场拼装成型的路面结构。其最大的好处在于可以便于施工现场的交通运输，且还能够对扬尘进行预防，在很大程度上降低了工程成本，同时，减少了临时修筑所产生的各类建筑垃圾。

相比于现浇水泥混凝土路面，其路面板的施工质量好，施工速度快，便于拆除更换，主要用于一些临时性道路修建。不过，由于我国对装配式预制混凝土路面施工技术掌握得较晚，其付诸实践的时间也较为短暂，这就使得我国建筑行业在应用装配式预制混凝土路面时存在一些问题。

1. 路面板的预制

路面板采用在工厂集中预制的方法施工。根据实际工程设计，按照普通钢筋混凝土及预应力钢筋混凝土结构要求进行施工及质量控制，其主要有钢筋加工及安装、吊钩预埋、模板安装及加固、混凝土浇筑及养护、路面板构造深度施工、预应力筋张拉施工等。

2. 路面板的运输

路面板一般采用汽车运输，以平放运输为原则，路面板间必须垫以15 cm以上的硬质方木，采取三点或四点支承。

路面板装车时，应规范作业人员的装车作业，确保板件装载稳定，捆绑牢靠，路面板堆码整齐，便于装卸。

装车后必须采用运输车上的固定装置锁死路面板，防止路面板倾斜，进行全面检查。严禁出现支撑不平稳、捆绑不牢靠现象。

路面板运输过程中，应保证行车平稳，路面不平整的道路要减速行驶，避免震动过大使路面板开裂。

路面板装卸、运输应严格按规定进行，轻起轻落，严禁碰撞。装车层数符合规定，并采取有效的加固措施。

3. 基层调平处理

由于装配式水泥混凝土路面具有快速开放交通的要求，目前经常采用早强自流平砂浆、铺撒沥青冷补料和乳化沥青碎石封层等方式进行基层的处治与找平。

施工过程中，应设置整平基准线，将基层松散破碎的材料进行清除，并严格按照基准线进行基层处治材料刮平或压实。

装配式水泥混凝土路面的调平主要通过在拼装板接缝之间设置传力杆搭接和采用调平构件两种方式。

拼装板之间的传力杆搭接，是板块预制过程中在一端预埋传力杆，另一端预制传力杆槽。

装配施工时，将传力杆槽搭接在相邻板块所预埋的传力杆上。通过传力杆对板块的支撑，实现装配式路面板与板之间的平整。

调平构件辅助调平是指在板块预制过程中，在边角位置设置调平构件，在装配过程中根据相邻板结合量，通过调节调平装置的调平螺栓，以保证装配式路面的平整度。由此产生的板块与基层之间的空隙，通过灌浆措施进行消除。该方式既保证了装配式路面平整度，同时又改善了板块与基层之间的界面，提高了路面结构的耐久性。

4. 路面板安装

路面板由运输车辆运输至现场后，根据路面结构采用不同的安装方式。对水泥砂浆找平层，先施工砂浆找平层后采用吊车直接吊放至设计位置；路面板下采用沥青类等具有流动性的材料填充层时，先采用千斤顶配合吊车安装至设计位置后进行灌浆施工。

第四章　公路沿线设施施工技术

随着我国公路的建设步入稳定的发展期，通车里程一再刷新世界纪录，不仅公路工程的质量有保障，施工技术不断创新发展，而且在沿线设施的建设和设置上也越加地成熟合理。本章将对公路沿线设施施工技术进行研究论述。

第一节　概述

高等级公路与普通公路比较，除线形好、标准高外，更主要的是具有完善的交通工程设施，根据这些交通工程设施的功能不同，主要分成三种：交通安全设施、管理设施、服务设施。这些交通工程设施是保证专用公路安全、高效运行的必要条件。若交通工程设施与道路不配套，即使道路本身的标准再高，也难以达到安全、快速、舒适、经济的效果。因此，交通工程设施是汽车专用公路建设中的一个主要组成部分。国外修建高等级公路时，该项投资比例一般达到总投资的10%～15%，一些发达国家甚至更高。国内近几年高等级公路修建经验也说明，它为道路使用者提供了快速、舒适、经济的行车环境，提高了服务水平，减少了交通事故，降低了事故的严重度，对发挥高等级公路的作用具有重要意义。

由于交通量大、车速高，高等级公路比普通公路将产生更严重的污染和噪声等问题，甚至还会破坏生态平衡。随着我国高等级公路的迅速发展，公路绿化及环境保护的问题也越来越突出，越来越受到人们的重视。

在各类交通工程设施中，公路交通安全设施对于保障行车安全、减轻潜在事故程度，起着重要作用。公路工程的安全设施包括护栏、交通标志、标线、防眩设施、隔离栅、轮廓标和活动护栏等。它们为公路使用者提供各种警告、禁令、指示、指路信息和视线诱导，排除干扰；提供路侧保护，减轻潜在事故的严重程度；防止眩光对驾驶员视觉性能的伤害。因此，各国对交通安全设施的开发研究非常重视。

在公路的设计当中，线形的公路设计是关键内容之一，会给整个公路设计的好与坏产生直接性的影响。公路的线形设计如何，协调是其唯一衡量标准，体现道路线形的美感，外部体现在如何协调配合周围的地形、地物，而其内部就把衡量技术的标准精确地运用起来。在公路的线形设计当中，不可忽视对项目规划、水利设施、文化影响、农田的条件等设施的保护与协调。在重点分布区的线形公路设计应注重灵活多变、因地制宜的设计方法，公路以线形设计方式为依据。

随着我国公路建设的蓬勃发展，汽车保有量的快速增长，对公路沿线设施的要求也进一步提高。新技术、新材料、新工艺的运用和发展，也将使公路沿线设施更加完善。

由于公路沿线设施种类繁多，涉及面广，施工工艺上各具特点，需要多个部门的分工合作。在实施过程中应结合主线工程的施工安排，精心编制施工组织计划，科学安排，统筹兼顾，严格遵守施工规范、规程和制度，采用先进技术，保证施工质量。

第二节 公路护栏施工技术

一、护栏的分类

（一）按护栏的刚度分类

1.刚性护栏是一种基本不变形的护栏结构。混凝土护栏是刚性护栏的主要代表形式，它是一种以一定形状的混凝土块相互连接而成的墙式结构。它利用与失控车辆碰撞并使其爬高、转向来吸收碰撞能量。

刚性护栏主要设置在需严格阻止车辆越出路外，以免引起二次事故的路段。刚性护栏在碰撞时不变形，几乎不会被损坏，维修费用低，但当车辆与护栏的碰撞角较大时，对车辆和乘员的伤害大。并且该护栏在寒冷地区使用容易积雪。

2.半刚性护栏是一种连续的梁柱式护栏结构，具有一定的刚性和柔性。波形梁护栏是半刚性护栏的主要代表形式，它是一种以波纹状钢护栏板相互拼接并由立柱支撑而组成的连续结构。它利用土基、立柱、波形栏板的变形来吸收碰撞能量,并迫使失控车辆改变方向。

半刚性护栏主要设置在需要着重保护乘员安全的路段。此类护栏刚柔并济,具有较强的吸收碰撞能量的能力,具有较好的视线诱导功能,外形美观,损坏处易更换。

3. 柔性护栏是一种具有较大缓冲能力的柔性护栏结构。缆索护栏是柔性护栏的主要代表形式,它是一种以数根施加初张力的缆索固定在立柱上而组成的结构。它主要依靠缆索的拉应力来抵抗车辆的碰撞,吸收碰撞能量。

缆索护栏属柔性结构,车辆碰撞时缆索在弹性范围内工作,可以重复使用,容易修复。但它的视线诱导性较差,施工较复杂,端部立柱损坏修理困难。一般在风景区公路采用缆索护栏较为美观。

(二)按位置分类

1. 路侧护栏是指设置在公路路肩(或边坡)上的护栏,用于防止失控车辆越出路外,碰撞路边障碍物和其他设施。路侧护栏一般设置在有可能发生严重事故的路段。

2. 中央分隔带护栏是指设置在公路中央分隔带内的护栏。目的是防止失控车辆穿越中央分隔带闯入对向车道,并保护中央分隔带内的构筑物。它包括固定护栏和活动护栏。活动护栏是指设置在中央分隔带开口处的、能够移动的护栏,以便事故处理,车辆、急救抢险车辆紧急通过。

3. 桥梁护栏是指设置在桥梁上的护栏,目的是防止失控车辆越出桥外,保护行人和非机动车辆。

4. 过渡段护栏是指在不同护栏断面结构形式之间平滑连接并进行刚度过渡的结构段。

5. 端部护栏是指在护栏开始端或结束处设置的专门结构。

6. 防撞垫是指通过吸能系统使正面、侧面碰撞的车辆平稳地停住或改变行驶方向的设施,一般设置在互通立交出口三角区、未保护的桥墩、结构支撑柱和护栏端头。

二、混泥土护栏

混凝土护栏是刚性护栏的典型代表。它是一种具有一定断面形状的墙式护栏结构。当汽车与护栏碰撞时,在瞬间移动荷载的作用下,护栏基本上不移动不变形（完全刚性状态），碰撞过程中的能量主要是依靠汽车与护栏面接触并沿着护栏面爬高和转向来吸收，同时碰撞汽车也恢复到正常行驶方向。

混凝土护栏一般设置在中央分隔带较窄的路段和路侧十分危险必须防止车辆越出的路段。

（一）构造要求

1. 断面形式混凝土护栏根据设置地点可分为路侧和中央分隔带两类。

（1）路侧混凝土护栏断面。路侧混凝土护栏按构造可分为 F 型、单坡型、加强型三种。

（2）中央分隔带混凝土护栏断面。中央分隔带混凝土护栏从构造上可分为整体式和分离式两种。中央分隔带宽度较窄或中央分隔带内通信、电力管线较少的路段可采用整体式混凝土护栏。当中央分隔带较宽且需要设置监控、通信、电力管线等设施时，可采用分离式混凝土护栏。

整体式混凝土护栏按构造可分为 F 型和单坡型两种。分离式混凝土护栏按构造可分为 F 型和单坡型两种，其断面形状应与对应的路侧混凝土护栏相同。混凝土护栏背部应设置支撑块，中间可填充种植土进行绿化。分离式混凝土护栏顶部间距不应小于 40 cm。

2. 护栏与基础连接

（1）路侧混凝土护栏基础。路侧混凝土护栏的基础可采用以下两种方式：

①座椅方式。将护栏基础嵌锁在路面结构中，借助路面结构对基础位移的抵抗力来提高护栏的抗倾覆稳定性。

②桩基基础方式。在现浇路侧混凝土护栏前先打入钢管桩。钢管桩必须牢固埋入基座中，并与混凝土护栏连成整体。

（2）中央分隔带混凝土护栏基础。中央分隔带混凝土护栏的基础可采用以下两种方式：

①整体式混凝土护栏基础直接支承在土基上，土基的承载力不应小于 150 kN/m^2，混凝土护栏嵌锁在基础内，埋置深度一般为 10～20 cm。混凝土护栏两侧应铺筑与车行道相同的路面材料。

②分离式混凝土护栏下设置枕梁，护栏之间应设置支撑块。

3. 护栏块纵向长度与连接每节混凝土护栏的纵向长度，在浇筑、吊装条件允许时，应采用较长的尺寸。预制混凝土护栏长度宜为 4～6 m；现浇混凝土护栏的纵向长度应按横向伸缩缝的要求确定，一般为15～30 m。现浇混凝土护栏每3～4 m应设置一道假缝。

为防止混凝土护栏在汽车碰撞力作用下出现护栏块脱开、错位等现象，混凝土护栏块之间必须采取可靠的纵向连接措施。现浇混凝土护栏块之间的纵向连接，可按平接头加传力钢筋处理。预制混凝土护栏块之间可采用纵向企口连接和纵向连接栓连接。纵向连接栓连接是在混凝土护栏端头上半部竖向预埋连接栓挡块，两块混凝土护栏对齐就位后，插入工字形连接栓，将混凝土护栏连成整体。

（二）施工

《公路桥涵施工技术规范》对现浇和预制混凝土的拌和、运输、浇筑、抗冻、抗渗及防腐蚀、养护及修饰和模板的制作等做了全面的规定，混凝土护栏的施工除应符合其相应的规定外，还应满足下列要求：

1. 施工放样与地基准备　混凝土护栏的起讫位置应由公路构筑物，如大中桥梁、中央分隔带开口、隧道等作为控制点，定好长度并应精确测量。施工放样时，应根据现场条件确定混凝土护栏的中心位置及设计标高。浇筑混凝土护栏基础前，应检测基础承载力是否达到150 kPa或设计规定值。

2. 现场浇筑混凝土护栏施工

（1）一般要求及准备工作。浇筑混凝土前，应按设计文件的要求绑扎钢筋及预埋件。钢模板涂脱模剂后，可浇筑混凝土。混凝土浇筑前的温度应为10～32℃。采用固定模板法施工时，模板宜采用钢模板，钢模板的厚度不应小于4 mm。（2）混凝土浇筑。采用滑动模板法施工时，滑模机的施工速度应根据旋转搅拌车、混凝土卸载速度及成型断面的大小决定，可采用0.5～0.7 m/min。混凝土振捣由设置在滑模机上的液压振动器完成，振动器应能根据混凝土的坍落度无级调速，一边振动一边前进。振动器的数量可根据混凝土护栏断面形状，配置5根左右。两处伸缩缝之间的混凝土护栏必须一次浇筑完成，伸缩缝应与水平面垂直，宽度应符合设计文件的规定，伸缩缝内不得连浆。混凝土初凝后，严禁振动模板，预埋钢筋不得承受外力。

（3）拆模。应根据气温和混凝土强度确定拆模时间，一般可在混凝土终凝后3～5 d拆除混凝土护栏侧模。拆模时不应损坏混凝土护栏的边角，并应保持模板的完好状况。假缝可在混凝土护栏拆除模板后，按设计文件要求的间距和规格采用切割机切开，并应保证断面光滑、平整。

3. 预制混凝土护栏施工

（1）一般要求。预制混凝土护栏的施工场地应平整、坚实、排水良好、交通方便。采用钢模板，模板长度应根据吊装和运输条件确定，宜采用固定的规格。

（2）混凝土浇筑及拆模。每块预制混凝土护栏必须一次浇筑完成。拆模时间应根据气温和混凝土达到的强度而定，拆模时混凝土强度不应低于设计强度的70%。拆模时不得损坏混凝土护栏的边角，并应保持模板完好。

（3）起吊、运输和堆放。在起吊、运输和堆放过程中，不得损坏混凝土护栏构件的边角，否则在安装就位后，应采用高于混凝土护栏强度的材料及时修补。

（4）护栏安装。混凝土护栏的安装应从一端逐步向前推进，护栏的线形应与公路的平、纵线形相协调。

（5）其他。中央分隔带混凝土护栏在超高路段，应按设计文件要求处理好排水问题。

三、波形梁护栏

波形梁护栏由波形护栏板、立柱、托架、防阻块、横梁等构件组成。根据护栏不同的防撞等级，波形护栏板可选用二波形护栏板或三波形护栏板；立柱可选用圆形钢管或方形钢管。

（一）构造要求

1. 横断布设

（1）路侧波形梁护栏的横断布设，不应使护栏面侵入公路建筑限界以内，并不得使护栏立柱外侧的侧向土压力明显减少，护栏面可与土路肩左侧边缘线或路缘石左侧立面重合，立柱外侧土路肩保护层厚度不应小于25 cm。

（2）中央分隔带的波形梁护栏宜以公路中心线为轴对称设置，其按构造可分为分设型和组合型两种。分设型护栏适合于中央分隔带宽度大于等于2 m，中央分隔带内的构筑物较多，并在中央分隔带下埋有管线的路段。组合型护栏适合于中央分隔带宽度小于2 m，中央分隔带内构筑物不多或埋设管线较少的路段。

中央分隔带按分设型布设时，不宜使护栏面侵入公路建筑限界以内。若分设型护栏设置在有路缘石的中央分隔带内，波形梁护栏应有防阻块。

组合型波形梁护栏由立柱、横隔梁、波形梁和紧固件组成。立柱可采用圆形或槽形等型钢制造，横隔梁由两根槽钢组成，分别安装在立柱两边，两端分别与波形栏板相连。两边波形梁的最大组合宽度为 100 cm，也可根据中央分隔带的宽度做适当调整。

2. 端头处理

（1）路侧波形梁护栏的起讫点应进行端头处理，端头形式可采用圆头式或地锚式。圆头式制造安装方便，在碰撞角度小的情况下有较好的导向功能。但如果失控车辆与端头正面相碰，有可能发生护栏穿透车厢的事故。地锚式端头通过斜角梁逐渐伸向地面，在端部用混凝土基础锚固。地锚式端头在失控车辆正面碰撞时，车辆会沿斜置波形梁爬上而吸能。侧面碰撞时，同样具有较好的导向功能。

（2）中央分隔带波形梁护栏设置在中央分隔带起讫点及开口处的护栏应进行端头处理，否则受到失控车辆撞击时，有可能导致护栏端梁穿刺车体造成重大伤亡事故。针对分设型和组合型两种不同形式的中央分隔带波形梁护栏，其端头处理也采用不同的形式。

分设型波形梁护栏，其端头应与中央分隔带线形相一致。在一定长度范围内，波形梁护栏从两条平行线逐渐按一定比例往分隔带内缩窄，一般呈抛物线形，立柱间距为 2 m，圆端头的半径应与分隔带开口处的线形相一致，一般为 25 cm。

标准路段采用组合型波形梁护栏时，可以采用圆形端头开始或结束。

（3）交通分流处三角地带护栏。高速公路、一级公路互通式立体交叉匝道进出口及服务区、停车区进出口处的三角地带，属危险三角区，应该设置专门设计的护栏。该处的护栏构造应与路侧波形梁护栏相一致，并应根据三角地带的线形和地形进行布设。在布设时，靠高速公路、一级公路主线一侧的 8 m 范围内，和靠匝道一侧的 8 m 范围内，立柱间距应加密一倍，三角区的顶端用圆形端头把两侧护栏连接起来。在迎交通流方向的危险三角区范围内应设置缓冲设施，如防撞筒等，这样可有效地吸收碰撞能量，降低正面碰撞车辆速度。侧面碰撞时，能改变车辆碰撞角度，导向正确方向。

（4）紧急电话处和隧道出入口处端头处理。路侧设有紧急电话处，为方便事故求救者使用紧急电话，尤其对伤重者，护栏必须留有开口并进行端头处理。但是开口处应位于行车方向下游距紧急电话 1～2 m 处，避免直接对着紧急电话，以保护紧急电话及其使用者避免直接受到行驶车辆的碰撞，降低事故严重度。

隧道出入口处，由于隧道内、外路面宽度、亮度等差别较大，往往成为事故多发地点，因此对隧道出入口处的护栏进行适当的端部处理十分必要。隧道入口处的路侧波形梁护栏宜以抛物线形向洞口壁延伸，并设置满足隧道建筑限界要求的圆形端头。如条件允许，在隧道入口侧还应设置防撞缓冲设施。隧道出口处的路侧波形梁护栏可采用与隧道壁搭接的方式，端部护栏板应进行斜面焊接处理。

（二）施工

1. 一般要求

（1）护栏施工。一般在路面施工完成后进行，但在施工前应预先做好施工组织设计及施工准备。护栏施工常用工具有打桩机、开挖工具、夯实工具、钳子、榔头及全站仪、经纬仪、水准仪、卷尺等测量工具。

（2）在立交桥、小桥、通道和涵洞等设施顶部遇有护栏立柱时，应在这些设施施工时准确设置预埋件。

（3）护栏施工时，应准确掌握各种设施的资料，特别是埋设在路基中的各种管道、电缆的位置。在施工过程中要谨慎操作，不允许对地下设施造成任何损坏。

2. 立柱放样

立柱放样应以公路固定设施如桥梁、通道、涵洞、隧道、中央分隔带开口、紧急电话开口、互通立交等为主要控制点（即控制立柱的位置）。应在两控制点之间量距，如出现零头数，可通过合适的调整段调整。立柱间距可能有不大于 250 mm 的间距零头数，可通过分配法将其调整至多根立柱间距中。准确放样和保证护栏的线形，在条件允许时可使用全站仪、经纬仪、水准仪等测量仪器。放样后，应确认立柱施工不会造成对地下设施的损坏，否则应调整立柱的位置。在涵洞顶部填土高度不足时，应改用混凝土基础，或调整该立柱的位置。

3. 立柱安装

（1）立柱安装应与设计图相符，并与道路线形协调。立柱应牢固地埋入土中，埋入深度应达到设计深度，并与路面垂直。

（2）一般路段，如路肩和中央分隔带路基情况允许，立柱可用打入法施工。施工时应精确定位，将立柱打入土中至设计深度。当打入过深时，不得将立柱部分拔出加以矫正，须将其全部拔出，待基础压实后再重新打入。无法采用打入法施工时，可采用开挖法或钻孔法埋设立柱。埋设立柱时，回填土应采用良好的材料并分层夯实，回填土的压实度不应小于设计规定值。填石路基中的柱坑应用粒料回填并夯实。

（3）在铺有路面的路段设置立柱时，柱坑从路基至面层下 5 cm 采用与路基相同的材料回填并分层夯实，余下部分采用与路面相同材料回填并夯实。

（4）位于石方区的立柱，应根据设计文件的要求设置混凝土基础。

（5）护栏立柱设置在小桥、通道、明涵等构筑物中时，应在构筑物施工时做好混凝土基础。采用预留孔基础时，应先清除孔内杂物，排出孔内积水。将液态沥青在孔底刷涂一遍，放入立柱，控制好高程，即可在立柱周围灌注砂浆或混凝土。在灌注时一定要保持立柱的正确位置和垂直度。灌注完毕并捣实后，可用沥青封口，以防止雨水漏入孔内。采用法兰盘基础时，应把定位法兰盘和地脚螺栓、螺母清理干净，安装立柱时应控制立柱的方向和高程，调整其位置，经检查合格后方可拧紧法兰盘地脚螺栓。如采用可抽换式基础时，承座器应固定在构筑物中，安装时把立柱插入其中，调整好高度，即可把迫紧器与承座器的连接螺栓拧紧，立柱即被锁固。

（6）考虑到护栏结构对景观及对驾驶员的视线诱导的影响，立柱就位后其水平方向和竖直方向应形成平顺的线形。

（7）渐变段及端部是护栏施工中需重点注意的部位。施工中要严格控制其立柱位置，按照设计规定的坐标进行安装。

4. 防阻块、托架、横隔梁安装

（1）防阻块能防止立柱阻绊车轮，避免护栏局部受力，减小碰撞时车辆的加速度。托架适用于路肩较窄或护栏设置防阻块受限的情况。在安装时，应保证其准确就位。在调整好立柱后，即可安装防阻块，最后安装波形梁板并进行统一调整。

（2）设有横隔梁的护栏，把梁与横隔梁连为一体成为组合型护栏。横隔梁应平行于路面（即垂直于立柱）安装。在安装波形梁板之前不应拧紧横隔梁与立柱的连接螺栓，否则不易进行总体调节。

5. 横梁安装

（1）波形梁通过拼接螺栓相互连成纵向横梁，并由连接螺栓固定在立柱或横梁上。波形梁护栏板的搭接方向是安装的关键，搭接方向应与行车方向一致。如搭接方向相反，即使是轻微的擦碰，也会造成较大的损失。为保证护栏板通过搭接形成牢固的纵向整体横梁，拼接螺栓必须采用高强度螺栓。

（2）如经调节后出现不规则的立柱间距时，可利用设计文件中的调节板加以调节，考虑到强度和防腐的因素，不得采用现场切割护栏板的方法。

（3）波形梁护栏板在安装过程中需不断进行调整，因此，不应过早拧紧其连接螺栓和拼接螺栓，否则将无法发挥板上长圆孔的调节作用。待调节完成后，需按规定拧紧力矩拧紧拼接螺栓。调整后的波形梁应形成平顺的线形，避免局部凹凸。

6.端头安装中央分隔带护栏的端头梁与两侧梁相连，端头附近的立柱应按设计文件的要求进行加强处理。路侧护栏的端部结构由端柱、端头梁、混凝土基础等组成。在端部基础混凝土达到设计强度70%后，方可安装端部结构。如因土基压实度不足等原因需要对局部结构进一步加强时，经论证，可根据设计文件的要求在端头梁附近设置钢丝绳锚固件。

四、缆索护栏

缆索护栏是柔性护栏的主要代表形式，一般情况下适用于公路路侧，4.5 m以下宽度的中央分隔带不宜设置缆索护栏。路侧缆索护栏的防撞等级分为A级和B级两类。缆索护栏由端部结构、中间端部结构、中间立柱、托架、缆索和索端锚具等组成。

（一）构造要求

1.缆索和索端锚具构造

考虑到车辆碰撞缆索时产生的最大位移应满足规定值（110 cm），缆索采用具有较高强度和抗腐性能优良的镀锌钢丝制造，A级和B级缆索的初张力采用20 kN。

索端锚具是缆索与端部立柱（或中间端部立柱）连接的部件，包括锚头、拉杆、紧固件等。首先应把缆索在锚头中固定，采用的方法有铸入合金法和打入楔子法，可根据施工条件选择采用。然后，可用拉杆螺栓固定在立柱上。

2.立柱构造

（1）端部结构。缆索护栏的端部结构，是承受缆索张拉力和失控车辆碰撞力的主要结构，由三角形支架、底板和混凝土基础组成。

端部结构可采用埋入式和装配式两类。埋入式端部结构是与混凝土基础连成一体的，端部立柱的埋入深度根据不同的类别为400～500 mm不等。三角形支架的斜立柱与地面成45°，底部焊接一块钢板，一方面可以使三角形支架构成稳定的框架，另一方面通过底部的钢板可以大大增加与基础混凝土的黏结力，通过钢板也易于控制各部分的标高。装配式端部结构通过预埋件与混凝土基础连成一体，端部结构的预埋件因不同的结构、不同的类别而有差别。B级三角形支架采用 6 根 φ28 mm×600 mm 预埋地脚螺栓，6 根地脚螺栓与钢板、角钢焊接成框架，一方面定位地脚螺栓的位置，另一方面可以加强与混凝土的黏结强度。考虑到施工的方便性和实际使用效果，一般推荐使用埋入式端部结构。

端部结构安装在缆索护栏起讫点位置。为了保证缆索的初张力和简化安装施工时的张拉设备，维持一定的缆索水平度，防止挠度的产生，同时也为方便维修养护，一般把缆索安装长度定为 300～500 m，也就是说每根缆索长度不超过 500 m。

（2）中间端部立柱。缆索护栏的安装长度受缆索搬运、施工、维护等的限制，机械施工时缆索长度可达 500 m，人工施工时长度则以 300 m 为限，当护栏的安装长度超过此范围时，应采用中间端部结构。

缆索护栏的中间端部结构由一对三角形支架、底板和混凝土基础组成。

中间端部结构为三角形，需要成对安装。也就是说，从缆索护栏的起点设置端部结构开始，通过中间立柱把缆索一跨一跨地延伸出去，直到缆索长度的另一端设置中间端部结构。由于缆索护栏的长度还要继续延伸出去，作为另一根缆索护栏的起点（即一对中间端部结构中的另一个）则需退 12～21 m（三跨）再设置。这样，两段缆索护栏通过中间端部结构形成交替，在两个中间端部结构之间设置两根中间立柱。弓形中间端部结构适用于保护非机动车和行人的缆索护栏，不需要成对地安装。也就是说，可以通过一个弓形中间端部结构把两段缆索护栏连接起来。因此，中间端部结构可以作为护栏长度延伸的中间过渡结构，一旦设置后，其作用实际和端部立柱一样要承受缆索初拉方和失控车辆的冲击力，因此，保证其强度和稳定性也是非常重要的。

（3）中间立柱。中间立柱一般采用焊接钢管，A 级和 B 级承受的冲击力较大，钢管外径为 140 mm。埋入土中或埋入混凝土中的立柱，因其埋设条件不同而应有不同的深度。路侧缆索护栏埋入土中的立柱由于与路边缘的距离较近，边坡附近的土压力较小，为保证缆索护栏的强度，应保证达到 165 cm 的埋置深度。在通过小桥、涵洞、通道等无法打入的地点，下面有地下管线的地点或不能达到要求的埋置深度的地点，可以把中间立柱置于混凝土基础中。立柱埋置在混凝土中时，考虑到混凝土结构物对立柱的锁结作用，埋置深度一般为 40 cm。

立柱上安装的托架是通过贯通孔用螺栓定位，最上端的孔位须距柱上端 50 mm。路侧护栏立柱的最大间距为 7 m，当设置在混凝土中时，其最大间距为 4 m。中间立柱在曲线部分设置时，为保证缆索的圆滑过渡，确保曲线段护栏发挥正常的功能，必须考虑适当减小立柱间隔。

3. 护栏托架 缆索护栏的托架根据不同的防撞等级而采用不同的组合。B 级采用 I 号和 II 号托架，A 级采用 III 号和 II 号托架，以保证规定的缆索间隔和缆索护栏的功能要求。路侧缆索护栏托架为圆筒状，用螺栓固定在立柱上。托架的作用首先是固定住缆索的位置，其次就是能把缆索从立柱面横向悬出一定距离，防止碰撞车辆在立柱处受绊阻，一般立柱至缆索外边的距离为 110 mm。

（二）施工

1. 一般要求 缆索护栏的安装施工，应在路面施工完成以后才开始，以便控制护栏标高和保证立柱周围土基础的密实度。端部立柱和中间端部立柱的混凝土基础，在不影响路面施工的情况下，也可先行浇筑混凝土。施工前的各项准备工作，除了各种材料（钢丝绳、立柱、托架、索端锚具）的准备，各种施工工具（钢丝绳切断器、张紧设备、锚固工具打桩机、测量用具、钳子、锤子、扳手、铁锹、镐等）的准备外，还应详细研究有关施工图、工程地质、气象资料和地下管线或建筑物竣工图等技术资料。

2. 施工放样

（1）确定控制点。在放样前确定控制点是非常重要的。缆索护栏是沿道路设置的连接性结构，与道路上的各种构筑物应该很好地协调配合。在大中桥的桥头，缆索护栏与桥梁护栏有一个过渡问题；在中央分隔带开口处和立交的进、出口匝道的合流处，缆索护栏有端头处理问题；在小桥、涵洞、通道处，有一个缆索护栏如何跨越的问题等。选择控制点的目的是使护栏的布设更趋合理，施工更加方便。

（2）立柱定位。在控制点的位置大致确定以后，可对照施工图的布设设计，对端部立柱、中间端部立柱、中间立柱的位置进行最后调整和定位。立柱位置确定以后，应详细了解地下管线、构筑物的位置，以便进行合理的处理，减少在护栏安装施工过程中的损失。

3. 立柱的施工

（1）端部立柱和中间端部立柱的施工。

①端部立柱和中间端部立柱均由立柱、斜撑和底板构成三角形支架。在安装之前，应按设计文件的要求，对各部件进行加工、钻孔，并进行焊接、防腐处理。

②基础埋设在土基中时，应根据混凝土基础的位置放样，根据放样线开挖基

坑，并严格控制基坑尺寸。达到规定高程后，经工程监理人员检查合格后，可开始铺砌基底的片石混凝土，经夯实后，架立符合设计规格的模板，安装稳固后即可浇筑混凝土。混凝土达到规定高程时，安放三角形支架并准确定位。为使端部立柱或中间端部立柱的位置和高程在混凝土振捣过程中不改变，应采用适当的临时支架。基础混凝土浇筑完成后，应注意对基础混凝土进行养护，直到混凝土强度能保证其表面及棱角不因拆除模板而受损坏时方可拆除模板，处理合格后，才能进行基础回填土，分层夯实，直到规定的高程。

③端部立柱或中间端部立柱的基础应尽量避免与各种构筑物连在一起，如因各种原因端部立柱的基础落在人工构筑物中时，则应在构筑物的水泥混凝土浇筑前，按设计文件的要求设置预埋件，混凝土达到规定强度时再安装端部立柱或中间端部立柱。

（2）中间立柱的埋设

①为达到强度的要求和美观的效果，由中间立柱构成的线形应与公路线形相一致。

②中间立柱埋设在土基中时，因路基土质的不同而有不同的施工方法，常用的有以下几种：

挖埋法。在设置中间立柱的位置开挖直径不小于 20 cm 的孔穴，达到规定深度后，放入中间立柱。定位后，用砂土分层回填夯实，并达到规定的压实度。挖埋法适合于采用打入法有一定困难的路段。挖埋法可用人工挖孔，主要工具是钢钎和掏勺，柱孔直径在 30 cm，柱孔挖好以后，要检查孔径、深度、垂直度，合格后方准进行立柱的埋设与安装。

钻孔法。在设置中间立柱的位置处用螺旋钻孔机等机械钻孔，达到埋置深度的一半左右时，再将立柱打到规定深度。钻孔法适合于挖埋、打入均有困难的路段，可用螺旋钻机或冲击钻等钻具进行定位钻孔，柱孔直径在 30 cm 左右。柱孔钻好以后，要检查孔径、深度、垂直度，合格后方准进行立柱的埋设与安装。

打入法。在设置中间立柱的位置直接用打桩机（如气动打桩机、振动打桩机等）把立柱打入土中。打入过程中，立柱不应产生明显的变形、倾斜或扭曲。打入法适合于路基土中含石料很少的路段。采用打桩机打入立柱，可以精确控制立柱的位置和打入的深度。

埋设中间立柱时，为保证立柱纵、横向位置和垂直度的正确，可采取搭设支架的办法进行临时性固定。然后进行逐根立柱的调整，包括立柱埋深（高程控制）、垂直度、纵向线形、横断位置等的调整，检查合格后，即可将立柱固定在临时支架上，再次进行纵、横、高的检查，确认无误后，才允许用路基土分层回填夯实。在用路基土分层夯实有困难时，允许用最低水泥用量不小于 255 kg/m³ 的素混凝土浇筑。混凝土应按设计强度等级严格控制配合比。浇筑混凝土时，应边填料边用钢钎捣实，一直浇筑到与地面齐平，抹平后应注意养护。

③设置在桥梁、通道、明涵、挡土墙等路段的中间立柱，应对预埋件的设置进行检查，确认没有问题时，可根据不同的基础处理方式安装中间立柱。

4. 安装托架

（1）安装中间立柱或中间端部立柱上的托架，应确认缆索护栏的类别及相应的托架编号和组合，在核对无误后即可开始安装托架。

（2）缆索护栏的托架应朝向车行道，上托架和下托架在安装前应分清楚。

（3）托架应按设计文件的要求用螺栓固定在立柱上。

5. 缆索的架设

（1）架设缆索前，应检查端部立柱、中间端部立柱和中间立柱的位置是否正确，立柱与基础连接的牢固程度，以及立柱的垂直度、高程等是否满足设计要求。在基础混凝土强度达设计强度 80% 以上时，才能架设缆索。

（2）把缆索支放在立柱的内侧（即车行道一侧），可以用专门的滚盘或人工放缆索。在滚放缆索的过程中，应避免把整盘钢丝绳弄乱，不应使钢丝绳打结、扭曲受伤，应避免在路面上长距离拖拽，直到把缆索从端部立柱的一端滚放到另一端的端部立柱或中间端部立柱为止。

（3）在安装缆索前，应把缆索固定在索端锚具上。固定的方法有楔子固定法和灌注合金法。

①楔子固定法。先把缆索插入索端锚头中，然后把缆索按股解开，解开的长度按索端锚头的尺寸来确定，最后用小锤子把铝制楔子紧紧地打入插座中，缆索即被楔子锚住。

②灌注合金法。先把缆索插入索端锚头中，然后把缆索先按股解开，接着把每股钢丝绳按单丝分开，并把每根钢丝绳都调直，经除油处理后，即可往索端锚头中灌注合金，冷却后缆索即被锚住。

可根据具体施工条件选用其中一种。把缆索固定在锚具上以后，装上拉杆调节螺栓，并把索端锚具安装到端部立柱上。

（4）将索端锚具装到端部立柱上后，把拉杆螺栓调节好，就可顺着中间立柱把缆索临时夹持在托架的规定孔槽中，一直把缆索连接到另一端部立柱或中间墙部立柱上，这时的缆索完全处于松弛状态，应利用缆索张紧设备临时拉紧。张紧设备可采用倒链滑车、杠杆式倒链张紧器或其他张紧设备，将钢丝绳与张紧器通过钢丝绳夹固定，逐渐把钢丝绳拉紧。根据规定，缆索护栏的初拉力为20 kN。在临时张拉的过程中要不断检查托架上的索夹是否保持放松状态，并在各中间立柱之间不断向上挑动缆索。缆索拉至规定初拉力后，持荷3 min。

（5）在临时张紧状态下，即可根据索端锚具的尺寸将多余缆索切断。切断缆索的断面要垂直整齐，为防止钢丝松散，可在切断处两端用钢丝绑扎后再进行切割。缆索的切割可用高速无齿锯，以避免引起钢缆端部退火。缆索切断后采用楔子固定法或灌注合金法将其锚固在索端锚头上。

（6）缆索与索端锚具固定后，即可与拉杆螺栓连接，并安装到端部立柱上，这时可以卸除临时张拉力，缆索就被紧紧地架设在护栏立柱上。

（7）护栏的缆索应从上至下依次一根一根地安装，每根缆索的安装次序都按上述步骤。

（8）每段护栏的所有缆索应自上而下连续完成。每段护栏的缆索架设完毕后，应全面检查缆索的张紧程度。检查合格后，可逐个拧紧托架上的索夹，把缆索的位置固定。同时拧紧拉杆螺栓上的调整螺母，把缆索固定好。

五、活动护栏

活动护栏是设置在中央分隔带开口处，为方便特种车辆（如交通事故处理车辆、急救车辆）在紧急情况下通行和一侧道路施工封闭时临时开启放行的活动设施。活动护栏在正常情况下要求具有一定的隔离性能，在临时开放时应能快速、灵活地移动。活动护栏可分为插拔式和充填式两种。

（一）设置原则

1. 高速公路的对向交通是完全隔离的，因此高速公路的中央分隔带开口处必须设置活动护栏。设置中央分隔带的一级公路一般车速很快，不封闭的中央分隔带开口很容易导致恶性交通事故，因此规定除由于管理原因平时即允许掉头的中央分隔带开口之外其余开口应设置活动护栏。

2. 活动护栏应设置在中央分隔带开口处的公路中心线位置，设置的长度应能有效封闭中央分隔带开口，只有这样才能起到分隔对向交通的目的。

3. 为保证中央分隔带护栏的视线诱导功能的连续、顺畅，要求活动护栏的高度应该与中央分隔带护栏的高度保持协调。

4. 活动护栏上部应设置轮廓标或反射体。设置反射体时，规格为 4 cm × 18 cm，可由反光片或反光膜制作，反光等级应为二级以上，颜色和设置高度应与中央分隔带轮廓标保持一致。

5. 当中央分隔带开口所处的路段有防眩要求时，宜在活动护栏上设置防眩设施。防眩设施的形式选择、设置间距、设置高度、遮光角等技术条件应符合《公路交通安全设施设计规范》防眩设施相关条文的规定。

（二）构造要求

1. 插拔式活动护栏由护栏片、反射体、预埋基础等组成，其中护栏片由直管、弯管、立柱等钢管构件焊接而成。插拔式活动护栏的每片长度应为 2～2.5 m。

基础可采用预埋套管或抽换式立柱基础，基础混凝土的强度等级不得低于 C20。插拔式活动护栏的基础套管顶面高程应高出路面 20 mm 左右，在套管周边可设置混凝土斜坡。

2. 充填式活动护栏由多块护栏预制块连接而成。护栏预制块可采用塑料或玻璃钢制作，断面形式可采用 F 型或单坡型混凝土护栏的断面形式，预制块中空，可以充填水或细砂。充填式活动护栏预制块的每块长度不应小于 2 m，在两端应设置便于护栏块连接的企口。

（三）施工

1. 一般规定插拔式活动护栏的预埋基础应在面层施工前完成，其余部分应在路面施工后安装。插拔式活动护栏应在工厂加工制作，以保证施工精度。充填式活动护栏的拼装应在路面施工完成后进行。

2. 安装施工

（1）插拔式活动护栏的施工

①插拔式护栏基础在路面基层完成后，才开始放样定位。活动护栏的基础应根据设计文件的要求确定位置，并与中央分隔带护栏端头位置相协调。应调查基础与中央分隔带内的地下管线是否冲突，必要时应对基础的埋设位置或标高进行调整。

②混凝土基础可采用现浇法施工，并应符合现行《公路桥涵施工技术规范》的规定，混凝土浇筑时应按设计文件的规定预埋连接件。混凝土基础施工完成后

应采取保护措施，如在套管上加木塞子等，以防止杂物落入预埋套管内。

③基础混凝土强度达设计强度的 70% 以上，可将焊接成整体的插拔式活动护栏片插入预埋套管内。

④对有防眩和视线诱导要求的路段，应按设计文件要求安装防眩设施和轮廓标。

（2）充填式活动护栏的施工

①充填式活动护栏应按设计文件的规定放样定位和拼装。

②线形调整平顺后，应将符合设计文件要求的材料按规定数量充填活动护栏。

第三节　公路隔离设施施工技术

一、隔离设施的分类

隔离设施是为了对汽车专用公路进行隔离封闭的人工构筑物的统称，其作用是阻止无关人员及牲畜进入、穿越高速公路及汽车专用一级公路，防止非法侵占公路用地现象的发生。隔离设施可有效地排除横向干扰，避免由此产生的交通延误或交通事故，从而保障车辆快速、舒适、安全地运行。

隔离设施可选用焊接网、编织网、钢板网、带刺钢丝网等。在靠近城镇的路段宜采用焊接网、编织网等。当采用带刺钢丝网作为隔离设施时，宜结合当地情况配合常青灌木或荆棘植物以构成绿篱。

二、隔离设施构造要求

隔离设施主要由立柱、斜撑、隔离网、连接件和基础等组成。

1. 安装方法

隔离设施在上网安装时，可按以下两种方法安装：整网连续铺设和组合式施工安装。整张隔离网在其连续铺设工作完成后，需用专用张紧设备将其绷紧。网与立柱的传统连接方式为挂钩。这种连接方式的主要优点是上网、下网工艺简单，加工精度要求不高，成本低。

组合式安装，是指隔离网在工厂按尺寸剪裁好，并镶嵌在外框中，可分散运输、零散安装。该种安装工艺的优点为：造型美观，形式多样；隔离设施整体性结构强度高；可散装运输，灵活装配。当然无论是加工、运输，还是施工安装，其总的工程造价相对于传统结构的工程造价都将大幅度上升。所以结构式样选择应充分考虑工程造价，结合本地区道路环境条件，依据设计要求正确选择，以求所选用隔离设施的性能价格比达到最优。

网片镶框的加工方法是根据不同的丝网结构决定的，一般多采用焊、压、挂等不同的工艺加工。由于网框结构的隔离网上装施工是一种装配式施工安装，上装后的网框无需专用设备对其网格进行绷紧、校正等二次施工，所以要求网框无论是下厂加工，还是施工现场加工，一体化后的网框网片与框架的连接必须十分牢固，并且要绝对保证网格绷紧、平整。只有按照设计图样要求加工，保证精度和质量，才能确保施工时的顺利安装以及完工后的施工质量。

2. 安装高度

隔离设施的安装高度是隔离设施设计施工中的一个重要指标。该指标直接影响着工程材料费用的开支和性能价格比。所以高度尺寸的确定必须结合实际的地域地形、村镇人口的稠密程度以及人流流动的分布情况等诸多综合因素进行。隔离设施的高度主要是以成人高度为参考标准，一般取值为 1.5～1.8 m。在大都市人口密度很大的地方，特别是青少年较为集中的地区，如中学、小学、体育场等地，该地域的道路隔离设施的设计高度值应取上限，并且根据实际需要可在此基础上进一步加高到使人无法攀越的程度。在人烟稀少的农村或郊外，由于人流较小，攀登隔离设施穿越公路的可能性远远低于城市道路，其设计高度可取下限值。一般情况下，隔离设施的高度尽可能统一，高度变化不宜太频繁。

3. 安装的稳定性

隔离设施的安装稳定性，直接关系到隔离设施的使用效果和寿命。在安装时应考虑风力和人畜造成的破坏作用。但主要外力应考虑风压。

隔离设施的立柱可以采用型钢或钢筋混凝土柱两种。立柱断面尺寸、斜撑的连接方法及基础埋置深度应根据不同情况计算确定，以求在最小断面尺寸下获得最佳的稳定效果。同时，立柱不应在施工安装的张紧受拉过程中弯斜，也不应在使用过程中倾倒或偏离中心线。

钢筋混凝土立柱可采用加强混凝土基础的方法保证其稳定性；型钢立柱可采用加斜撑的办法保证其稳定性，一般每隔 100 m 应在型钢立柱两侧加斜撑。每隔 200 m 或在隔离设施改变方向的地方，应在型钢立柱的三个方向加斜撑。如此处理的优点是立柱与斜撑由工厂加工，成品出厂，结构简单，一次上装，连接牢固可靠。

三、隔离设施施工

1. 一般规定

（1）安装施工时间。隔离设施的安装应在路面施工及其他配套工程施工完成以后开始。隔离设施的施工是在公路用地范围，如果过早施工、封闭会影响主线工程的进行，另外，隔离设施的材料、构件主要也得依赖主线来运输。在有条件的路段，如可利用辅道来运送材料、构件时，在不影响主线工程施工的情况下，可以提前实施封闭。

（2）场地平整清理。隔离栅是纵向设置的连续构筑物，是沿地物平缓过渡、不宜有大起大落的隔离建筑。因此，沿隔离栅的安装位置应进行场地清理，特别是对一些小土丘、坑洞进行挖掘、填平补齐的处理，使隔离栅能沿地形起伏前进。这样连接比较容易，看起来也比较美观。

2. 施工前的准备工作

（1）施工组织设计

施工组织设计是工程全面质量管理的关键。在开始施工安装之前必须做好施工组织设计，协调好各部门的关系，确保施工安装有条不紊地、高质量地进行。

（2）施工放样

放样精度是隔离栅施工质量的保证。根据设计文件中确定的隔离栅横断面位置及实际地形、地物条件确定出控制立柱的位置后，应进行必要的清场，定出立柱中心线。然后测量立柱的准确位置，做出标记。

（3）测量高程

每个柱位均应按设计文件的要求确定高程，但允许按实际地形进行调整。隔离栅在地形起伏的路段设置时，可将地面整修成一定的纵坡，也可顺坡设置。测量高程的目的在于控制各立柱基础标高，保证安装后隔离栅顶面的平顺和美观。

3. 立柱基础施工

在放样和定位工作完成的基础上，根据设计图的要求挖坑或钻孔，挖、钻孔的深度要符合设计要求。在特殊的地理环境条件下，如坚硬的岩石等，在保证不改变地界的法律地位和设施布设整体美观的情况下，允许对基础位置做适当调整。挖钻好的基底应清理干净，以便验收合格后，不影响下道工序的正常施工。

立柱基础混凝土施工分为现场浇筑和预制件现场埋设两种。现场浇筑施工要求立柱模板放入坑内，正确就位，用临时支撑固定立柱，用靠尺量其垂直度，用钢卷尺量其高度，在确认符合设计要求后，进行混凝土的浇筑。预制件现场埋设是指通过模具预先把立柱和混凝土基础制成整体结构，现场直接安装到位。不管选用何种施工安装方式，在施工过程中都应严格检查立柱就位后的垂直度和立柱高程，以保证网片安装的质量和隔离设施安装完毕后的整体美观效果。

基坑底可垫混凝土，放入立柱后，检查柱顶标高，并用临时支撑固定立柱，检查其垂直度。立柱的埋设应分段进行：先埋两端的立柱，然后拉线埋设中间立柱。控制立柱与中间立柱的平面投影在一条直线上，不得出现参差不齐的现象。柱顶应平顺，不得出现忽高忽低的情况。

4. 隔离网的预制和运输

整体式框架隔离网的制造加工一般要求在工厂集中制作完成，因为工厂机械设备较为齐全、生产效率高、成本低、工艺完善，批量流水生产能保证加工制作的质量。半框架式结构隔离网的性能效果主要取决于施工装配工艺，可根据需要在现场加工或工厂加工。

5. 立柱的预制和运输

钢筋混凝土立柱可在施工现场制作，也可在工厂事先预制，其几何尺寸和强度都应符合设计要求。经抽检合格后，方能成批使用。

运输和装卸是施工组织程序中的一个重要环节，也是产品质量保证的关键。钢筋混凝土立柱的运输及装卸应避免立柱折断或摔坏棱角，装车时码高不宜超过5层。金属构件和网片在装运、堆放中应避免损坏。

6. 隔离网安装

为了保证上网安装立柱的强度，要求现场浇筑的基础混凝土强度达设计强度70%以后，方可安装网片。

金属编织网安装可分为无框架整网安装和有框架网片安装两种。无框架整网安装要求从端头立柱开始，先将金属网挂在立柱挂钩上扣牢，然后沿纵向展开，边铺设边拉紧。展网要求自如，挂钩时保证网不变形。有框架的网片安装，要求框架与立柱连接牢固，框架整体平整性良好。

有框架的网片安装后要求网面平整、无明显的凹凸现象，立柱间距正确，框架与立柱连接牢固，框架整体平顺、美观。

带刺钢丝网安装时要求从端头立柱开始。带刺钢丝之间要求平行、平直；绷紧后用12号钢丝与混凝土立柱或钢结构立柱上的钢钩绑扎固定，横向与斜向刺钢丝相交处用12号钢丝绑扎。

7. 基础压实处理

隔离栅网片安装完毕后，立柱基础周围均应进行最后压实处理。

第四节　公路防眩设施施工技术

夜间在道路上行驶的车辆会车时，其前照灯（大灯）的强光会引起驾驶员眩目，使驾驶员获得视觉信息的质量显著降低，造成视觉机能的伤害和心理的不适，使驾驶员产生紧张和疲劳感，是诱发交通事故的潜在因素。要解决高等级公路汽车前照灯眩目问题，经济可行的方法就是设置防眩设施。

防眩设施就是防止夜间行车受对向车辆前照灯眩目的人工构筑物，有板条式的防眩板、扇面状的防眩大板、防眩网、防眩棚等构造形式。中央分隔带植树原则上不属于防眩设施，但植树除具有美化路容的功能外，同时也起着防眩的作用，故植树也可作为防眩设施的一种类型。

随着我国各地高速公路的大量建成开通，防眩设施在高速公路上得到了广泛的应用。事实证明，设置防眩设施可有效地消除对向车前照灯的眩光影响，保护驾驶员的视觉健康，增强道路景观，对改善夜间行车环境、吸引夜间交通量、提高道路通行能力发挥了积极的作用。

一、防眩设施分类

道路上使用的防眩设施按构造形式可分为三种类型。

Ⅰ型：是指连续封闭型的防眩设施，基本上阻止了对向车道从水平面上所有角度射来的光线，如足够宽度的中央分隔带上的树墙等。

Ⅱ型：是由连续网状结构组成的防眩设施，金属（或塑料）防眩网为其代表形式。

Ⅲ型：是以一定的间距连续设置板状结构而组成的防眩设施，金属（或塑料）

防眩板为其代表形式。防眩扇板、百叶窗式防眩栅、一定间距的植树等从遮光原理来讲均是Ⅲ型防眩设施。

目前在公路上广泛使用的防眩设施首先是防眩板，其次为植树、防眩网。防眩板是一种经济美观，对风阻挡小，积雪少，对驾驶员心理影响较小的比较理想的防眩结构形式。

防眩设施应设置在道路的中央分隔带上，且最好与护栏、隔离封闭设施配合使用。防眩设施可设置在道路的中央分隔带中心线上，也可靠中央分隔带一侧设置。

二、构造要求

1. 防眩板基本结构

防眩板的基本结构是把方型钢作为纵向骨架，把一定厚度、宽度的板条按一定间隔固定在方型钢上。

防眩板应以一定长度的独立结构段为制造和安装单元。防眩板设置在道路的中央分隔带上，免不了要遭受失控车辆的冲撞而损坏。为减轻损坏的严重程度，方便更换维修，设计时应每隔一定距离使前后相互分离，使各段互不相接。这样做既有利于加工制作和运输安装，也有利于防止温度应力的破坏。防眩板每一独立段的长度应与护栏的设置间距相协调，可选择4 m、6 m、8 m、12 m等。

2. 防眩板的设置方式

防眩板与中央分隔带护栏常配合设置，其设置方式主要有以下三种：

（1）单独设置于护栏中央。

（2）设置于护栏横梁上。可在分设型护栏立柱上加横梁（槽钢），防眩板固定在槽钢上，也可在组合型护栏立柱上固定防眩板。

（3）设置于混凝土护栏上。这依赖混凝土顶上的预埋件来实现，预埋件的间距一般为2 m，防眩板与预埋件之间一般采用焊接连接。

三、防眩设施施工

防眩设施的施工应根据其设置方法在路面工程或护栏工程施工完成后进行，或者与护栏工程同步进行。

1. 设置在混凝土护栏上的防眩板或防眩网的安装

（1）预埋件的设置位置、结构尺寸等不符合设计要求，或未按要求设置预埋件时，应与建设单位联系，不得随意处理，以免破坏混凝土护栏的使用功能。

（2）混凝土护栏是支撑防眩板、防眩网的结构物，防眩板、防眩网安装完成后，各连接件就要受力，混凝土强度达到设计强度的70%以上时，方可在混凝土护栏顶部安装防眩设施。

（3）安装过程中，不得随意抬高防眩板、防眩网来调整高度及垂直度，以免下缘漏光过量影响防眩效果。

（4）防眩板、防眩网安装后，与混凝土护栏成为整体结构，一般不会削弱混凝土护栏的原有功能，但应注意检查。

2.设置在波形梁护栏上的防眩板或防眩网的安装

（1）防眩板或防眩网可通过连接件安装在波形梁护栏上。

（2）为了简化防眩板或防眩网结构，有时把防眩板或防眩网安装在单侧波形梁护栏上。一般情况下，这种做法不会削弱波形梁护栏原有的功能，但一旦发生碰撞事故，护栏和防眩设施均会遭受破坏，应经常注意检查。

（3）防眩板或防眩网下缘与波形梁护栏顶面之间的距离应符合设计文件的规定，以免漏光过量影响防眩效果。

（4）防眩板或防眩网通过连接件与波形梁护栏连接，施工过程中不应损伤波形梁护栏的金属涂层。任何形式涂层的损伤，均应在24 h之内给予修补。

3.独立设置立柱的防眩板或防眩网的安装

（1）防眩板或防眩网单独设置时，立柱一般直接落地埋在中央分隔带内，因此，施工前，应注意清理中央分隔带内的杂物、坑洞，了解管线埋深及位置，处理好与其他中央分隔带内构筑物的关系。立柱埋设在其他位置时，也应进行场地清理。

（2）防眩板或防眩网单独设置时，可根据所在位置选择将立柱埋入土中、设置混凝土基础或固定在构筑物上等方式加以处理。

（3）防眩板或防眩网立柱的施工，采用开挖法埋设混凝土基础时，不得破坏地下的通信管线或电缆管线。混凝土基础开挖达到规定深度后，应夯实基底，调整好垂直度和高程，夯实回填土。施工中不得损害中央分隔带地下排水系统。

四、植树防眩

在中央分隔带上植树是最先试验采用的防眩措施，具有防眩、美化路容、降低噪声和诱导交通等多重功能。植树防眩特别适用于较宽的中央分隔带，作为道路总体景观的一部分，和自然环境相协调，给驾驶员提供了绿茵连绵、优美舒适的行车环境。道路绿化是视野所及范围内行车的重要参照物。

以一定间距植树防眩的形式应注意路线的走向。当路线走向与太阳运行方向接近垂直时，不宜采用植树防眩，因为在这种情况下，树木遮挡太阳光在路面上形成阴影，树木间透过的太阳光洒在路面上，会给行驶中的驾驶员造成一晃一晃明暗相间的眩目感觉，对驾驶员视觉功能的损害比夜间前照灯的眩目更为严重。

另外，以一定间距植树防眩的形式，夜间在前照灯照射距离之外，树丛隐约像一个个人站立在中央分隔带上，由于心理定势作用的影响，驾驶员很难迅速区别是树还是人，高速行驶时会感到极度的紧张。

因而，从某种程度上来说，密集植树防眩比间隔植树防眩应用更广一些。但密集植树防眩也有不利的一面，即阻碍了驾驶员的横向通视，使其不能很好地观赏车道左侧的景观，视野变窄，且有压迫感和单调感，容易疲倦打瞌睡。故密集植树防眩的高度不宜超过 1.40 m，一般以 1.20～1.40 m 为宜。

综上所述，密集植树和以某一间距植树防眩都有一定的缺陷，因而国外比较推崇一种所谓的自由栽植方式。其基本依据和做法是：由于交通量一定时，在道路上行驶车辆的车头时距是连续型随机变量，并符合正态分布，故由此联想到树木的栽植间距也可有大有小，但控制其平均间距在 5～6 m，且使每一栽植的间距作为随机变量，使其符合正态分布。

由此虽说是自由栽植，但疏密有序，从数理分析上也是有规律的。这种栽植方式比较接近于自然的随意栽植，符合人的心理和视觉特性的要求。

第五节　公路标志、标线和轮廓标施工技术

汽车专用公路上的交通标志、标线，是为道路使用者提供信息而设置的，应确保所传递的信息能最大限度地为道路使用者接受和理解，从而减少不幸事故的发生和避免在道路上迷失方向，是交通安全管理上必不可少的设施，对交通安全起着重要的作用。

交通标志、标线的有效性取决于目标显示度、易读性、公认度三方面。原则上要求标志、标线在夜间能具有和白天一样的可见性。标志、标线施工质量的好坏，不仅影响道路环境的美观，而且对其是否能充分发挥使用功能起着决定性的作用。

轮廓标是设置在道路两侧边缘，用于显示道路边界轮廓、指引车辆正常行驶，具有逆反射性能的一种交通安全设施，从功能上说，轮廓标是一种视线诱导设施。

一、交通标志

（一）交通标志分类

交通标志是指明道路情况和对交通要求的设施。其目的是避免行驶在道路上的车辆和行人发生危险。

交通标志按功能可分为主标志和辅助标志两种。主标志包括警告标志、禁令标志、指示标志和指路标志四种，辅助标志一般附设在主标志下面，起辅助说明作用。

交通标志按设置形式可分为柱式（单、双柱）、悬臂式、门架式、附着式。

1. 柱式又可分为单柱式和双柱式。单柱式是指将标志牌安装在单独的支柱上，设置在分隔带、路边等处，单柱式标志牌的宽度尺寸一般小于 100 cm。双柱式是用两根支柱支撑标志牌的方法，一般宽度大于 100 cm 或虽小于 100 cm 但标志牌面积大，用单柱式在构造上不稳定时使用。

2. 悬臂式是在锥形柱或钢筋混凝土柱或直钢管上安装托架，把标志牌固结在托架上，再从路边伸向车行道上，一般设在宽幅道路、住宅密集地区，要伸出道路上空设置，便于驾驶员看清。

3. 门架式是用钢筋混凝土柱、钢管或钢桁架等，在车行道上架成门形横梁上安装标志牌，是一种车行道正上方表示的方式。特别是对于禁令标志的，车辆分道行驶和指示标志的"中央车道"，原则上用这个方法。

4. 附着式是在应设置标志的地点，在电线杆、路灯柱、信号机、桥梁等标志上附着标志，在有适当设施的情况下，也可利用这种方式。

（二）交通标志施工

1. 加工标志底板

（1）标志底板的制作是一项专业性很强的工作，应根据设计尺寸在工厂进行加工成型。铝合金板的加工应根据板面设计尺寸的要求进行剪裁、切割、焊接、斜接等。板面要求平整，不能有刻痕，并按设计要求对标志板进行拼接和加固，进行冲孔、卷边及其他加工工序。挤压成型的铝合金型材应根据标志尺寸拼装，使搭接紧密、板面平整。

（2）标志底板按要求制作完成以后，应进行彻底的清洗、除污、干燥。清洗完毕后，应检查铝合金板表面是否残留有污迹，不干净的铝板须重洗。清洗处理完成后直到贴反光膜前，不得用手直接触摸淡铝合金板，也不应再与油脂或其他污物接触。

2. 制作标志面

（1）标志面采用反光膜材料时，应符合下列规定：

①标志板加工过程中，贴反光膜是最关键的工序。反光膜与标志底板通过化学胶来粘贴。为保证粘贴效果，标志底板一定要干净。标志反光膜应在干净、无尘土，温度不低于18℃、相对湿度为20%～50%的车间内进行粘贴。温度过低，对胶的粘贴性能有不利影响。

②交通标志的形状、图案和颜色等应严格执行现行《道路交通标志和标线》的规定。驾驶员对指路标志中汉字的辨认取决于很多因素，最主要的是汉字的大小和字体。驾驶员对指路标志的认读是在快速行驶中进行的，标志应确保驾驶人员有足够时间去发现、判断、认读、理解和采取行动。最佳的指路标志尺寸应该满足在规定速度下对信息获取的要求。根据交通运输部公路科学研究院的研究成果，采用的汉字、汉语拼音字母、英文字母、阿拉伯数字应严格按照《道路交通标志和标线》及设计文件的规定执行，不得采用其他字体，这样才能获得最佳效果。

③标志反光膜的逆反射性能应符合设计要求，应能为车辆驾驶人员在黎明、

黄昏及夜晚提供有效的认读距离，以便及早发现前方路况、采取行动，避免交通事故的发生。

④由于标志版面内容主要由文字和图案构成，而且文字和图案都有规定的字体和尺寸，手工操作已不能胜任。反光文字符号应采用刻绘机完成。指路标志面积大，底膜的粘贴应在贴膜机上进行。标志底膜一般根据胶的性质选择在专用的真空热敏（热敏胶）压贴机或连续电动滚压（压敏胶）贴膜机上完成贴膜。文字符号一般采用（手工贴膜）转移膜法粘贴。

⑤反光膜应尽量减少拼接。当不能避免接缝时，应使用反光膜产品的最大宽度进行拼接，接缝以搭接为主。当需要滚筒粘贴或丝网印刷时，可以平接，其间隙不应超过 1 mm。在距标志板边缘 50 mm 范围内，不得拼接。

（2）当批量生产版面和规格相同的标志时，可采用丝网印刷的方法。丝网印刷就是在贴好反光膜的标志板上印刷图案，曝光正确且保养良好的丝网可用 3 万次以上，因此在批量生产时比较经济。限于丝网印刷设备的制约，目前可采用丝网印刷技术的交通标志版面仅限于较小规格的。

（3）包装、储存及运输标志面时，应符合下列规定：

①丝网印刷的标志一般采用先风干再烘干的方法。包装前反光膜上丝网印刷的油墨一定要干透。

②标志应存放在室内干燥的地方。贴上反光膜的标志板需用保护纸保护分隔。标志可以分层储存，但需用发泡胶把两块标志分隔。把标志竖起来储存可以减少压力，一些小标志可以挂起来储存。

③标志面应有软衬垫材料加以保护，以免搬运中受到损伤。

（4）采用其他标志面材料时，应符合设计文件的规定。

3. 钢构件的加工

（1）所有钢构件的钻孔、冲孔、焊接均应按《公路桥涵施工技术规范》和设计文件的要求在防腐处理之前完成。

（2）所有钢构件在运输过程中不应损伤防腐层。

4. 标志定位与基础设置

（1）标志应按设计桩号定位。设置标志的目的是维护公路交通安全和畅通，为公路使用者提供明确的交通信息服务，所以标志桩号不能随便更改。如果在规定位置设置有困难时，在不影响标志视认性的情况下，位置可以做适当调整。

（2）标志应按设计文件的规格在指定桩号开挖基础，基础的地基承载力应符合设计文件的要求。设计文件中未规定时，地基承载力不得小于 150 kPa。浇筑混凝土时，应注意正确设置地脚螺栓和底座法兰盘。

5. 安装标志

（1）立柱必须在基础混凝土强度达到设计强度的 80% 以上时才能安装。考虑到风力的影响，地脚螺栓等连接件应根据设计文件的要求设置双螺母。

（2）路侧柱式标志板可通过抱箍固定在立柱上。

（3）悬臂、门架式标志吊装横梁时，应使预拱度达到设计文件的要求。

（4）标志板安装到位后，为增强视认效果，标志板的板面平整度和安装角度应根据有关标准、规范和设计文件的规定进行适当调整。

二、路面标线

标线与道路标志共同对驾驶员指示行驶位置、前进方向及有关限制，具有引导并指示有秩序地安全行驶的重要作用。通常见到的有车道线、停车线、人行横道线（或斑马人行过街线）、导向箭头、分车线、路面边缘线、停车道范围、渠化（导流）线等。所有组织交通的线条、箭头、文字或图案的颜色，原则上以白色为主；禁止超车超过左侧车道、禁止停放车辆等禁令标志主要用黄色。

标线分为油漆标线和热塑标线两种。一般油漆标线用在车行道边缘及收费广场标线；热塑标线用在永久性的车道分界线、横向标线、人字、斑马纹导流标线、出入口标线和车道导向箭头。

（一）标线分类

1. 按位置分类

沿道路行车方向设置的标线，与道路行车方向成角度设置的标线，字符标记或其他形式的标线。

2. 按功能分类

（1）指示标线：指示车行道、行车方向、路面边缘、人行道等设施的标线。

（2）禁止标线：告示道路交通的遵行、禁止、限制等特殊规定，车辆驾驶人及行人需严格遵守的标线。

（3）警告标线：促使车辆驾驶员及行人了解道路上的特殊情况，提高警觉，准备防范应变措施的标线。

3. 按形式分类

（1）线条：标画在路面、缘石或立面上的实线或虚线。

（2）字符标：标画在路面上的文字、数字及各种图形符号。

（3）突起路标：安装在路面上用于标示车道分界、边缘、分合流、弯道、危险路段、路宽变化、路面障碍物的反光或不反光体。

（二）标线施工

1. 一般规定

（1）新铺沥青混凝土路面的交通标线施工，可在路面施工完成一周后开始；新建水泥混凝土路面的交通标线施工，应在混凝土养护膜老化起皮并清除后开始。

（2）雨、雪等恶劣天气会影响路面与涂料之间的黏结，沙尘暴、强风会影响标线施工的作业。当热熔标线的施工所处气温低于10℃时，当常温及加热型标线的施工所处气温低于0℃时，这两种情况都会严重影响涂料的黏度，应暂停施工。

（3）突起路标宜在路面标线施工完成后安装，且不得影响标线质量。在大多数情况下，突起路标作为交通标线的补充，与涂料标线同时使用。标线大多采用机械施工，行进速度较快，而突起路标要逐个粘贴，速度慢。因此，突起路标施工时不得影响标线施工，最好在标线施工完成后再粘贴突起路标。这样可免除标线施工对突起路标的污染，标线施工完成后，突起路标的施工放样才可顺利进行。涂料或突起路标与路面结合牢固的重要条件是保持与路面接触面的干净、干燥。路面上的灰尘、泥沙、水分是妨碍涂料或突起路标黏结的主要因素，可根据不同情况采用扫帚、板刷和燃气燃烧器等工具彻底清除。

（4）路面标线、突起路标施工过程中，应加强安全管理，维护标线涂料和突起路标的正常养护周期。

2. 路面标线的施工

（1）清扫路面是一道非常重要的工序。施画标线的路面不能有灰尘、松散颗粒、沥青渣、油污、砂土、积水等有害材料，否则会影响涂料与路面的黏结。旧路面重画标线时，一定要把旧标线清除干净。

（2）应根据公路横断面尺寸和设计文件的要求确定标线位置、标线宽度、实线段长度，在路面上画出线形、文字、图案，如高速公路进出口标线、导流标线、减速标线、路面文字和箭头的线形等。标线应与线形一致，流畅美观。

（3）正式施画前应进行试画，以检验画线车的行驶速度、线宽、标线厚度、玻璃珠撒布量等能否满足要求。调试合格后才能开始正式施工。由于材料的不同，各种标线的施画方法也存在很大差异。

①常温溶剂型标线的施工。常温溶剂型标线的涂敷可以用气动喷涂机或高压无气喷涂机等设备来完成。气动喷涂机使用压缩空气将涂料微粒化，并把涂料喷涂在路面上。通常使用空气压缩机的压力罐或柱塞泵将涂料送至喷枪，由于雾化涂料而形成很大的喷涂直径，其中混入了大量的空气，这对加快涂膜干燥是有利的，但在控制喷涂直径上却需要较高技能，气动喷涂施工时需要加入较多的稀释剂才能达到流动性要求，漆膜厚度相对较薄，溶剂用量较多，因此，传统的气动喷涂已开始向高压无气喷涂转变。高压无气喷涂技术将涂料施加高压，能将黏度大的涂料送到喷枪，通过小口径喷嘴喷射出去，继而形成大喷射直径的雾锥，这样可减少溶剂的浪费，获得较厚的和均匀的涂层，使标线标准、美观。

常温溶剂型涂料的主要成分是合成树脂，次要成分是体质材和添加剂。常温溶剂型涂料的干燥时间为 5～10 min。因此，需注意保护标线不让车辆碾压。标线干燥后，即可开放交通。

②加热溶剂型标线的施工。与常温溶剂型涂料相比，加热溶剂型涂料因形成涂膜的要素多，溶剂含量较低，所以它具有更好的速干性。由于涂膜较厚，对玻璃珠的固着性也比常温型涂料好。对于高黏度涂料，由于不能原封不动地用于喷涂，因此，必须通过加热器将其加温至 50～80℃使涂料黏度降低才可以喷涂。为此，加热溶剂型涂料施工机具需要附加加温的装置。加热溶剂型施工系统由涂料容器、加热器、热交换器、保温装置、泵喷涂装置等组成。现在车载加热型画线车的普及使用，确立了画中心线、边缘线等公路纵向标线的合理施工方法。加热溶剂型涂料采用大型机械化施工，溶剂少，涂膜厚，干燥时间短，耐久性好。如在喷涂的同时撒玻璃珠，则能与涂膜很好固着，具有良好的反光效果。

溶剂含量占 20%～30%。溶剂的作用是稀释涂料，使涂料具有一定的流动性，改善涂料的操作性能。加热型涂料约 10 min 后不黏附轮胎，可以开放交通。

③热熔型标线的施工。热熔型涂料施工实际上是一种熔结作业，因此，材料性能及施工方法和技术都直接影响着涂膜性能。施工条件和路面状态是多种多样的，影响路面标线性能的因素也千变万化，因此，每次施工应尽量控制各种因素，争取好的施工质量。热熔型涂料是由颜料、体质材、反光材料与具有热可塑性的树脂混合而成。热熔型涂料与常温溶剂型、加热溶剂型不同，它不含溶剂或稀释

剂，呈粉末状供应。将热熔型涂料加热到180～220℃（根据热熔型涂料采用的树脂类型和配方选择合适的温度），涂料即可成为熔融状态，用画线机涂敷在路面，并紧接着撒布玻璃珠，在常温下固化。当涂敷在沥青路面时，涂料与路面熔合；当涂敷在水泥混凝土路面时，涂料与路面是物理黏结，是机械啮合。将粉末状的涂料在热熔釜内熔融，达规定温度后将熔融的涂料装入涂敷机，到需要画标线的路段将其涂敷在路面上。涂敷作业是标线施工最关键的一步，应按规定操作规程严把质量关。为防止画线车的储料罐和流出口等处涂料黏度变大，可安装保温装置，按涂敷量和气候等因素妥善地控制温度。为保证夜间的标线识别性，在标线涂敷的同时要撒布玻璃珠。经验表明，玻璃珠直径有一半埋入涂膜中时，反光效果最好。但要做到这一点不太容易。涂料温度高，玻璃珠撒布快，珠子易沉入涂层中；涂料温度低，玻璃珠撒布慢，涂层已接近固化，玻璃珠不能在涂层上很好固着，容易脱落，反光效果差。因此，玻璃珠撒布受到涂料温度、涂层厚度、气候条件等的影响，施工时要严格控制撒布时间。

涂膜干燥时间因室外气温的变化而不同。对于热熔型涂料，涂膜干燥时间约为3 min，涂料不会黏结在车辆轮胎上，即可以开放交通。

④双组分型标线和水性标线也应采用专用设备施工。

（4）路面标线尽管厚度较薄，但仍有一定的阻水作用，尤其是在南方雨水较多的地区，处理不当容易导致交通事故，因此应按设计文件的要求留出排水孔。位于禁止超车线上的突起路标，在施画禁止超车线时，应采取措施预留突起路标的位置，以免影响后期突起路标的施工。

（5）修整标线局部缺陷。对于标线被污染、变色、玻璃珠撒布有堆积、涂料的喷射形状不好、飞溅及其他缺陷，应及时进行修整。

（6）成形标线带和防滑彩色路面标线的施工应符合产品使用说明书的规定。

3. 突起路标的施工

（1）突起路标的施工放样工作，一般应沿着标线来定位，根据设计文件的要求确定突起路标的设置位置，反射体应面向行车方向。

（2）由于突起路标种类较多，材料各异，施工方法有所不同。突起路标位置确定后，最常用的方法是把突起路标用胶直接粘在路面上，底胶可采用耐候性专用沥青胶或环氧树脂。在黏结前，应用扫帚、刷子、高压喷嘴吹风等办法清理路面。用刮刀把黏结剂涂抹在路面上和突起路标底部，突起路标就位，在突起路标顶部施加压力，排除空气，再一次调整就位。若采用强化玻璃突起路标，则应在路面上钻孔，取出岩芯，清理孔穴后涂胶，突起路标就位，在突起路标顶部施加压力，排除空气，再一次调整就位。若采用带脚的突起路标，则应在路面上钻小孔，把突起路标的脚伸入孔内（深度应足够，钻孔不能太大），清理孔穴后涂胶，突起路标就位，在突起路标顶部施加压力，排除空气，再一次调整就位。待胶凝固后即可开放交通。

突起路标在黏结剂固化以前不能受力，因此在突起路标施工过程中，一定要做好养护管理和交通诱导工作，在黏结剂固化以前一定要避免车辆冲压突起路标，待黏结剂固化以后，才可开放交通。

三、轮廓标

汽车专用公路上车辆行驶速度很高，为提高行车的安全性和舒适性，指示道路前方线形非常重要。从功能上说，轮廓标是一种视线诱导设施。根据其设置条件不同可分为独立式轮廓标和附着式轮廓标两类。当路边无构筑物时，轮廓标为柱式，由柱体、逆反射体组成，独立设置在路边土路肩中，其主体结构为三角形断面立柱；当路边有构筑物时，轮廓标为附着式，由逆反射体、支架和连接件组成。根据构筑物的不同，轮廓标可分别附着在波形梁护栏、混凝土护栏、隧道侧墙和缆索护栏之上。

一般按行车方向，配置白色反射体的轮廓标应安装在公路右侧，配置黄色反射体的轮廓标应安装在公路左侧。轮廓标不得侵入公路建筑限界以内。

（一）轮廓标构造要求

1. 设置在土中的柱式轮廓标，由柱体、逆反射体组成。柱体为白色，逆反射体规格为 4 cm×18 cm，可由反光片、反光膜制作，反光等级应为二级以上。柱体为三角形。顶面斜向车行道，主体部分为白色，在距路面 55 cm 以上部分为 25 cm 的黑色标记，在黑色标记的中间有一块 18 cm×4 cm 的反射器，反射器为定向反光材料。

2. 附着在各类建筑物上的轮廓标，由逆反射体、支架和连接件组成，逆反射体可由反光片、反光膜制作，反光等级应为二级以上。可根据建筑物的种类及埋置的部位采用不同形状的轮廓标和不同的连接方式。

（1）轮廓标附着在波形梁护栏中间的槽内时，反射器为梯形，与后底板斜接在一起，后底板固定在护栏与立柱的连接螺栓上。后底板应做成一定的角度，角度的大小以保证汽车前照灯光能大致与其保持垂直为原则。在经常有雾、风沙、阴雨、雪、暴雨等地区，可采用较大反射器（如 $\phi 100$ 的圆形），并将轮廓标安装在波形梁护栏的立柱上。也可将圆形反射器装在波形梁护栏板的上缘。这种轮廓标，通过专门加上的支架把轮廓标固定在波形梁上。

（2）附着在缆索护栏的轮廓标，是通过夹具将轮廓标固定在缆索上，这种护栏上的轮廓标一般应为圆形或者梯形。在中央分隔带可采用两面反射的结构。

（3）附着在侧墙上的轮廓标，包括在隧道壁、挡墙、桥墩侧墙、桥台侧墙、混凝土护栏等处设置的轮廓标，其形状可用圆形、长方形或者梯形。

（二）轮廓标施工

1. 一般要求轮廓标属于视线诱导设施。附着在护栏或其他构筑物上的轮廓标，一般是在整个工程的最后阶段安装。安装太早，特别是在公路还没有全封闭、没有正式移交给管理部门以前，这种设施很容易遭到破坏。轮廓标安装前，应对柱式轮廓标或附着式轮廓标的埋设条件、位置、数量进行核对，并做出详细的施工组织设计，以便对施工进度、作业程序、材料供应、人员安排等进行合理组织。

2. 安装施工

（1）柱式轮廓标的施工。柱式轮廓标安装施工前应按设计图要求定位。柱式轮廓标施工时，应设置混凝土基础。基础开挖达到规定的尺寸和深度后，先浇筑一层片石混凝土，厚度不应小于 20 cm。接着在片石混凝土上支模板，测定模板顶部的标高。当立柱与混凝土基础浇在一起时，则可将立柱放入模板中，固定就位后，即可浇筑混凝土。混凝土浇筑完成后应采取正常的养护措施，直到混凝土达到规定的强度；当轮廓标柱体或立柱为装配式结构时，则应预留柱体插入的空穴，或采用法兰盘连接。柱式轮廓标，可在混凝土基础的预留空穴中安装。安装时轮廓标柱体垂直于地平面，三角形柱体的顶角平分线应垂直于公路中心线，柱体与混凝土基础之间用螺栓连接。

（2）附着式轮廓标的施工。附着在各类构筑物上的轮廓标应按照放样确定的位置进行安装。附着在护栏槽内的轮廓标，反射器为梯形，把反射器后底板固定在护栏与立柱的连接螺栓上。附着在缆索护栏上的轮廓标，通过夹具把轮廓标固定在缆索上。附着在隧道壁、挡墙、桥墩、桥台侧墙、混凝土护栏等处的轮廓标，通过预埋件或用胶固定在侧墙上。反射器的安装角度应符合设计文件的规定。安装高度宜尽量统一，并应连接牢固。

第六节　公路绿化工程施工技术

一、概述

汽车专用公路在规划设计时，除需考虑公路性能与交通流量需要外，公路本身与附近建筑物、生活环境的协调及与自然生态的均衡，是必须予以考虑的重要课题。

一般而言，公路工程施工后现场为完全破坏的工程环境，对工地原有及附近生活环境与自然生态，将无法继续协调。故在公路建成之初，应采取妥善的补救措施，以调节周围环境，达到美化之目的。由于植物的树冠及草皮可防雨水的冲蚀，浓密的枝叶可以遮阳，叶面绒毛或气孔可以帮助净化空气，植物的各部分可将声音吸收、折射，所以可以用植栽（绿化）的方法控制公路建设对环境的质量影响，而且采用植栽方式还能增进环境调和，恢复自然生态，有时甚至比工程方法更为持久。所以，公路工程建设中，公路的绿化已成为公路工程的重要组成部分。

（一）公路绿化的功能

公路植被绿化有三个方面的功能：一是公路绿化具有视线诱导、防止眩光、阻隔人车随意进出快车道等保证交通安全方面的功能；二是具有调整和美化景观方面的功能，减少公路使用者长途跋涉所产生的疲劳和单调；三是具有防止水土流失、净化空气、吸纳噪声等环境保护方面的功能。

（二）绿化栽植的基本原则

1.绿化栽植前，应对公路沿线的水文、气象、土壤有所了解，选择适合气候条件和公路环境特点的树种。我国幅员辽阔，南方多雨高温，北方干旱寒冷。不同的树种，对气候、水文条件的要求不一样。公路的边坡和中央分隔带的填土，多是贫瘠土壤，缺少肥力。土壤还有酸碱度，多数树木适应中性土壤，只有少量树木适应酸碱度的范围较大，如苦楝、乌桕、刺槐等。公路边坡和中央分隔带上栽植的苗木，由于养护作业路段较长，加上行车的影响，浇水和修剪不够方便，所以应选择耐贫瘠、耐旱、抗污染、适于粗放管理的树种。

2. 根据栽植苗木不同功能的要求，选择不同的树木。中央分隔带上的苗木不仅有绿化作用，还可遮挡对面行驶车辆的灯光，起到防眩作用，宜选用柏树类或多叶常绿的灌木球。边坡上的树木，可选择不同树形、不同颜色的树种，或栽一些开花的苗木，以改善沿线景观。服务区内可选择一些观赏性强、四季开花的一些苗木，适当布置一些大树，景观效果会更突出一些。

3. 绿化用苗木宜多选用一些乡土树种。乡土树种比较适应当地的自然环境。公路绿化路线长，用苗量大、管理粗放，宜选用大众化、价格不高、养护费用低的树种，同时注意品种不宜单一。

4. 绿化工程实施前，应对全线（包括互通立交区、管理区、服务区）进行绿化设计，根据不同部位、不同地段对景观和绿化功能的要求，布置不同的苗木。

5. 施工季节，应选择苗木宜于栽植成活的季节。我国南北方气温差异甚大。一般来说，北方地区以春季栽植为好，冬季气候寒冷，土层封冻，苗木如在秋冬栽植，起挖时根系受损不利于成活。南方地区则以秋末、冬初栽植为好，这个季节树木逐渐进入休眠期，苗木对水分、养分的消耗较少。南方冬季的气温一般不会对新植苗木造成冻害，待到春季来临，苗木根部已经过了较长适应期，会很好生长。我国中部地区，气温介于南、北之间，可以因树种不同，分别在秋末冬初和初春两个时期种植。一般常绿针叶树耐寒性强，适合秋末冬初栽植。一些落叶树耐寒性差，适合初春栽植。

二、绿化工程施工

（一）施工准备

1. 栽植前的准备

（1）熟悉施工图，了解设计意图、工程范围和工程量，明确施工期限和工程施工放线的依据，如水准点、导线点。了解苗木的供应来源，了解施工现场的行车道路、交通状况。

（2）熟悉施工现场，摸清现场的地下管线、地下水位等情况，采取相应的技术措施。

（3）解决接通施工用水、用电，选定设备材料的堆放场地，修筑施工便道，搭设临时设施。

（4）及时与当地政府、派出所、村民委员会协调好关系，为顺利施工创造好的外部环境。

2.编制施工组织计划在前项准备工作的基础上,根据了解情况和资料编制施工组织计划,其主要内容有:

(1)施工组织机构。

(2)施工程序和进度。

(3)制定劳动定额。

(4)制订工程所需的材料、工具及提供材料工具的进度表。

(5)制订机械和运输车辆使用计划和进度表。

(6)制定栽植工程的技术措施和安全、质量要求。

(7)绘出平面图,在图上应标有苗木种植位置、运输路线和灌溉设备等的位置。

(8)制定施工预算。

3.施工现场清理及平整清除施工现场的建筑垃圾、不适宜栽植的土层和杂草。按照施工图进行地形整理,主要使其与四周道路、广场的标高合理衔接,使绿地排水通畅。

(二)树木栽植与养护

(1)定点放线

定点放线是在现场测出苗木栽植位置和株行距。由于树木栽植方式各不相同,定点放线的方法也有多种,常用的有以下三种:

(1)自然式配置乔、灌木放线法。

①坐标定点法。根据植物栽植的疏密度先按一定的比例在设计图及现场分别打好方格,在图上用尺量出树木在某方格的纵横坐标尺寸,再按此位置用尺量在现场相应的方格内。

②仪器测放。用经纬仪根据地上原有基点或以建筑物、道路作为基点将树群或孤植树依照设计图上的位置定出每株的位置。

③目测法。对于设计图上无固定点的绿化种植,如灌木丛、树群等可用上述两种方法划出其栽植范围,其中每株树木的位置和排列可根据设计要求在所定范围内用目测法定点。定点时应注意植株的生态要求并注意自然美观。定好点后,多采用白灰打点或打桩,标明树种、栽植数量、坑径。

(2)行列式放线法。对于成片整齐式种植或行道树的放线法,也可用仪器和皮尺定点放线,将绿地的边界、园路广场和小建筑物等的平面位置作为依据,量出每株树的位置。

一般行道树的定点是以路牙或道路的中心为依据,可用皮尺或测绳等,按设计的株距,每隔10株钉一木桩,作为定位和栽植的依据。定点时如遇电杆、管道、涵洞等障碍物应避开,应遵照与障碍物相距的有关规定来定位。

(3)等距弧线的放线。若树木栽植在一条弧线上(如匝道或公路出入口旁),放线时可沿着弧展开的方向以路牙或路中心线为准,每隔一定距离分别画出与路牙垂直的直线。在此直线上,按设计要求将树与路牙的距离定点,把这些点连接起来就成为近似道路弧度的弧线,在此线上再按株距要求定出各点来。

2. 起苗

(1)选苗。应选用生长健壮、无病虫害、无机械损伤、树形端正和根系发达的苗木。

(2)起苗方法。起苗时,应尽可能保全较多的根系,不过于损伤植株的吸收组织。起苗的方法有裸根起苗和带土球起苗。

①裸根起苗。一般落叶树入冬后进入明显的休眠期,植株根部的吸收降到最低量,根部暂脱离泥土不致死亡,移植这类树木可采取裸根起苗。起挖时应尽量把根盘挖大,保全较完整的根系,过长的根可截去,在起挖过程中断折或撕裂的根应剪去,并注意保持截口的平整。挖出的苗要及时运走栽植,不宜耽搁。

②带土球起苗。常绿树冬季虽停止生长,但光合作用仍持续,根部吸收并不间歇,因此根部不宜脱离泥土,移植时必须带土球。为保证栽植成活,并及早恢复长势,移植珍贵的落叶树,也可采成带土球起苗。移植常绿树不仅要带土球,树冠部分还必须修剪,以减少叶面积,降低蒸发量。起出的土球要削光滑,包装要严,草绳要打紧。若土质十分松散,包扎前须先在土球外垫一层草包,然后再用绕线球的方式进行包扎。

3. 运输和假植

(1)树苗起挖完毕,应及时运往栽植地点。在搬移运输途中注意做到不折损树枝,不碰伤树皮,不散失土球。大型树木上下车,须用机械起吊,注意保持完整土球和树形。

(2)远距离运输裸根苗木,应在起苗之后随即将苗木根部浸一下事先调制的泥浆,装上车排列整齐,根部盖上湿草袋,以减少树体水分的散失。

(3)苗木运抵栽植点后,应随即栽植。如一时无法栽植,或因数量较大需分批栽植，则必须予以假植。可在附近阴凉背风处挖宽 1.5～2.0 m、深 0.4 m 的假植沟，将苗木码放整齐，逐层覆土，将根部埋严。如假植时间过长，则应适量浇水，保持土壤湿润。带土球苗木一时栽植不完，应尽量集中，将土球垫稳、码严。如时间较长，同样应适量喷水。

4. 挖种植穴栽植地点的地形平整好以后，可按照设计图在地面栽植点打上石灰点。有时在一段范围内栽植多个树种，树木规格也不尽相同，此时须用石灰粉划出树穴的大小范围，然后开始挖穴。挖穴的大小与树木的规格、土质状况有关，一般裸根苗树穴直径应比根群直径稍大些，以保证根系充分舒展。带土球的苗木树穴，应大于土球直径 20 cm 左右。穴深为穴径的 3/4 左右，或深于土球厚度 20 cm。一株胸径为 5 cm 的苗木，挖掘树穴直径应不小于 80 cm，穴深约 60 cm。土层板结、石砾较多的地方，应放大穴径和深度，以利于根系的生长。树穴以口面圆整、穴壁竖直、穴底平坦为标准。切忌挖成锅底形或无规律形状，致使树根无法自然舒展。挖穴时发现砖石块、石灰或粉煤灰团、废弃混凝土块应随时剔除。

5. 栽植树穴挖好后即可进行栽植。在有条件的情况下，穴底先施一层基肥。肥料用农家肥或肥沃的塘泥。

（1）掌握栽植适宜的深度是树木成活生长的一个重要环节。一般树木栽后应与原圃地深浅一致，根茎部分刚好埋在土内。为防止初栽的树木遇风倒伏，也可略微栽得深一些。树木栽得过深会抑制正常生长，甚至导致根部因水湿而腐烂。带土球的树穴应预先测算妥当，以免土球上下搬动致使散球。一些不耐水湿的树种（如雪松、泡桐、梧桐等）栽植在平坦地上，应略高出四周地面。

（2）植树应避开雨天。雨天土壤潮湿黏着，不仅不便于操作，而且有碍于填实根周空隙，也将导致土壤板结，所以一般以阴天植树最好。

（3）栽植时，首先应剪去树木在运输中不慎造成的断枝、断根，剪口要光滑。同时，为了减少新栽苗木水分的散发，需要对苗木的枝叶进行疏剪。一般对常绿针叶树及用于植篱的灌木不多剪，只剪去枯病枝。对于较大的落叶乔木，尤其是生长势较强，容易抽出新枝的树木如杨、柳、槐等可进行较大修剪，树冠可剪去 1/2 以上，这样可减轻根系负担，维持树木体内水分平衡，也使得树木栽后稳定，减少风吹摇动。

（4）栽植裸根苗木的方法是一人用手将树干扶直，放入坑中，另一人将土填入。在泥土填入一半时，用手将苗木向上提起，使根茎交接处与地面相平，这样树根不易弯曲，然后将土踏实，继续填土，直到与地平或略高于地面为止，并随即将浇水的土堰做好。栽植带土球树木时，填土前要将包扎物去除，以利根系生长，填土时应充分压实，但不要损坏土球。

（5）填土完毕，应对苗木充分浇水。对于较大的乔木，栽后应设支柱支撑，以防大风刮倒。

6.树木的养护树木栽植后养护工作非常重要，如果养护工作没有做好，会影响树木的成活，即使成活，生长也难以兴旺茂盛。俗话说"三分栽，七分管"，可见养护的重要性。

（1）树木在栽植时若土层未填实，经浇水或下透雨后会出现土层沉陷，树干倾斜。发现后应及时扶正树干，根部应加土填平踩实。

（2）保持土壤湿润是树木成活的主要条件，栽后的苗木应视天气情况及时浇水。在枝叶普遍萌动，生长趋向兴旺的季节，更需保证充足的水分，但以土层基本上润湿为度。若发现低洼处经常积水，应及时开沟排水，以免土壤通气不良，造成苗木烂根。

常绿树栽植后遇高温干旱时，除在根部浇水外，对树木的枝叶也应经常喷水，以减少水分的蒸发。一般浇水以傍晚最好，既节约水量又便于树木的吸收，夏季烈日暴晒下切忌浇水。

树木成活进入正常生长状况后，可以酌量追施一些肥料，以促进生长。

定期检查苗木是否出现病虫害，一旦发现有病虫害发生，应采取积极措施，及早控制发展，做好防治工作。

（三）草皮的栽植与草坪的养护

1.草皮的栽植

栽植草皮是防止水土流失、表现绿化效果的重要手段。在公路边坡、互通立交区、服务区以及管理区都在广泛使用。草种分暖季型和冷季型两种。暖季型草春夏秋生长旺盛，秋末和冬季叶片发黄枯死，第二年春再长出新叶。这类草有马尼拉、结缕草、爬根草等。冷季型草在秋末冬初以及春天生长旺盛。到了夏季高温便生长缓慢。冷季型草有早熟禾、高羊茅、黑麦草等。在栽植草皮前应根据养护管理条件及绿化效果要求，仔细了解草种的生长习性而选择合适的草种。在有条件的地方（如服务区、管理区）可选择需精细管理的草种，而在环境较差的地区应选用粗放管理的草种。

（1）场地平整。栽植草皮的场地，首先应根据设计要求处理好地形，然后深翻 20～30 cm 的土层。大面积平坦的草坪，应敷设与下水道相通的泄水管道，保障草坪不积水。在深翻土层时，应清除砖头、石块，否则会影响草皮的生长、草面平整和今后的修剪工作。为了促进草皮的生长，在平整土地时可以施一些基肥，按每一百平方米施入 40～50 kg 农家肥或 0.15 kg 的过磷酸钙，与表层土壤拌和均匀，再用细耙耙平。

（2）栽植方法。草皮的栽植时间在全年的生长季均可进行，但种植时间过晚，当年不能覆满地面。最佳时间是在春季。栽植的方法分条栽、穴栽、间栽和铺栽。条栽是将草块切成 5～10 cm 的长条，栽植时各条之间保留 20～30 cm 的间隔。穴栽是将草块撕成 5～10 cm 的长条，栽植时各块前后左右均保留 20～30 cm 的间隔。间栽是将草块切成 15 cm×30 cm 的长方形，栽时纵横成行。当草源充足，又想快速造成新草坪时，可以采用铺栽。铺草皮时不留缝隙，草皮的用量和草场的面积相同。以上各种栽植方法，栽植时须注意相邻草块的高度要一致，遇有厚薄不均现象，要相应地把栽植处的土壤除去少许或略添碎土垫高。栽植完毕，须用滚筒滚压，使草块与土壤紧密相接，然后充分浇水，一般经半个月便可生根。

（3）播种草籽。采用播种方法可以大面积种植草坪。采购草种要注意种子的质量，一般要求纯度在 90% 以上，发芽率在 50% 以上。播前如经过浸种处理发芽会比较齐。播种时间，暖季型草种为春播，可在春末夏初播种；冷季型草种为秋播。

播种方法一般采用撒播，草种量一般为 10～20 g/m^2。为使撒播均匀，可选用细沙或细土与种子拌和均匀然后再撒播。播种场地如果比较干燥，前两天须先润水，保持表层 10 cm 以上的泥土润湿，播种后轻轻耙土镇压。此后经常保持土壤润湿，经三四个月可形成葱绿的草坪。

使用机械喷播可以快速大面积种植草坪，即将种子、肥料、农药、保水剂和黏结剂按一定比例加水后喷洒在地面或斜坡上。这种混合物有一定的稳定性，干后比较牢固，达到防止冲刷的目的，同时又能满足种子萌发所需要的水分、养分。

2. 草坪的养护

（1）除杂草。要保持草坪的整齐美观，去除杂草是一项重要的工作。杂草的生命力较强，生长较快，如不及时去除，没几年就会使草坪毁掉，失去观赏价值。除杂草的方法是用小铲挖除整个植株，这是一项经常性的工作，消耗劳力较多。此外，使用化学除草剂也可去除杂草，且效率高。但使用起来较为复杂，需搞清药剂的种类、使用浓度、天气要求、去除杂草的种类等。

（2）修剪。修剪是草坪养护的重点，而且是费工最多的工作。修剪能控制草坪高度，促进分蘖，增加叶片密度，抑制杂草生长，使草坪平整美观。公路沿线的绿化距离长、范围大，通常只考虑服务区、管理区内草坪进行修剪。一般草坪每年修剪 5～10 次，根据草坪的种类和观赏需求而定。

（3）施肥。适量施肥，可促使草皮生长茂密，叶色嫩绿。由于农家肥会影响草皮的美观，且肥料中常带有杂草种子，故通常使用化学肥料，可用硫酸铵 0.5%、过磷酸钙 0.4%、硝酸钾 0.3% 的比例配合施用，每百平方米用量为 3～5 kg。

（4）浇水。夏季气温高，草皮蒸发量大，应及时补充水分。每次应浇透，以渗入土层超过 10 cm 为度，这样可以维持较长的时间。

第五章 连续配筋混凝土复合式沥青路面施工新技术

我国公路网络不断延伸，在经济发展中占据重要地位，也为日常出行提供极大便利，要求不断提高施工质量，以满足车辆通行需求。连续配筋混凝土复合式路面具有良好的使用性能，承载能力强，且行车舒适度良好，适宜于重载型交通。本章将对连续配筋混凝土复合式沥青路面施工新技术进行详细的阐述。

第一节 CRC+AC 复合式沥青路面施工技术

一、连续配筋混凝土 CRC 施工技术

连续配筋混凝土 CRC 板的施工可采用滑模机械、轨道摊铺机、三轮轴机组和小型机具四种方式进行铺筑，对于高速公路宜采用滑模机械进行铺筑，有条件时也可采用轨道摊铺机进行铺筑，特殊工程中（如旧路改造、加宽工程等）也可选用三棍轴机组进行铺筑，小型试验路工程中也可采用小型机具配三轴进行铺筑。

（一）CRC 材料技术要求

1. 连续配筋混凝土（CRC）的原材料技术要求

CRC 板的原材料包括水泥、粉煤灰及其他掺合料、粗集料、细集料、水、外加剂、钢筋、钢纤维、接缝材料及其他材料，其规格及技术要求按照《公路水泥混凝土路面施工技术规范》的有关规定执行。

在端部处理桥梁伸缩缝（毛勒缝）两端混凝土中需掺入钢纤维或聚丙烯纤维网。聚丙烯纤维网用量 0.9 kg/m³，聚丙烯纤维网的物化性能指标为：长度 12～19 mm，直径 100 μm，熔点 160～170℃，抗拉强度 560～770 MPa，弹性模量 3500 MPa，泊松比 0.29～0.46。

（1）水泥

①应采用强度高、收缩性小、耐磨性强的水泥。其物理性能和化学成分符合《通用硅酸盐水泥（国家标准第1号修改单）》的规定。

②水泥进场时，应有产品合格证及化验单。承包人应对品种、强度等级、包装、数量、出厂日期进行检查验收，并按批量抽样检验，报监理工程师核查。

（2）碎石

①用于连续配筋混凝土路面结构的粗集料必须采用质地坚硬、耐久、洁净的Ⅲ级以上石料，其质量技术要求应满足规范要求。其中碎石的最大公称粒径不应超过31.5 mm。

②用作连续配筋混凝土路面的粗集料不得使用不分级的统料，应按最大公称粒径的不同采用2~4个粒级的集料进行掺配，有一定的合成级配。

（3）砂

砂等级应不低于Ⅱ级，洁净、坚硬，使用的天然砂宜为中砂，也可使用细度模数在2~6.2之间的砂。含泥量不超过3%，硫化物及硫酸含量（折算为SO_3）不超过1%，云母含量不超过2%，有机物含量（比色法）不深于标准溶液的颜色。

（4）水

混凝土搅拌和养护用水应清洁，宜采用饮用水。使用非饮用水时，应经过化验，其硫酸盐含量（按SO_4计）不得超过2700 mg/L，含盐量不得超过500 mg/L，pH值不得小于4，不得含有油污。

（5）外加剂

①外加剂的掺入，应根据配合比试验确定，其外加剂的产品质量应符合各项技术性能指标的要求，并报监理工程师批准。

②满足摊铺工艺对混凝土工作性能的特殊要求，掺用外加剂时，根据目的不同，可按以下规定选用：为减少混凝土拌合物的用水量，改善和易性，节约水泥用量，提高混凝土早期强度，可掺入减水剂；为改善混凝土的触变性，保证滑模过后混凝土不塌边和麻面，提高混凝土抗折强度，可掺入引气剂；夏季施工或由于混凝土运输时间过长，可掺入缓凝剂。

③根据需要，可以掺入一定数量的微膨胀剂。

（6）钢筋

①钢筋网应符合《钢筋混凝土用钢第2部分：热轧带肋钢筋》和《钢筋混凝土用钢第1部分：热轧光圆钢筋》的技术要求。

②纵向钢筋应采用Ⅱ级螺纹钢筋，横向钢筋应采用Ⅱ级螺纹钢筋。纵向钢筋一般不必进行防锈处理，但为防止纵向钢筋锈蚀，不得采用含氯离子的外加剂，必要时可掺加阻锈剂。

③钢筋应顺直，不得有裂纹、断伤、刻痕、表面油污和锈蚀。钢筋断口应垂直光圆，不得有毛刺。

（7）粉煤灰

连续配筋混凝土路面工程可掺用质量指标符合规范要求的Ⅰ、Ⅱ级干排或磨细粉煤灰。粉煤灰的技术指标需满足规范要求。

（8）养生剂

用于连续配筋混凝土路面施工养护的养生剂，喷洒后薄膜应密封性好、保水率高、强度和耐磨性损失小、干燥快、储存时间长而稳定、耐雨水冲刷。不得使用易被水冲刷掉的和对混凝土强度有影响的养生剂。

2. 连续配筋混凝土 CRC 的配合比设计要求

（1）用于铺筑水泥混凝土面层的各种材料，应提前通过试验进行混合料组成配合比设计，这些设计应包括材料标准试验、混凝土抗折和抗压强度、集料级配、水灰比、坍落度、水泥用量、质量控制等。

（2）水泥混凝土路面面层配合比设计在兼顾经济性的同时应满足下列三项技术要求：

①弯拉强度

路面板的 28d 设计弯拉强度标准值 f_t，应符合《公路水泥混凝土路面设计规范》的规定。按下式计算配制 28d 弯拉强度的均值：

$$f_c = \frac{f_t}{1-1.04c_t} + ts$$

式中：f_c——配制 28d 弯拉强度的均值，MPa；

f_t——设计弯拉强度标准值，MPa；

s——弯拉强度试验样本的标准差，MPa；

t——保证率系数，由规范查表确定；

c_t——弯拉强度变异系数在 0.05~0.10 的范围取值，在无统计数据时，弯拉强度变异系数应按设计取值；如果施工配制弯拉强度超出设计给定的弯拉强度变异系数上限，则必须改进机械装备和提高施工控制水平。

②工作性

采用三轴机组摊铺水泥混凝土的出机坍落度应满足 30 ~ 50 mm，采用摊铺机时坍落度应满足 10 ~ 30 mm，最大单位用水量为 153 kg/m³。一般 CRC 的坍落度宜比一般铺筑方式的普通混凝土大 10 ~ 20 mm。

③耐久性

在无抗冻性及抗盐冻性要求的情况下，水泥混凝土路面的含气量不得超过 6.2%，其上下误差不得超过 1.0%，满足耐久性要求的最大水灰（胶）比和最小单位水泥用量应符合表 5-1 的规定，最大单位水泥用量不宜大于 400 kg/m³。掺粉煤灰时，最大单位胶材用量不宜大于 420 kg/m³。

表 5-1 满足耐久性要求的最大水灰（胶）比和最小单位水泥用量

最大水灰比		0.44
最小单位水泥用量 /（kg/m³）	52.5 级	—
	42.5 级	300
	32.5 级	310
掺加粉煤灰时最小单位水泥用量 /（kg/m³）	52.5 级	—
	42.5 级	260
	32.5 级	280

（3）外加剂的使用应符合下列要求：

①高温施工时，混凝土拌合物的初凝时间不得小于 3 h，否则要采取缓凝或保塑措施；低温施工时，终凝时间不得大于 10 h，否则要采取必要的促凝或早强措施。

②外掺剂的掺量应由混凝土试配试验确定。

③引气剂与减水剂或高效减水剂等其他外加剂复配在同一水溶液中时，应保证其共溶性，防止外加剂溶液发生絮状现象。如产生絮状现象，应分别稀释、分别加入。

（4）配合比参数的计算应符合下列要求：

①水灰（胶）比的计算和确定：

根据粗集料的类型，水灰比可分别按下列统计公式计算：

$$\frac{W}{C} = \frac{1.5684}{f_c + 1.0097 - 0.3595 f_s}$$

式中：$\dfrac{W}{C}$——水灰比；

f_s——水泥实测 28 d 抗折强度，MPa。

掺用粉煤灰时，应计入超量取代法中代替水泥的那一部分粉煤灰用量（代替砂的超量部分不计入），用水胶比代替水灰比。应在满足弯拉强度计算值和耐久两者要求的水灰（胶）比中取小值。最优砂率应根据砂的细度模数和粗集料种类查《公路水泥混凝土路面施工技术规范》确定。

②碎石混凝土的单位用水量按下式计算：

$$W_o = 104.97 + 0.309 S_L + 11.27 \dfrac{C}{W} + 0.61 S_p$$

式中：S_L——坍落度，mm；

S_p——砂率，%；

$\dfrac{C}{W}$——灰水比。

③掺加外加剂时，应考虑减水效果，掺加外加剂时单位用水量按下式计算：

$$W_{ow} = W_o(1 - \dfrac{\beta}{100})$$

式中：β——外加剂实测减水率，%。

④单位水泥用量用下列公式计算，并不能低于 360 kg/m³：

$$C_O = \dfrac{C}{W} \cdot W$$

⑤粗、细集料用量一般按密度法计算，取单位质量为 2450 kg/m³。

（5）为了确定在整个施工过程中，混凝土混合料配合比是否需要调整，可按规定做 7 d 的抗折强度试验。

（6）混凝土配合比除应保证设计强度、耐磨、耐久性外，还必须满足摊铺对混凝土拌和物工作性能的要求。试验室理论配合比，必须经过试验路段的试拌、试铺检验，检验满足要求后，将确定的配合比资料报监理工程师批准后才能用于施工配比。

（7）已批准的混凝土施工配合比，施工方法和材料，除由于原材料天然含水率变化引起的用水量变化需适量调整外，未经监理工程师的同意不应改变，如需改变时，承包人应重新报送资料，试拌试铺经监理工程师批准后才能使用。

（二）连续配筋混凝土 CRC 的施工技术

1. 设备要求

（1）施工前，必须对混凝土拌和设备、运输车辆、布料设备、摊铺设备、拉毛养生设备等施工机械，经纬仪、水准仪或全站仪等测量基准线仪器和人工辅助施工的振捣棒、整平梁、模板等机具、工具及试验仪器进行全面的检查、调试、校核、标定、维修和保养，并试运行正常。同时，对主要设备易损零部件应有适量储备。

（2）混凝土的搅拌、运输、摊铺、表面整修与纹理制作等设备必须与其相配套，搅拌机的生产率、混凝土运输生产能力必须与摊铺速度合理匹配。

2. 模板安装与钢筋架设

滑模机械铺筑时需配备辅助模板，用于纵缝拉杆安放时稳固边缘，采用其他铺筑方式时需安放固定模板。

（1）模板安装

连续配筋混凝土路面的施工模板必须采用刚度足够的钢模板。模板的（加工矫正）精确度及尺寸要求应符合规定。下卧层验收合格后，应对路面施工段的中线和高程进行测量，中线和高程测量数据应符合设计标准误差的要求。采用设计厚度高的钢模板，模板应根据测量的高程进行准确安装，应安装稳固、牢靠。模板安装完毕后，应检查其安装准确与否。模板安装完毕后，禁止扰动，特别是正在摊铺时，严禁碰撞和振动。

纵向施工缝的拉杆一般由横向钢筋外延替代，因此模板中部的穿孔间距应根据横向钢筋的直径与间距确定；横向施工缝端模板应按图纸规定的纵向钢筋直径和间距开槽，以利于纵向剪力钢筋穿过。模板的数量应根据施工进度和施工气温确定，并应满足拆模周期内周转需要。

（2）钢筋架设

①连续配筋位置设置在水泥混凝土顶面下板厚的 1/3 处，横向钢筋的布置与中线夹角为 60°。

②纵向钢筋必须紧密绑扎、安装好且稳固可靠（所有接点必须稳固），搭接点可采用细铁丝绑扎或者点焊，一般采用绑扎方式。纵向钢筋最小搭接绑扎长度为 35 d（d 为钢筋的直径）。当采用搭接焊或绑条焊时，钢筋的焊缝长度应符合下列要求：双面焊不应小于 5 d，单面焊不应小于 10 d。钢筋搭接应错开布置，

同一垂直断面上不得有两个以上的焊接或绑扎接头，相邻钢筋的焊接或绑扎接头应分别错开 500 mm 和 900 mm 以上。

③横向钢筋布置于纵向钢筋之下，一般不应搭接，若有搭接也应错开布置，搭接长度不小于钢筋直径的 35 倍。纵横向钢筋绑扎的钢筋网必须平直，呈带片状，至板边的侧距应保持相等。除了临时中断的施工缝外，钢筋网应保持连续。

④支架应按照设计图纸设置，也可以采用其他可靠的方法。一般应采用活（滑）动支架，支架不得锚入下层中。支架每平方米应配置 4～6 个，以确保钢筋网在混凝土堆压与路面施工机械的作用下不下陷、不移位，并能承受施工人员的踩踏。

⑤混凝土摊铺和振捣期间，钢筋的排列和间距应保持和控制在正确的位置，且在规定的允许误差范围内。混凝土摊铺前，对安设好的钢筋网要进行仔细检查。钢筋网应平直，至板边的侧距应保持相等，并符合图纸要求；钢筋不得有贴地、变形、移位、松脱和开焊等现象。

⑥钢筋网的安设精度应符合下列要求：纵向钢筋间距允许误差为 ±5 mm，横向钢筋间距绑扎施工允许误差为 ±20 mm，横向钢筋间距点焊施工允许误差为 ±10 mm，纵向钢筋中心线竖向位置允许误差为 ±5 mm，外侧钢筋至板边距离允许误差为 ±10 mm。

⑦施工缝和纵缝处外露的普通钢筋和补强钢筋宜进行防锈处理。一般情况下，要保证在摊铺机前预留 1 km 长的钢筋施工范围，以确保有足够的时间在摊铺混凝土前对钢筋进行检查和调整。

3. 混凝土的搅拌与运输

（1）混凝土的搅拌

混凝土必须采用强制式搅拌机拌和，设有集料配料系统、供水系统、外加剂加入装置和水泥及粉煤灰供应系统。

①搅拌站的生产能力应保证摊铺均衡地、不停顿地进行，按设计摊铺宽度所需要的水泥混凝土量来决定，其生产能力不宜小于 200 m^3/h。采用多台搅拌机组合时，必须保证新拌混凝土的质量均衡性。

②搅拌站应有备用搅拌机和发电机组，应保证搅拌、清洗、养生用水的供应，并保证水质。

③应配备足够的试验设备和人员，以对混凝土的质量进行检验与控制。

④搅拌站各种规格的集料应分开堆放和供料，取自不同料源的集料应分开堆放，每个料源的材料要进行抽样试验。搅拌站的计量系统在工地安装之后，应进

行检定、校正，经检验合格后方可正式投入生产。

⑤混凝土拌合物的拌和时间应根据搅拌机的性能和拌合物的和易性确定。净拌最短时间，即材料全部进入搅拌楼起至拌合物开始出料的连续搅拌时间，自动控制的强制式搅拌一般不应小于 35～40 s。

⑥对搅拌站的大型搅拌机的生产性验证，应根据试验室提供的配合比试拌，进行混凝土和易性、含气量、弯拉强度等三项检验，并从每台搅拌机试拌时的初期、中期和后期分别取样制作试件，以检验各台搅拌机拌制混凝土的均匀性。

⑦每天应对混凝土的生产进行全面的监督，并要求将多台搅拌机的实际配料记录和材料使用统计，机械操作参数以及搅拌混凝土生产时间、数量等记录进行统计，并做定期分析，以提高混凝土生产质量的均匀性。

（2）混凝土的运输

混凝土拌合物从搅拌机出料后，运至铺筑地点进行摊铺完毕的最长允许时间，由试验室根据水泥初凝时间、施工气温以及坍落度试验结果确定，一般不应大于 1.5 h，在气温不同的条件下，可以采用外掺剂来调节初凝时间。

混凝土的运输应采用 10～15 t 的大吨位自卸汽车为主，辅以汽车式混凝土搅拌运输车，自卸车的车斗要平整、光滑、不渗漏，后挡板应关闭严密、不漏浆、不变形，每天应对运输车辆进行检查清洗。在夏季或冬季施工时，自卸车厢上应加遮盖，以防水分蒸发。混凝土出料时应注意移动自卸汽车，避免离析。出料时的卸料高度不得超过 1.5 m。自卸汽车装运混凝土拌合物时，不得漏浆，并应防止离析。

4. 混凝土的摊铺与振捣

（1）混凝土的摊铺

①在摊铺的开始阶段，应测量校核路面高程、厚度、宽度、中线、横坡等技术参数，并及时进行调整，保证混凝土板的板厚、密实度、平整度及饰面质量。

②连续配筋混凝土的摊铺可根据实际情况，分别选择滑模机械、轨道摊铺机、三辊轴机组和小型机具配三辊轴等摊铺方式。摊铺宽度应根据 CRC 的板块划分来确定，一般超车道与行车道宜依次摊铺，硬路肩板单独摊铺，也可分为三块板进行摊铺。

③由于钢筋网的影响，CRC 摊铺时采取切实可行的横向布料方式，常用的布料机械和布料方式有：侧向上料的布料机、侧向上料的供料机、带侧向上料机构的滑模摊铺机、挖掘机加料斗侧向供料、吊车加短便桥钢凳车辆直接卸料等。

宜采用侧向进料方式，在没有侧向布料机的情况下，可采取挖掘机加料和混凝土搅拌运输车配合人工布料。在人工辅助摊铺时，不应对混合料进行抛掷，以防离析。

④摊铺应保持速度均匀，随时观察新拌混凝土的级配和稠度情况，并根据稠度调整摊铺的速度和振捣频率。摊铺后的混凝土表面应无麻面、漏浆现象。如有少量麻面、气泡、边角塌陷等，应及时人工修整；如缺陷严重，应立即对摊铺工序加以调整；经调整后仍不能克服的，应立即停机，查出原因，清除弊端方可继续工作。

在摊铺施工过程中，要求供料与摊铺速度密切协调，尽可能减少停机次数，尽量保证连续施工，以减少横向缝的数量。当不得不中断施工时，其间距不宜小于 200 m。在施工缝处增加纵向抗剪钢筋，钢筋的数量与纵向钢筋数量相同，其布置位置保证距两根纵向钢筋的间距相等，钢筋的直径与纵向钢筋相同，且应具有足够的长度，抗剪钢筋应伸入先施工的面板一端至少 95 cm，后摊铺的面板一端 245 cm。

施工缝端部应平整、光洁、无麻面，先浇筑混凝土的一端应凿毛，后摊铺的一端应在稳定的气候条件下摊铺（即日温差较小，在 0～10℃范围内），摊铺时应非常仔细，以避免蜂窝麻面，通过振捣保证混凝土紧密地裹覆钢筋。如果预测日温差超过 10℃，必须改进养生方法，以保证养生温度均匀稳定，可在两侧面板表面（包括自由边）喷洒隔热材料，喷洒长度最小为 60 m。隔热材料应至少保留 72 h，且保持温润。施工应采用湿法养生，直到新浇混凝土强度达到 3.9 MPa。在混凝土养生期间，隔热材料也应保留在两侧板上。

（2）混凝土的振捣

对混合料进行振捣，应及时检查排振的设置位置、振幅与频率、行走速度。人工振捣时，每一位置的持续时间应以混凝土停止下沉、不再冒气泡并泛出砂浆为准，振捣时间不宜太长。振捣时应辅以人工找平，并随时检查模板有无下沉、变形和松动。

（3）滑模施工时纵向施工缝拉杆的布设

滑模施工时纵向施工缝边缘，由于滑模板阻隔，不能将横向钢筋外延作为拉杆，纵向施工缝边缘需单独另外布设纵缝拉杆。可在 CRC 板中间厚度的位置，在混凝土滑模摊铺时，模板滑过后采用人工植入方式，放置拉杆并固定。

5. 混凝土表面修整

（1）混凝土摊铺、捣实、刮平作业完成后，应用饰面设备进一步整平，使混凝土表面达到要求的坡度和平整度。

（2）饰面作业时，不得在混凝土表面洒水或洒水泥粉，当烈日暴晒或干旱风吹时，宜在遮阴篷下进行。

（3）修整作业应在混凝土仍保持塑性和具有和易性的时候进行，以确保从路表面上清除水分和浮浆。表面低洼处不得填以表面的浮浆，而必须用新制混凝土填补与修整。

6. 混凝土养生

（1）混凝土浇筑完成后，应开始养生并进行防护。养生方式宜采用喷洒养护剂同时保湿覆盖，也可采用覆盖保湿膜、土工毡、土工布、麻袋、草袋等洒水养生方式，不宜使用围水方式。

（2）采用喷洒养护剂的方式进行养护时，应采用专用的养生机喷洒，养护剂的品种和数量应满足规范的要求，并应均匀喷洒两遍，面板两侧也应喷洒。养生剂的喷洒量必须以在混凝土表面形成完全封闭的薄膜为度，然后再用塑料薄膜覆盖进行湿治养护。在养护膜未形成前，如遇雨水侵袭，应重新喷洒。

（3）应控制养生初期的养生温度。养生时间应随混凝土强度的增长情况而定。

（三）CRC+AC 端部处理施工

CRC+AC 复合式路面与普通 CRCP 路面存在差异，普通 CRCP 和端部接缝处没有上覆的沥青面层，不需要考虑 CRCP 端部变形对上部沥青面层的影响，因此，CRC+AC 复合式沥青路面端部处理采用桥梁伸缩缝的方式。施工按桥梁伸缩缝中毛勒缝的施工工艺进行施工，其施工要求按桥梁工程中有关规定进行。

（四）CRC 施工质量控制要点

1. 用水量的控制

根据国外资料，连续配筋混凝土在施工过程中，对施工温度、用水量比普通混凝土路面有更严格的要求。国内某条 CRC 在夏天施工，施工温度较高，且拌和场离施工现场较远，运输到施工现场后由于水分挥发很快，混凝土从车上倒不出来，现场工人临时往车里加水才得以倒出。这样混凝土的含水率不能得到控制，果然 7~8 d 后，该结构层出现了许多长度不一的纵向裂缝和许多间距很小的横向裂缝。应每天准确测定砂石的含水率，对于拌和场的进水管流速和时间也应控制好，才不会出现表面网裂现象。因此，在连续配筋结构层施工时，尤其在高温季节施工的时候一定要控制好用水量和水灰比。

2. 混凝土的坍落度控制

在施工过程中，要求混凝土的坍落度为 1～4 cm，实际施工过程中，坍落度大部分为 1～2 cm 左右，混凝土的流动性较差，在进行混凝土摊铺时很费力，因此，要求加强振捣。从拆模后混凝土板的侧面看，混凝土还是比较密实的，很少有蜂窝状孔洞。由于用水量必须控制，可通过掺用高效减水剂来增加混凝土的坍落度，改善混凝土的流动性，增加工作性。

3. 混凝土的振捣控制

由于混凝土的坍落度较小，且连续配筋混凝土加铺层中间有钢筋，如果混凝土不加强振捣，钢筋下的混凝土的孔隙将会很大，在抹面之后，混凝土会在重力的作用下流动以填充孔隙，这样容易形成塑性沉降裂缝，导致混凝土表面出现短的纵向裂缝。本次施工过程中，要求施工方加强振捣。在混凝土被侧向布料后，混凝土经过振捣棒、振捣板、振捣梁三次振捣，基本上能将混凝土振捣密实，混凝土表面没有出现短的纵向裂缝；从拆模之后的侧面来看，也没有较明显的蜂窝状溶洞。

4. 纵向钢筋的绑扎

在国内其他的连续配筋路面铺筑过程中，纵向钢筋采用焊接方式进行连接，当温度变化时，钢筋便会收缩或膨胀。计算表明，当钢筋长度为 500 m，温差为 10℃时，钢筋伸缩量为 4.5 cm，这么大的伸缩量会带动与之连接的钢筋支座移动，刺破沥青混合料隔离层。建议在施工中，纵向钢筋采用绑扎方式连接，搭接长度为 35 倍钢筋直径；纵向钢筋和横向钢筋之间及横向钢筋和钢筋支座也是采用绑扎方式进行连接。由于绑扎方式允许钢筋之间有一定的错动，钢筋之间及钢筋与支座之间有一定的伸缩空间，施工过程中没有出现沥青混合料隔离层被刺穿或钢筋网严重变形的情况。

5. 端部毛勒缝处理

在进行毛勒缝安装时，应注意两个问题：第一，毛勒缝的工作面应比路面低 0～2 mm，这是为了防止毛勒缝高出路面后直接受到水平冲击而破坏。第二，在浇筑混凝土之前，一定要给毛勒缝中间插入泡沫板，否则，连续配筋层会因为膨胀而挤压和破坏邻近结构物；另外往泡沫板两边加入混凝土时要对称加入，振捣时也要离泡沫板有一定的距离，以免挤破泡沫板。

二、CRC+AC 复合式沥青路面层间黏结层施工技术

（一）基本要求

1. 必须保证混凝土补强调平层与沥青混凝土面层之间的黏结，界面抗剪强度应满足剪应力的要求。

2. 应采取必要的措施解决连续配筋混凝土补强调平层接缝处的防水与防裂问题，防止雨水渗入旧混凝土路面内，延缓接缝处的反射裂缝。宜采用应力吸收夹层，如黏结沥青（SBS 改性沥青、橡胶沥青等），浸渍沥青的土工布夹层、道路专用 SBS 防水防裂夹层等。

（二）层间界面黏结材料要求

1. 喷洒式黏层结构，一般采用沥青质的液体涂料，如橡胶改性沥青、SBS 改性沥青、SBR 改性沥青、热石油沥青（A-70）、SBR 改性乳化沥青、普通乳化沥青等，应根据当地的气候条件、交通荷载条件、沥青面层厚度选用不同的黏结层材料及用量。沥青材料应满足《公路沥青路面施工技术规范》的要求规定；采用 SBS 改性沥青，应满足规范的要求。

2. 浸渍沥青土工布结构，一般采用沥青质液体与聚酯长丝无纺土工布结合，也可用类似防水卷材的防水夹层材料，现场摊铺而成。应根据当地的气候条件、交通荷载条件、沥青面层厚度选用不同的浸渍沥青与土工布。

（三）复合式路面层间裸化及施工技术

1.CRC 表面的裸化处理技术

为加强沥青面层与 CRC 混凝土板的黏结，除优选层间界面黏结强度高的黏结层材料外，还需对 CRC 混凝土板表面进行清理与处理，CRC 混凝土板表面的碎石最好能外露出来。可采用混凝土浇筑时表面洒缓凝剂，待混凝土强度达到一定值时用高压水冲刷表面，除去表面砂浆，露出碎石；也可采用机械方法，刷去表面浮浆。表面露骨技术，即在新浇混凝土的表面喷洒缓凝剂，再用高压水冲掉混凝土表面的砂浆，集料外露后，在新的表面上喷洒养生薄膜。表面刷浆技术，即在新浇混凝土的表面喷洒缓凝剂，然后用塑料薄膜覆盖。第二天刷掉混凝土表面的砂浆，集料外露后，在新的表面上喷洒养生薄膜。表面抛丸技术，即在混凝土完全凝结后，没有采取其他的表面处理技术，在层间黏结层施工前对混凝土表

面进行抛丸除浆处理。裸化是一种清除水泥混凝土表面浮浆，使碎石露出集料的施工技术。而裸化成功的关键是裸化时间，过早裸化，水泥混凝土强度未形成而导致破坏水泥混凝土的结构；时间过晚，混凝土强度已形成而使裸化难以形成。

2. 裸化时间

在路面摊铺后，在切缝前，及时检查混凝土表面以控制裸化时间，通过试验及参照类似工程的经验，将裸化时间控制在 160～200℃·h 比较合适。当混凝土表面可以裸化后，可用裸化机进行裸化，并用带有压力的水管，不断在裸化过程中冲去水泥砂浆，以便裸化顺利进行。

3. 裸化深度及其要求

裸化深度控制在 2～3 mm，以露出碎石面为准。

4. 注意事项

（1）施工中应控制裸化过程中裸化机的喷水量和水压力，以免破坏混凝土的强度，并保证面层的平整度。

（2）裸化要均匀、连续，整个断面均要裸化，不能漏裸，裸化过程中要注意对混凝土表面的冲洗，在冲洗过程中要不断地清扫，不能有水泥浆残留在混凝土表面。

（四）施工要求

1. 清理路面，路面应平整、干燥、整洁，不得有尘土、杂物或油污。
2. 采用进口沥青洒布车均匀喷洒热沥青封层。
3. 撒铺单一粒径规格的碎石，覆盖率 60%～70%。
4. 用轮胎压路机碾压成型。

热沥青尤其是 SBS 改性沥青封层由于洒布温度较高，同时要求必须洒布均匀，一般要求采用进口的洒布设备（如法国、美国设备），本身具有加热系统，能保证洒布温度尤其是高温洒布，各个喷嘴能够单独自动控制，喷油管具有回路，能严格控制洒布量。目前国内已有多家改性沥青封层专业施工公司。而国产沥青洒布车各个喷嘴不能自动控制，没有回路，洒布量主要由洒布车速度控制，没有加热系统，对于改性沥青需高温洒布时施工困难。同时需要配套的碎石撒布设备。

第二节 连续配筋混凝土路面施工控制技术

钢筋混凝土路面施工技术是在普通混凝土路面施工的基础上发展起来的。当地基有不均匀沉降等情况发生时,混凝土面板有可能出现断裂裂缝,钢筋混凝土路面就是利用路面混凝土内的纵横钢筋把面板拉在一起,使面板依靠钢筋及集料的嵌锁作用具有结构强度,增强面板强度,防止面板裂纹张开,达到保护面板结构不被破坏的目的。

由于连续配筋混凝土路面沿路线纵向配置了足够的钢筋,从而取消了横向接缝,避免各种横向接缝的损坏,使路面具有平整的表面,改善并提高了混凝土路面的使用品质和行车性能,增强了路面的整体强度和刚度。因此,连续配筋混凝土路面在世界各国的公路建设中得到越来越多的应用,美国、英国、法国、比利时、澳大利亚、日本和泰国等国家都铺筑了大量的连续配筋混凝土路面,有些路面经历了数十年的运营仍性能良好。

一、工艺与设计要求

(一)工艺特点

1. 目前国际上有实验研究的钢筋混凝土路面主要有如下三种形式:局部补强使用的间断(带接缝)钢筋混凝土路面、连续配筋混凝土路面及预应力钢筋混凝土路面。其中前两种形式得到了较广泛的应用。

2. 与沥青路面相比,钢筋混凝土路面的优点主要体现在如下方面:刚度大,承载能力强;耐水性、耐高温性强;弯拉强度高,疲劳寿命长;耐候性、耐久性优良;平整度衰减慢,高平整度维持时间长;粗集料磨光值和磨耗值的要求低,集料易得;路面环保性好等。

(二)适用范围

1. 可广泛应用在高速公路上,在基层耐冲刷性不够、强度不足、软土路基、高填方、挖填交接段有可能产生不均匀沉降地段。

2. 可作为板长过大、板平面形状不规则地段路面之用。

(三)工艺原理及设计要求

1. 工艺原理

钢筋混凝土路面是利用路面混凝土内的纵横钢筋把面板拉在一起,使面板依靠钢筋及集料的嵌锁作用具有结构强度。

2. 原理作用

达到增强面板强度、保护面板结构不被破坏的作用。

3. 工艺设计要求

(1)各种参数确定

①混凝土标号:采用C35混凝土。

②钢筋种类及技术要求:钢筋应顺直,不得有裂缝、断伤,表面油污和颗粒状或片状锈蚀应清除。钢筋最小直径和最大间距满足表5-2的要求。

表5-2 钢筋种类及技术要求

钢筋种类	光面钢筋	螺纹钢筋
最小直径/mm	8	12
纵向最大间距/mm	150	300
横向最大间距/mm	350	750

③水:混凝土搅拌及养护用水应洁净,以饮用水为宜,非饮用水时,要求硫酸盐含量不得超过2700 mg/L,含盐酸不得超过5000 mg/L,pH值不得小于4。

(2)设计主要指标

①面层材料组成设计:连续配筋混凝土面层,根据经验,其纵向配筋率通常为0.6%~0.7%。

②板厚的设计:钢筋混凝土路面厚度一般取同等条件下普通混凝土路面厚度的80%~90%,普通水泥混凝土路面的厚度与荷载疲劳应力分析、轴载换算和轮迹横向分布、温度疲劳应力分析、材料参数等有关。

③钢筋混凝土路面配筋量计算:

$A=16LHU/F$

式中:A——每延米混凝土面层所需要的钢筋面积,mm^2;

L——钢筋间距,m;

H——面板厚度,mm;

U——面层与基层之间的摩阻系数,取1.8;

F——钢筋的屈服强度，MPa。

④混凝土试件的弯拉强度计算：

$F_1=F_2/（1-1.04C）+TS$

式中：F_1——混凝土试配弯拉强度的均值；

F_2——混凝土试配弯拉强度标准值；

C——混凝土试配弯拉强度的变异系数，取值 0.1～0.2；

S——混凝土试配弯拉强度实验样本的标准差；

T——保证率系数，根据样本数确定，样本数量为 3、6、9、15、20，分别取值 1.36、0.79、0.61、0.45、0.39。

二、施工技术

1. 施工前准备工作

（1）设计文件复核：技术部门组织技术人员对图纸的结构、工程量等项目进行仔细的复核。

（2）备料：按照设计文件及规范要求，准备至少一个月施工生产所需的材料，特殊情况下不得少于一周的生产所需的材料。

（3）材料试验：按照规范及设计要求，对水泥、钢筋、砂、碎石等材料进行常规试验，并按要求在监理工程师监督下送有资质的第三方检测。

（4）调整配合比：按照规范及设计要求，做好配合比的调整，确保施工产品的质量和成本。

（5）试验段试验：试验段也要按照正常的施工地段要求组织施工。

2. 施工工艺

（1）准备钢筋网

钢筋加工与安装铺筑前，应按设计图纸对钢筋网设置位置、路面板块、地梁和接缝位置进行准确放样，路面板块的平面位置偏差不得大于 10 mm，钢筋网设置位置应窄于面板宽度左右各不小于 100 mm。钢筋的有关操作要求如下：

①钢筋网所采用的钢筋直径、间距，钢筋网的设置位置、尺寸、层数等应符合设计图纸的要求。钢筋网焊接和绑扎应符合国家相关标准。采用工厂焊接好的冷轧带肋钢筋网片时，质量要符合国家相关标准的规定。

②钢筋网应采用预先架设安装方式，单层钢筋网的安装，在确保精度的条件

下，可采用两次摊铺、中间摆设钢筋网的安装方式。

③单层钢筋网的安装高度应在面板顶面下 1/3～1/2 高度处，外侧钢筋中心至接缝或自由边的距离不小于 100 mm，并在每平方米配置 4～6 个焊接支架或三角形架立钢筋支座，保证在拌合物的堆压下，钢筋网基本不下陷、不变形、不移位。单层钢筋网不得使用砂浆或混凝土垫块架立。

④钢筋网的主受力钢筋应设置在受弯拉应力最大的位置，单层钢筋网纵筋应安装在底部，双层钢筋网片纵筋应分别安装在上层顶部、下层底部。双层钢筋网上、下层之间，每平方米面积上焊接支架或环形绑扎箍筋不得少于 4～6 个，双层钢筋网底部可采用焊接架立钢筋或 30 mm 厚度的混凝土垫块支撑。

⑤双层钢筋网底部到基层应有不小于 30 mm 的保护层，顶部离面板表面应有不小于 50 mm 的耐磨保护层。

⑥横向连接摊铺的钢筋混凝土路面之间的拉杆数量应比普通混凝土路面加密 1 倍，双车道整体摊铺的路面板钢筋网应整体连续，可不设纵缝。

⑦钢筋网片进行搭接焊和绑条焊时，钢筋的搭接长度，双面搭接焊 ≥ 5 d，单面焊 ≥ 10 d，相邻钢筋的焊接位置应错开。

⑧摊铺前应该检查绑扎好的钢筋网片和骨架，不得有贴地、变形、移位、松开和开焊现象。

⑨对于连续配筋的钢筋混凝土路面，钢筋网支架必须采用活动支架，支架不得锚入基层之中，支架宜在钢筋加工车间电焊在横筋上。为了适应钢筋网片在混凝土施工中的热胀冷缩现象，以避免连续网产生过大的变形和隆起，纵向钢筋接长时，每隔 30 m 左右宜采用一个绑扎接头。

⑩连续配筋钢筋混凝土路面的端部锚固结构施工，在钢筋网安装之前，应按照设计图纸对锚固结构位置、尺寸进行测量放样。连续配筋混凝土路面端部锚固装置的位置与构造物相接处的形式有：矩形地梁、宽翼缘工字钢梁、混凝土灌注桩、连续设计胀缝等。本项目采用的钢筋混凝土地梁，采用 4 个地梁，梁宽 500 mm，梁高 1200 mm，间距 6000 mm，地梁与连续配筋混凝土面层连成整体。

（2）钢筋混凝土路面铺筑滑模基准线设置

①滑模摊铺路面的施工应设置基准线，基准线的设置形式有单向坡双线式、单向坡单线式和双向坡双线式三种。

②基准线设置除了应保证摊铺宽度外，还应当满足两侧 650～1000 mm 的横向支距的要求。

③基准线纵向间距，直线段不应大于 10 m，曲线段根据曲线半径做适当加密，最小 2.5 m。

④线桩固定时，基层顶面到夹线臂高度应为 450～750 mm，基准线桩夹线臂到桩的水平距离宜为 300 mm，基准线应定牢固。单根基准线的长度应≤450 m，基准线拉力≥1000 N。

（3）摊铺准备工作

①所有施工设备与机具均应全部到位、调试完毕，并处于良好状态。

②基层、封层表面及履带行走部分应清扫干净，摊铺面板位置应当洒水湿润，但不得积水。

③横向连接摊铺时，前次摊铺路面纵缝的溜肩胀宽部位应切割顺直，侧边拉杆应校正扳直，缺少的拉杆应钻孔锚固植入，纵向施工缝的上半部缝臂应满涂沥青。

（4）布料

①钢筋混凝土路面采用两次布料，以便在中间摆放间断钢筋网。连续配筋混凝土路面可以采用钢筋网预设安装方式，整体一次布料。

②混凝土应卸在料斗或料箱内，再由机械从侧边送到摊铺位置，钢筋网上的拌合物堆放不宜过分集中，应尽快分布均匀。

③滑模摊铺机前的正常料位高度在螺旋布料器叶片最高点以下，亦不得缺料，卸料、布料应与摊铺速度相协调。

④坍落度 20～70 mm，布料松铺系数应控制在 1.08～1.15 之间，布料机与滑模摊铺机之间的施工距离应控制在 5.0～10.0 m。

⑤严禁任何机械开上钢筋网片。

（5）摊铺机施工参数设定及校正

①振捣棒下缘位置应在挤压板最低点以上，振捣棒的横向间距不宜大于 450 mm，均匀排列，两侧最边缘振捣棒与摊铺边缘距离不宜大于 250 mm。

②挤压板前倾角设置在 3°左右，提浆夯板位置宜在挤压板前缘以下 5～10 mm 之间。

③两边缘超铺高程根据拌合物稠度宜在 3～8 mm 间调整，搓平梁前沿应调整到与挤压板后缘高程相当，搓平梁后沿应调整到比挤压板后沿低 1～2 mm，并与路面高程一致。

④摊铺机首次摊铺路面，应挂线对其铺筑位置、几何参数和机架水平度进行调整和校正，准确无误后方可开始摊铺。

⑤在开始摊铺的 5 m 内，应在铺筑行进中对摊铺出的路面标高、边缘厚度、中线、横坡等参数进行测量，所摊铺的误差应在规范允许之内。

（6）摊铺作业技术要领

①操作滑模摊铺机应缓慢、匀速、连续不间断地作业。严禁料多追赶，然后随意停机等待，间歇摊铺。摊铺速度应根据拌合物稠度，供料多少和设备性能控制在 0.5～3.0 m/min 之间，一般宜控制在 1 m/min 左右。拌合物稠度发生变化时，应先调振捣频率，后改变摊铺速度。

②应随时调整松方高度板控制进料位置，开始时宜略设高些，以保证进料。正常摊铺时应保持振捣仓料位高于振捣棒 100 mm 左右，料位高低上下波动宜控制在 ±30 mm 之内。

③正常摊铺时，振捣频率可在 6000～11000 r/min 之间调整，宜采用 9000 r/min 左右。应防止混凝土过振、欠振或漏振。应根据混凝土的稠度大小，随时调整摊铺的振捣频率或速度。摊铺机起步时，应先开启振捣棒振捣 2～3 min，再缓慢平稳推进。摊铺机脱离混凝土后，应立即关闭振捣棒组。

④滑模摊铺机满负荷时可铺筑的路面最大纵坡为：上坡 5%，下坡 6%。上坡时，挤压底板前仰角宜适当调小，并适当调轻抹平板压力；下坡时，前仰角宜适当调大，并适当调大抹平板压力。板底不小于3/4长度接触路表面时抹平压力适宜。

⑤滑模摊铺机施工的最小弯道半径不应小于 50 m，最大超高横坡不宜大于 7%。

⑥单车道摊铺时，应视路面设计要求配置一侧或双侧打纵缝拉杆的机械装置。两个以上车道摊铺时，除侧向打拉杆的装置外，还应在假纵缝位置配置拉杆自动插入装置。

⑦软拉抗滑构造时表面砂浆层厚度宜控制在 4 mm 左右，硬刻槽路面的砂浆表层厚度宜控制在 2～3 mm。

⑧养护 7 d 后，方能摊铺相邻车道。

（7）摊铺的注意事项

①摊铺中要经常检查振捣棒的工作情况及位置，路面出现麻面或拉裂现象时，必须停机检查或更换振捣棒。摊铺后，路面上出现发亮的砂浆条带时，必须调高振捣棒的位置使其底端在挤压板的后缘高度以上。

②摊铺工作中，停机待料时间超过当时气温下混凝土初凝时间的 4/5 时，须按照施工缝处理。

③滑模摊铺过程中应采用自动抹平板装置进行抹平，对于少量局部麻面或明显的缺料部位，应在挤压板后或搓平梁前适量补充拌合物，由搓平梁或抹面板进行机械修复。

④滑模摊铺结束后，须及时清理机械，做好当日保养。

（8）制作横向工作缝

①设接缝的钢筋混凝土路面，在摊铺面板时，每张钢筋网片边缘 100 mm 需做标记，以便准确对位切纵、横缩缝。纵、横向接缝部位的传力杆、拉杆、钢筋网表面应涂防锈涂层或包裹防锈塑料管套，这是对切缝部位采取的必要的防锈措施，切缝后的槽口，应及时填缝。

②滑模摊铺施工路面，可以在当天软做施工横缝，也可以在第二天硬切横向施工缝。设置施工缝端模，用水准仪测量面板高程和横坡，为使下次施工能紧接着施工缝开始，两侧模板应向内各收进 20～40 mm，收口长度宜比滑模摊铺机侧板稍长。在开始施工接缝时，应做好端头和结合部位的平整度，防止工作缝结合部低洼跳车。接头宁高勿低，偏高则可以打磨，偏低则无法补救。

3. 推荐的主要施工技术参数

（1）混凝土坍落度 20～70 mm，布料松铺系数应控制在 1.08～1.15 之间，布料机与滑模摊铺机之间的施工距离应控制在 5.0～10.0 m。

（2）基准线设置除了应保证摊铺宽度外，还应当满足两侧 650～1000 mm 的横向支距的要求。

（3）基准线纵向间距，直线段不应大于 10 m，曲线段根据曲线半径做适当加密，最小 2.5 m。

（4）水泥标号、性能：要求采用旋窑道路硅酸盐水泥、旋窑硅酸盐水泥。要求硅酸三钙不小于 50%，铝酸三钙不大于 5%，铁铝酸四钙不低于 15%，碱度小于 6%，三氧化硫小于 3.5%，烧失量不大于 3.0%，水泥初凝时间不早于 1 h，终凝时间不迟于 6.5 h，磨损量不大于 3.6 kg/m^2。

（5）粗集料应质地坚硬、耐久、洁净，岩石的抗压强度值与混凝土强度等级比不小于 1.2～1.5，即火成岩抗压强度不小于 100 MPa，变质岩不低于 80 MPa，沉积岩不低于 60 MPa，压碎指标控制在 12% 以内，针片状含量控制在 10% 以内。

（6）细集料也应当坚硬、耐久、洁净，钢筋混凝土路面应当使用河砂，砂的硅质含量不低于 25%，含泥量小于 1%，细度模数应在 2.0～3.5 之间。

（7）保证路面平整度，要求每 50 m 范围不得超过 ±3 mm。

三、施工组织及质量控制要点

（一）施工组织

1. 主要机具设备

钢筋混凝土路面施工推荐使用的主要机具设备见表 5-3。

表 5-3 钢筋混凝土路面施工主要机具设备

工作内容	主要机械设备	
	名称	机型及规格
钢筋加工	钢筋锯断机、折弯机、电焊机	根据需要确定
测量基准线	水准仪、经纬仪、全站仪	根据需要确定
	基准线、线桩、紧线器	3.000 m/300 个/5 个
混凝土搅拌	强制式搅拌楼	不小于 50 m³/h
	装载机	2~3 m³
	发电机	120 kW
	供水泵和蓄水池	不小于 250 m³
运输	运输车	4~6 m³，数量根据需要确定
	自卸车	4~24 m³，数量根据需要确定
摊铺	布料机、挖掘机、吊车等	数量根据需要确定
	滑模摊铺机	技术参数见《公路水泥混凝土路面滑模施工技术规程》
	振捣棒、整平梁、模板	数量根据需要确定
抗滑	拉毛养生机 1 台	与摊铺机同宽
	人工拉毛齿耙、工作桥	数量根据需要确定
	硬刻槽机	刻槽宽度 ≥ 500 mm，功率 >7.5 kW
切缝	软锯缝机	数量根据需要确定
	常规锯缝机或支架锯缝机	数量根据需要确定
	移动发电机	12~60 kW 数量根据需要确定
磨平(处理欠平整部位)	水磨石磨机	数量根据需要确定
灌缝	灌缝机或插胶条工具	数量根据需要确定
养生	压力式喷洒机或喷雾器	数量根据需要确定
	工地运输车	4~6 t，数量根据需要确定
	洒水车	4.5~8 t，根据需要确定

2. 劳动力组织

单机作业每班人员组织分工见表 5-4。

表 5-4 单机作业人员组织分工表

工作内容	需要人员	备注
钢筋加工、安装	24	
混凝土搅拌站	5	
摊铺、抹平	18	
辅助人员	6	

（二）质量要求及控制要点

1. 施工质量要求

要求达到优质工程标准。

2. 质量控制要点

（1）基层检测

①必须保证基层的湿润、洁净。

②控制好基层质量对平整度的影响。

路面基层质量和平整度对混凝土面层有很大的影响。基层施工过程中，由于基层早期强度未到，过早开放交通，造成基层表面脱粒，形成坑槽；路面面层冬季备料和混凝土面层摊铺重交通运输以及二灰基层受冻融影响，表面松散，形成坑槽；均造成基层表面凸凹不平，基层标高改变，影响混凝土路面面层摊铺平整度。另外，路面摊铺过程中，滑模摊铺机履带通过土路肩时，由于履带打滑，附着力不足，摊铺机不能拉动混凝土，强制抬高底板标高，影响路面平整度。因此，滑模摊铺机履带通过基层时，应保证履带行进部位基层的平整度和坚硬度。

（2）钢筋网固定与保护

由于间断和连续钢筋混凝土路面中含有大量的钢筋或单、双层钢筋网片，给机械施工带来了较大的难度，施工中必须预先将钢筋网按设计要求架设牢固，振捣棒在施工过程中不得碰撞钢筋网，另外施工中严禁车辆驶入钢筋网片上面，以免破坏钢筋网。

（3）混凝土拌合与运输

①确保各项材料的质量。

②确保搅拌楼计量准确，搅拌楼卸料落差不大于 2.0 m。

③拌和时间，要求拌合物的纯拌和时间不低于 45 s。

④运输车辆的车罐应当洁净，车罐有遮盖措施，防止车罐内的混凝土干燥、

蒸发、防雨、防冻。

⑤运输半径不宜大于 20 km，运输途中避免颠簸，以免拌和物离析。

（4）摊铺施工

①摊铺机作业应当缓慢、均匀、不间断地进行，摊铺进度一般以保持在 1 m/min 为宜。

②一般舱内料位应保证高于路面 10 cm，挤压板与进料仓应当始终维持互相之间的压力均衡，不至于挤压力大小变化时影响路面摊铺的平整度。

③振捣棒频率控制，采用 9000 r/min 左右的频率，应根据拌合物的稠度调整频率的大小，料干的部分频率要调大，料湿的部分频率要调小，保证在拌和物不均匀时，各部分具有均匀的密实度与提浆厚度。

④纵坡施工，滑模摊铺机满负荷工作时，最大纵坡上坡为 5%，下坡 6%。上坡时，将挤压板前仰角适当调小，下坡反之。

⑤防止摊铺中断，在一块钢筋网连续面板内，应防止摊铺中断，每块板内部应留施工缝，必须摊铺到设计的横缝位置或钢筋网片的端部，方可停止。

3. 质量通病的处理

路面出现横向拉裂是一个比较常见的质量问题，一般应从如下几个方面进行处理：

（1）因为拌合物整体或局部比较干硬、离析，骨料粒径过大，不适应滑模摊铺，混凝土没有振动液化而拉裂，此时应降低摊铺速度，提高振捣棒频率。

（2）应检查挤压底板的位置和前仰角设置是否变化，前倒角时必定要拉裂，前仰角过大，也可能拉裂，应在行进中调整前两个水平传感器，即改变挤压底板为合适的前仰角，消除拉裂现象。

（3）因为拌合物整体或局部比较干硬，停机待料时间过长，起步摊铺速度过快，也可能拉裂。停机待料时间过长时，应隔 15 min 开启振动棒振动 2～3 min，起步摊铺时，先振动 2～3 min，再缓慢推进。

四、应用实例

1. 钢筋混凝土路面工程设计情况：本项目全长 38 km，中央绿化带宽 1.5 m，单幅路面宽度 12.25 m，厚 23 cm，为钢筋混凝土路面。

2. 施工机械选型：采用 GOMACO 的 GHP2800 滑模摊铺机摊铺施工。

3. 施工参数：高速公路、一级公路一般选用一次摊铺两三个车道宽度（7.5～12.5 m）的滑模摊铺机。选用的三车道宽度的滑模摊铺机技术参数见表 5-5。

表 5-5 滑模摊铺机技术参数

项目	发动机功率/kW	摊铺宽度/m	摊铺厚度/mm	摊铺速度/(m/min)	空驶速度/(m/min)	行走速度/(m/min)	履带数/个	整机自重/t
三车道	200～300	12.5	0～500	0～3	0～5	0～15	4	57～135

第三节　CRC+AC 复合式沥青路面工程应用案例

由于连续配筋混凝土用钢量较大，造价较高，一般公路建设中受投资的影响极少采用，所以目前 CRC+AC 复合式路面在国内的应用较少，现行规范也只建议在高速公路建设中使用。

长沙理工大学与现代投资股份有限公司长潭分公司、湖南省高速公路管理局在湖南省长潭高速公路旧水泥混凝土路面改造工程中采用 CRC+AC 复合式沥青路面修筑了 44.76 km 的实体工程；长沙理工大学与现代投资股份有限公司长永分公司在长永高速公路黄花至永安段旧水泥混凝土路面改造工程中修筑了 8 km 的实体工程；长沙理工大学、湖南省公路学会、湖南省常吉高速公路建设开发有限公司在湖南省常吉高速金路修筑了 1 km 的 CRC+AC 试验路，目前使用状况均良好。

一、湖南省长潭高速公路 CRC+AC 复合式沥青路面

长潭高速公路是湖南省第一条高速公路，作为京珠国道主干线的重要组成部分，长潭高速公路通车以来担负了繁重的交通运输任务，为经济发展做出了巨大贡献。随着该地区经济的快速发展，社会经济活动的进一步活跃，各城市之间交通日益繁忙，交通量迅速增长，大吨位车辆不断增加，超载车辆过多、过大，导致道路病害日趋严重，路面平整度差，损坏严重，导致行车速度降低、通行能力下降、交通事故发生率增加，严重影响服务水平，制约了该地区乃至全省社会经济的发展。

长潭高速公路全长 44.76 km，4 车道，路基宽 27.5 m，原路面结构为水泥混凝土路面。经过多年的运营，累计标准轴次已接近设计轴次。由于原结构设计较薄（25 cm 混凝土板 +20 cm 水泥砂砾基层），重轴载较多，调查资料表明，轴

重大于 10 t 的有 37.6%，而轴重大于 13 t 的超重车也有 22.98%，到路面改造时，损坏严重。为适应重载交通的要求，弥补原结构上的不足，在对原旧水泥混凝土路面进行换板、压浆、清缝、灌缝等处理后，采用连续配筋混凝土补强调平层后再加铺 10 cm 沥青面层的改造方案。

长潭高速公路长潭路面改造工程起点为长潭高速公路牛角冲互通，经过黎托、张公岭、李家塘、殷家坳，终点为马家河互通，包含全线 4 个互通主线及匝道。技术标准为四车道高速公路，路基宽度为 27.5 m，设计荷载标准为公路一级。

（一）项目基础资料

1. 原有路面损坏状况

长潭高速公路原有水泥路面损坏严重，且面板大面积错台、脱空，调查情况见表 5-6 和表 5-7。每年需投入大量的养护修理费用，且费用逐年增加。

表 5-6 长潭高速公路混凝土板破损情况调查表

项目名称	总板数 / 块	总破损率 /%	断板类破损	接缝类破损	表面类破损
主线	57048	26.6	10988 块 19.3%	3879 块 6.8%	292 块 0.5%
互通	3529	11.8	258 块 7.3%	143 块 4.1%	14 块 0.4%

表 5-7 长潭高速公路混凝土板脱空情况调查表

项目名称	湘潭至长沙方向			长沙至湘潭方向		
	超车道	行车道	硬路肩	超车道	行车道	硬路肩
脱空率 /%	65	61	52	58	71	49

根据调查结果，依据《公路水泥混凝土路面设计规范》《公路养护技术规范》和《公路水泥混凝土路面养护技术规范》的评定规定，长潭高速公路已经达到需要进行大修或翻新的标准。

2. 病害原因分析

通过实地调查与分析，造成路面大面积损坏的主要原因有以下几点：

（1）原有设计标准偏低，横向缩缝未设传力杆。现有公路由于历史原因，当时尚未出台高速公路有关的设计规范，资金又较缺乏，对超载车的荷载和数量估计不足，因此路面结构厚度较薄，路面厚度为 25 cm，路面基层采用 20 cm 水泥稳定砂砾，且未设置底基层和垫层，路面总厚度仅为 45 cm。

（2）交通量大大增加，而且重车超载情况特别严重，加速了长潭高速公路的路面破坏。根据《公路水泥混凝土路面设计规范》进行轴载换算,标准轴载累计作用次数为10746920次,相当于原设计使用年限内标准轴载累计作用次数11217638次的95.8%,已接近使用寿命。

(3)排水设施不完善,中央分隔带没有排水设施,超高路段采用漫流方式,同时由于路面接缝填缝料的剥落,致使雨水从中央分隔带和接缝处下渗到路基无法排出,导致水损害,其中最为严重的是唧泥。唧泥是造成脱空、错台、断板等破坏的主要原因。

(4)部分路段由于地质、土质不良,加之长期排水不畅,致使路基局部出现饱和,造成不均匀支承和沉降,加速了路面板的破坏。

3. 交通量情况与轴载换算

长潭高速公路路面改造工程交通量增长预测可见表5-8,现有交通量调查结果见表5-9。通过轴重调查,得到现有交通量的轴载谱,见表5-10。从调查的数据来看,长潭高速公路的重车较多,其中轴重大于10 t的有36.97%,而轴重大于13 t的超重车也有22.35%。

表 5-8 长潭高速公路诱增型交通量(折算数)

年份	2004	2009	2010	2015	2010
诱增交通量	34825	40406	30743	38283	45232
年平均增长率/%	6.03	3	-23.8	4.5	4.3

表 5-9 长潭高速现有日交通量调查分析

车辆类型	小型客车	大型客车	小型货车	中型货车	大型货车	大型双后轴货车	中型货车加挂车	大型货车加挂车	合计
数量/次	7748	631	501	641	4067	1526	1461	2	16577
占比/%	46.74	3.81	3.02	3.87	24.53	9.21	8.81	0.01	100

表 5-10 长潭高速现有日交通量轴载分析

轴载分级/t	0~5	5~8	8~9	9~10	10~11	11~12	12~13	13~14
轴数/次	8693	1401	576	632	759	830	1059	1092
轴次比重/%	48.00	7.73	3.81	3.49	4.19	4.58	5.85	6.03
轴载分级/t	14~15	15~16	16~17	17~18	18~19	19~20	20~21	>21
轴数/次	1273	1055	474	189	53	18	4	4
轴次比重/%	7.03	5.82	2.62	1.04	0.30	0.10	0.02	0.02

设计基准期内水泥混凝土面层临界荷位处所承受的标准轴载累计作用次数 $Ne=8\times10^8$。

（二）CRC+AC 复合式加铺层结构设计

1. 设计方案制订的主要目标

（1）防止雨水渗入原水泥混凝土路面与基层结构层中。

（2）提高路面结构承载能力，以适应高速公路国道主干线的交通需要。

（3）尽可能减弱原路基与路面结构的先天不足，消除质量隐患。

（4）恢复路面平整度与抗滑能力，改善路面使用性能，提高通行能力与服务水平。

2. 设计方案制订的原则

根据长潭高速公路的实际情况与重要性，以及沿线的气候、交通、材料、地质等情况，水泥混凝土加铺层复合式路面结构方案设计的原则有如下几点：

（1）路面结构内部应按照防排结合的原则进行防排水设计，将路面结构与防排水进行综合设计，尽量防止雨水渗入路面结构与路基内部，排除可能渗入路面结构内部的雨水。

（2）提高路面的结构承载能力，进行补强层设计，弥补原路基及路面结构薄弱的先天不足，以适应京珠高速公路国道主干线大交通量的需要，以及超载、重载车辆的影响；综合考虑南行（长沙至湘潭）与北行（湘潭至长沙）交通量的大小与轴重的差别。

（3）在满足技术要求（交通量和使用性能）的条件下，根据因地制宜、节约投资的原则进行路面结构方案的技术经济比较，选择技术先进、安全可靠、经济合理、方便施工与施工组织的结构方案。

（4）按照科学、可靠、可行、经济的指导思想，尽可能应用成熟技术，确保改造工程的成功。对新技术、新材料、新工艺应慎重采用，先修筑试验路，取得经验后再推广应用。

（5）路面结构方案应注重环境保护的有关规定，合理安排沥青混合料的搅拌站位置，妥善处理好旧水泥混凝土破碎块废料及废弃沥青混合料，保护环境，减少对环境的影响。

（6）旧路加铺改造设计，应尽可能采用较薄的路面结构，减少对沿线交通设施的影响，减少桥梁恒载的增加，减少对天桥净空的影响，减少对软弱地基及高填方不均匀沉降的影响，减少路线纵坡的频繁变化可能造成的路面纵向不平整和行车舒适性降低。

（7）尽可能不增加桥梁恒载，在桥梁检测与桥梁结构验算的基础上慎重考虑桥面加铺层结构与材料，以及选择合适的桥梁加固方案。长潭高速公路桥梁伸缩缝更换不久，应尽可能不动桥梁伸缩缝，减少工程损失。

（8）路面结构方案应方便施工与施工组织，确保交通畅通与交通安全，尽可能采用机械化作业，提高劳动效率与施工速度，减少人工作业环节，保障施工质量、施工进度与人员安全。

3. 设计思路

CRC+AC 复合式加铺层路面结构可分为以下四个层次：隔离层、混凝土补强及调平层、黏结防水防裂层、沥青混凝土面层。通过隔离层分离上下两水泥混凝土板，采用分离式加铺结构；混凝土补强调平层对原水泥混凝土路面结构强度的不足进行补强，同时对桥头路基、高填方路基及软土路基等路段高程进行调整，适量提高路面平整度，改善路表面排水功能。通过黏结防水防裂层保证沥青混凝土面层与混凝土补强调平层结合紧密，防止雨水下渗，延缓混凝土接（裂）缝的反射裂缝。通过沥青混凝土面层及表面抗滑层提供一个安全、舒适、耐久的行驶平面。

4. CRC+AC 复合式加铺层路面结构与材料的性能要求

（1）沥青混凝土面层的技术要求

①表面抗滑性。从集料选择和级配组成设计入手，提高面层抗滑性，达到高速公路的要求。特征指标：构造深度。

②沥青混凝土高温稳定性，即具有高的抗车辙能力和抗挤压破坏的能力。考虑到长潭高速公路处于我国南方湿热地区，对高温稳定性提出了较高要求。要求采用优质改性沥青、优质矿料的高性能沥青混凝土。特征指标：动稳定度和永久变形。

③抗水损害能力。因长潭高速公路所处地区潮湿多雨和现有路面的水损害特点，设计中对水的影响格外重视。评价罩面层混合料水稳定性的特征指标：黏附性、浸水马歇尔强度比（残留稳定度）、试件冻融前后的间接抗拉强度比（TSR）。要求黏附性达到 5 级。应采取多项措施解决水损害问题：一是针对面层沥青混凝土的孔隙率设计，一般设计孔隙率应控制在 3%～5%，马歇尔试验应采用双面击实 75 次，不能采用Ⅱ型级配与孔隙率的要求，施工中还要控制面层的孔隙率（现场孔隙率不超过 6.5%），提高结构的密水性，减少渗水量；二是采用抗水损害能力强的材料或采取抗剥离措施，添加 3%～5% 的水泥取代矿粉或 1%～1.5% 的消石灰粉或性能良好的抗剥落剂；三是通过设置良好的防水层，如目前已成功使用的改性沥青防水层，防止水分下渗；四是加强表面排水，不积

水，减少雨水下渗的时间与数量；五是适当减薄面层的厚度，使渗入罩面层结构中的雨水尽快蒸发出来，同时降低工程造价以及相关的设施费用。

④防止沥青面层泛油。沥青路面的泛油，将影响路面的使用性能，降低抗滑能力，并引起其他路面病害的产生。从设计和施工上应严格控制用油量。

（2）混凝土补强调平层的技术要求

①水泥混凝土 28 d 的弯拉强度应达到 5.0 MPa。

②混凝土施工模板应按要求的高程进行安装，以达到调平的目的。

③混凝土补强调平层应与旧混凝土板错缝，新接缝落在旧板中，提高新板接缝的传荷能力，对旧板接缝处应设置剪力钢筋，防止新板断裂。

（3）黏结防水防裂层的技术要求

采取错缝、设置传力杆等措施可大大减少竖向荷载型剪切变形，可不必设置刚度较大、强度较高、对荷载应力与应变作用明显的玻璃纤维格栅；宜采用应力吸收夹层，如黏结沥青（SBS 改性沥青、橡胶沥青等）、浸渍沥青的土工布夹层、道路专用 SBS 防水防裂夹层等。

（4）隔离层的技术要求

①应能将旧水泥混凝土板与混凝土补强调平层完全分离，以达到分离式加铺的目的。

②隔离层厚度应尽可能薄，以减少路面结构层的总厚度。

③隔离层应尽可能兼顾防水的作用，防止雨水渗入旧混凝土路面结构内部。

（四）CRC+AC 复合式沥青加铺层结构方案

1.原水泥混凝土路面结构

原水泥混凝土路面，面板采用 25 cm 水泥混凝土板，基层采用 20 cm 水泥稳定砂砾。

2.CRC+AC 复合式加铺层沥青路面结构方案

根据设计目标、设计原则，结合长潭高速公路目前的实际状况、投资控制、施工进度要求、交通组织与交通安全等各方面的要求，提出如表 5-11 所列的结构方案。通过分析与计算，长潭高速公路路面改造工程采用混凝土补强调平层再加铺沥青混凝土表面层，在结构上是可行的，通过计算，混凝土加铺层厚度采用规范的最小值 18 cm 即可满足结构受力的要求。

表 5-11 旧水泥路面加铺层 CRC+AC 复合式路面结构方案

结构层	混凝土加铺层复合式路面结构材料与厚度
表面层	4 cm SBS 改性沥≥青 SMA-13
黏层	0.3～0.6L/m² 改性乳化沥青
下面层	6cm SBS 改性沥青 AC-20C
黏结防水防裂层	SBS 改性沥青（1.80 kg/m²）+45%（16～19 mm）单一粒程碎石或浸渍青土工布
补强、调平层	18 cm 连续配筋混凝土或水泥混凝土（错缝井设剪力钢筋 φ16 mm）
隔离层	2.5 cm 沥青混合料 AC-10 或沥青砂局部整平、油毡满铺
旧混凝土板	换板压浆处治旧混凝土板

（1）沥青混凝土面层

沥青混凝土面层主要起表面功能作用,提供平整、抗滑的表面使用性能,舒适、安全的行车性能,密水、抗变形的结构性能,且维修方便。根据《公路水泥混凝土路面设计规范》的有关要求,复合式路面沥青面层的厚度不宜小于 4 cm；水泥混凝土路面上沥青加铺层按减缓反射裂缝的要求,高速公路沥青面层的厚度宜为 10 cm；根据长潭高速公路的实际情况,沥青面层厚度采用 10 cm,以保证其使用性能与使用寿命。

南方炎热潮湿地区,表面层应具有密水、抗车辙、抗滑、耐久、抗裂性能,建议采用表面功能较好的 SMA 结构,采用 4 cm 厚的 SBS 改性沥青 SMA-13 材料。下面层主要考虑高温抗车辙与密水要求,采用 6 cm 厚的 SBS 改性沥青 AC-20C,AC-20C 为 AC-20I 的改进型级配,主要改善其高温抗车辙能力。上下面层之间设改性乳化沥青黏层,加强层间结合。

（2）黏结防水防裂层

该层的目的一是保证混凝土补强调平层与沥青面层之间的黏结强度,防止界面剪切、推移；二是防止雨水渗入混凝土补强调平层的接缝内；三是延缓水泥混凝土补强调平层的接缝或连续配筋混凝土的开裂所产生的反射裂缝。从黏结强度来看,SBS 改性沥青最好,防水、防裂与浸渍沥青土工布相近,设计为土工布,但建议采用 SBS 改性沥青层。

（3）混凝土补强调平层

该层的目的是补强与调平,其材料可选用水泥稳定类半刚性基层、钢纤维混凝土、钢筋混凝土、素水泥混凝土、连续配筋混凝土等材料。半刚性材料强度相对较低,结构层较厚,不利于加铺工程。钢纤维混凝土可减薄结构层厚度,但国内没有大面积使用过,有一定的风险,且造价较高。钢筋混凝土路面仍需设置接缝，由于接缝间距较大，接缝处收缩变形较大，沥青面层的反射裂缝较明显且造价也较高。素混凝土路面与钢筋混凝土、连续配筋混凝土的厚度一致，只在局部配置钢筋，结构的整体强度不如钢筋混凝土与连续配筋混凝土，但其接缝间距短，反射裂缝不易控制，没有布钢筋，施工进度快，施工方便，技术成熟，可采用小型机具人工施工，造价低，通过设置接缝传力杆与错缝，可提高接缝传荷能力，减少荷载型竖向剪切变形，延缓反射裂缝，在旧混凝土接缝处设置剪力钢筋，提高其适应旧板接缝的变形能力，但施工较复杂。连续配筋混凝土路面克服了钢筋混凝土路面的缺点，没有接缝，结构整体性好，承载能力强，虽然微裂缝仍然存在，但不会造成反射裂缝，不过造价较高，施工技术要求高，要由有经验的专业队伍施工，施工进度慢。

综合考虑长潭高速公路的特点、工程规模、工程投资、工程进度、交通组织与管理等方面的因素，采用连续配筋混凝土与普通混凝土均能满足要求，设计采用连续配筋混凝土。

（4）隔离层

隔离层的主要目的是将水泥混凝土补强调平层与旧水泥混凝土隔离，形成分离式加铺层结构，一般采用细粒式沥青混合料，最小厚度为 2.5 cm。综合考虑长潭高速公路改造工程的特点，宜选用结构层厚度较薄的结构与材料，建议采用沥青砂对旧混凝土板的错台、沉陷等进行局部整平，再满铺道路专用隔离防水层材料、油毛毡或短纤维无纺土工布，考虑到道路专用隔离防水层材料油毛毡还能起到防水的作用，而油毛毡强度较低，建议采用道路专用隔离防水层材料。对错台、沉陷处采用沥青砂填补整平之前，应洒一层热沥青或乳化沥青，热沥青用量为 0.4 kg/m^2，乳化沥青用量为 0.6 L/m^2；在整平后的水泥混凝土表面满铺道路专用隔离防水层材料或油毛毡，纵横向搭接宽度 10 cm，搭接部分涂刷热沥青。见表 5–12。

表 5–12 长潭高速公路连续配筋混凝土加铺层复合式路面结构

结构层	混凝土加铺层复合式路面结构材料与厚度
表面层	4 cm SBS 改性沥青 SMA-13（木质素纤维）
黏层	0.3～0.6 L/m^2 改性乳化沥青
下面层	5 cm SBS 改性沥青 AC-20C
黏结防水防裂层	浸渍 1.40 kg/m^3 重交通沥青（AH-70）聚酯长丝烧毛土工布
补强、调平层	18 cm 连续配筋混凝土
隔离层	2.5 cm 沥青混合料 AC-10
黏层	0.3～0.5 L/m^2 乳化沥青或 0.3～0.6 L/m^2 重交通沥青（AH-70）
旧混凝土板	换板压紧处治旧混凝土板

采用沥青砂局部整平后满铺油毡的隔离层，人工配小型机具即可施工，不需大型沥青混合料拌和机与摊铺机，施工简单，进度快，造价低。

连续配筋混凝土板纵向采用 ϕ18 mm 的 II 型钢筋，间距 24 cm，配筋率 0.6008%，计算可得：裂缝间距 1.632 m，在 1~2.5m 之间；裂缝宽度 0.93 mm，小于 1 mm；钢筋应力 168 MPa，小于钢筋屈服强度 335 MPa。横筋采用 ϕ14 mm 的 II 型钢筋，间距 80 cm，配筋率 0.1069%，纵向配筋率为横向配筋率的 5.62 倍，符合规范。

二、湖南省长永高速公路 CRC+AC 复合式路面

长沙理工大学与现代投资股份有限公司长永分公司在长永高速公路黄花至永安段旧水泥混凝土路面改造工程中修筑了 8 km 的 CRC+AC 实体工程。该实体工程在长潭高速公路 CRC+AC 实体工程的基础上进行改进，沥青面层厚度降为 9 cm，层间界面采用 SBS 改性沥青黏结防水层，边缘路肩板采用素混凝土，没有配筋，只设纵向施工缝拉杆。

（一）工程概况

湖南省长沙至永安高速公路全长 25.96 km，原设计公路等级为四车道汽车专用一级公路，设计速度 100 km/h，路基宽 24.5 m，中间以支线连接黄花机场，设计荷载标准为汽车—超 20 级，路面类型为水泥混凝土结构。

长永高速公路由于建设时间早，设计、施工受当时条件的局限，建设标准不高。随着交通量的不断增加，大吨位车辆增加迅速，道路病害日趋严重，路面平整度较差，损坏严重，设施陈旧破损，路面维修费用逐年上升，行车状况和景观形象不理想，难以保证正常通车，导致交通事故发生率增加，行车速度降低，通行能力及服务水平下降，严重影响湖南高速公路形象。

现代投资有限公司对长永公路长沙至黄花段（含黄花机场支线）进行了水泥混凝土路面上加铺沥青混凝土路面的改造。长沙至黄花段改造工程在设计速度、路基宽度、设计荷载等都与原标准一致，在加铺沥青混凝土后，对交通设施和路基路面排水以及防护工程均进行了相关完善。

（二）基础资料

长永高速公路原路面结构形式为 24 cm 水泥混凝土面层 +20 cm 水泥稳定砂

砾基层。根据检测报告，全线共有水泥混凝土板块9618块，应进行处治的病害板块共2396块，占总数的24.9%，其中建议换板的有116块，占总数的1.2%，建议压浆的有2280块，占总数的23.7%，建议灌缝所涉及的板块有1773块，占总数的18.4%，总灌缝长度9278.9m。

长永高速公路路面改造工程实际调查的交通量为：N=2669383辆/年，交通组成为小于2 t的车占69.5%，大于2 t的车占30.5%，其中大于13 t的车占10.2%。

（三）结构方案

1. 原水泥混凝土路面结构

原水泥混凝土路面，面板为24cm的水泥混凝土板，基层为20cm的水泥稳定砂砾。

2. 连续配筋混凝土复合式加铺层路面结构方案

连续配筋混凝土复合式加铺层路面结构方案如表5-13所列。

表5-13 连续配筋混凝土复合式加铺层路面结构方案

结构层	连续配筋混凝土复合式加铺层路面结构材料与厚度
表面层	4 cm SBS 改性沥青 SMA-13（木质素纤维）
黏层	0.3～0.6 L/m² 改性乳化沥青
下面层	5 cm SBS 改性沥青 AC-20
黏结防水层	1.6～1.8 kg/m² SBS 改性沥青黏结防水层
补强、调平层	18 cm 连续配筋混凝土
隔离层	2.5 cm 沥青混合料 AC-10
黏层	0.3～0.5 L/m² 乳化沥青
旧混凝土板	换板压浆处治旧混凝土板

（3）桥面沥青混凝土铺装层结构方案

桥面沥青混凝土铺装层结构方案，见表5-14。

表5-14 长永高速公路桥面加铺层路面结构方案

结构层	桥面加铺层路面结构材料与厚度
表面层	3 cm SBS 改性沥青 SMA-13（木质素纤维）
黏层	0.3～0.6 L/m² 改性乳化沥青
下面层	3 cm SBS 改性沥青 AC-10
防水防裂层	2.0～2.2 kg/m² 改性沥青黏结防水层

三、湖南省常吉高速公路 CRC+AC 试验路

由湖南省公路学会主持，长沙理工大学、湖南省高速公路管理局、湖南省常吉高速公路建设开发有限公司、湖南省交通规划勘察设计院等几家单位参加的湖南省交通运输厅科技计划项目"湖南公路路面典型结构及修建技术研究"课题组，决定在湖南省常吉高速公路再修筑 1 kmCRC+AC 试验路，沥青面层厚 6 cm，并采用复合改性沥青。

（一）工程概况

长沙至重庆公路通道常德至吉首高速公路，路线起于常德市斗姆湖（连接常德至张家界高速公路），在吉首城区乾州镇以北约两公里处跨 G209 及枝柳铁路到达本项目的终点——林木冲，全线里程 223.4 km。

常德至吉首高速公路按高速公路四车道标准设计，平原微丘地区路基宽 26 m，山岭重丘地区路基宽 24.5 m，设计速度分别为 120 km/h 和 100 km/h。

（二）原路面结构设计方案

施工图设计文件中的路面结构如表 5-15 和表 5-16 所列。

表 5-15 施工图中整体式路基的路面结构

结构层次	整体式路基（路基宽度 26 m）		整体式路基（路基宽度 24.5 m）	
	土质路基	岩石路基	土质路基	岩石路基
上面层	4 cm 改性沥青 SMA-13	4 cm 改性青 SMA-13	4 cm 改性沥青 SMA-13	4 cm 改性沥青 SMA-13
中面层	6 cm 改性沥青 AC-20（Ⅰ）	6 cm 改性沥青 AC-20（Ⅰ）	6 cm 改性沥青 AC-20（Ⅰ）	6 cm 改性沥青 AC-20（Ⅰ）
下面层	8 cm 石油沥青 AC-25（Ⅰ）	8 cm 石油沥青 AC-25（Ⅰ）	7 cm 石油沥青 AC-25（Ⅰ）	7 cm 石油沥青 AC-25（Ⅰ）
封层 透层	0.6 cm 乳化沥青稀浆封层+透层	0.6 cm 乳化沥青稀浆封层+透层	0.6 cm 乳化沥青稀浆封层+透层	0.6 cm 乳化沥青稀浆封层+透层
上基层	17 cm5% 水泥稳定碎石	20 cm5% 水泥稳定碎石	17 cm5% 水泥稳定碎石	20 cm5% 水泥稳定碎石
下基层	17 cm5% 水泥稳定碎石	15 cm 级配碎石调平层	17 cm5% 水泥稳定碎石	15 cm 级配碎石调平层
底基层	18 cm4% 水泥稳定碎石	—	18 cm4% 水泥稳定碎石	—
总厚度	70.6 cm	53.6 cm	69.6 cm	52.6 cm

表 5-16 施工图中分式路基的路面结构

结构层次	分离式路基（路基宽度 12.25 m）		分离式路基（路基宽度 13.00 m）	
	土质路基	岩石路基	土质路基	岩石路基
上面层	4 cm 改性沥青 SMA-13	4 cm 改性沥青 SMA-13	4 cm 改性沥青 SMA-13	4 cm 改性沥青 SMA-13
中面层	6 cm 改性沥青 AC-20（Ⅰ）	6 cm 改性沥青 AC-20（Ⅰ）	6 cm 改性沥青 AC-20（Ⅰ）	6 cm 改性沥青 AC-20（Ⅰ）
下面层	7 cm 石油沥青 AC-25（Ⅰ）	7 cm 石油沥青 AC-25（Ⅰ）	8 cm 石油沥青 AC-25（Ⅰ）	8 cm 石油沥青 AC-25（Ⅰ）
封层、透层	0.6 cm 乳化沥青稀浆封层+透层	0.6 cm 乳化沥青稀浆封层+透层	0.6 cm 乳化沥青稀浆封层+透层	0.6 cm 乳化沥青稀浆封层+透层
上基层	17 cm5% 水泥稳定碎石	20 cm5% 水泥稳定碎石	17 cm5% 水泥稳定碎石	20 cm5% 水泥稳定碎石
下基层	17 cm5% 水泥稳定碎石	15 cm 级配碎石调平层	17 cm5% 水泥稳定碎石	15 cm 级配碎石调平层
底基层	18 cm4% 水泥稳定碎石	—	18 cm4% 水泥稳定碎石	—
总厚度	69.6 cm	52.6 cm	70.6 cm	53.6 cm

（三）复合式沥青路面试验路结构方案（表 5-17）

表 5-17 复合式沥青路面结构试验路结构方案

结构层次	整体式路基（24.5 m）	
	方案一：连续配筋混凝土复合式沥青路面结构（CRC+AC）	方案二：横向设传力杆的普通混凝土复合式沥青路面结构（PCC+AC）
沥青面层（ha）	6 cm RMB+Domix 复合改性沥青 SMA-16	6 cm RMB 复合改性成 SBS 改性沥青 SMA-16
黏结防水防裂层	SBS+RMB 复合改性沥青+单粒轻碎石	SBS/RMB 复合改性沥青+单粒径碎石切缝、灌缝、贴缝
承重层（hc）	26 cm 连续配筋混凝土板 CRC	24 cm 横缝设传力杆水泥混凝土板 PCC
基层	19 cm6% 水泥稳定碎石（5MPa）	一布一模土工布隔离层
底基层	18 cm 水泥碎石（3MPa）	20 cm 水泥碎石（4MPa）
结构层总厚度	69 cm	50 cm
试验路位置	K68+800～K70+000（1.2 km）	桃源连接线/m

1. 方案 1——CRC+AC 复合式沥青路面结构方案

复合式沥青路面一般选用连续配筋混凝土 CRC 或横缝设传力杆的普通混凝土 PCC，由于 CRC 没有设置接缝（但存在微裂缝），横缝设传力杆的普通混凝土 PCC 接缝处传力杆大大减弱了荷载型垂直方向的剪切变形，降低了反射裂缝出现的可能性，可采用较薄的沥青面层，因沥青面层减薄而降低的费用，足以与因配筋而增加的费用相抵。

复合式沥青路面在湖南的旧路改造工程中，如长潭高速公路、长永高速公路中，均有应用，且目前使用效果良好。

（1）沥青面层

本项目试验路沥青面层采用6 cm橡胶沥青RMB或SBS改性沥青SMA-16结构，一层施工，减少了工序。由于材料型号与生产路段的SMA-13不同，集料需单独准备。

由于层间剪应力较大，CRC表面设RMB/SBS复合改性沥青或SBS改性沥青黏结防水层，通过试验确定沥青单位用量，以加强层间结合强度。

（2）CRC结构层

从设计交通量来看，为特重交通路面结构，CRC板的最小厚度为26 cm，因此，连续配筋混凝土板的厚度取26 cm，按0.6%～0.7%左右配置纵向钢筋。通过结构计算，并考虑重载交通的影响，混凝土板底的应力满足规范要求。

CRC的配筋率设计，钢筋位置设置在距混凝土板表面1/3处，即距表面9 cm。为控制CRC的冲断破坏模式，横向钢筋与纵向钢筋的夹角呈60°，拉杆布置于每条纵向施工缝中。在CRC板中间厚度的位置，在混凝土浇筑时采用人工植入方式，放置拉杆。为了避免与横向钢筋发生冲突，间距可以在0.60～0.8 m之间调整。

（3）基层

板下设水泥稳定碎石基层（5MPa）和水泥稳定碎石底基层（3MPa），基层要求采用骨架结构的级配。

（4）连续配筋混凝土CRC配筋设计见表5-18。

表 5-18 连续配筋混凝土 CRC 配筋设计

方案	纵向钢筋					横向钢筋				p纵/p横
	直径/mm	间距/cm	配筋率/%	裂缝间距/cm	裂缝宽度/mm	直径/mm	间距/mm	配筋率/%	
方案一	18	14	0.693	190.5	0.800	16	12	0.103	6.7
方案二	18	15	0.644	197.4	0.818	16	12	0.103	6.3
方案三	16	12.8	0.600	201.7	0.847	16	12	0.103	5.8

2. 方案2——横缝设传力杆的普通混凝土复合式沥青路面结构（PCC+AC）

横缝设传力杆的普通混凝土复合式沥青路面结构（PCC+AC）与连续配筋混凝土的厚度一致，只在局部配置钢筋（接缝传力杆和板角钢筋），结构的整体强度不如连续配筋混凝土，但其接缝间距短，传力杆施工复杂，反射裂缝仍然存在，由于没有布设钢筋，施工进度快，施工方便，技术成熟，可采用小型机具人工施工，造价低。由于设置了横向接缝传力杆，减弱了荷载作用下接缝处的竖向剪切应力与剪切破坏，但荷载作用下承重板的疲劳破坏造成板中开裂将难以控制，同时造成的板角开裂也不能控制。温度变化下板的水平变形所造成的板接缝处的水平位移所产生的反射裂缝仍然存在，温差和沥青面层的厚度将影响反射裂缝出现的时间。

因此，此结构仍需考虑接缝处反射裂缝的延缓问题，本项目主要针对接缝处的水平变形问题，对水泥混凝土板进行切缝、灌缝、贴缝。

第六章 公路工程施工技术管理

公路工程建设是社会经济发展的命脉，在交通运输行业发展中具有举足轻重的作用，工程质量和工程经济效益的变化影响，成为公路工程施工技术管理的核心内容，本章将对公路工程施工技术管理进行阐述，并提出相应的方法来提高公路工程施工技术管理水平。

第一节 公路工程施工技术管理概述

目前，我国公路施工技术管理方面依旧处于粗线条、放任的管理状态，公路施工技术主要表现在施工参数控制和技术文件管理两个方面，不能更好地使用公路施工技术的管理职能，施工技术要求得不到满足。施工企业在承接工程之后，将工程分包给多个承包商，许多承包商资质及技术管理参差不齐，对规定的公路施工技术管理不能更好地实施。加大中标企业对施工技术的集中管理难度，公路施工技术管理得不到实质性的开展，给公路施工质量及完成工期造成严重考验。面对严峻的施工技术管理问题与对企业经济效益的影响，施工企业既要正视当前现有问题，又要认识公路施工技术管理的重要性。企业要健康长久地发展，提高公路工程施工的质量，就要清楚企业经济效益、企业综合管理水平都受到施工技术管理的影响。在保证施工工程质量及工期能按照合同的规定完成下，要最大限度地满足企业施工的最大利润，并在施工过程中降低成本。企业在公路工程施工管理过程中做好施工技术管理工作，就能达到更高的工程质量，大大提前完成工程工期。为了使施工企业的经济利益与公路施工质量得到保障，公路施工技术管理作为公路施工管理的重要组成部分，就要在公路工程施工过程中全程指导与管理。

一、公路施工技术管理的概念

企业所有的技术组织管理工作的总称就是技术管理。公路技术管理，根据合同条款和技术规范，通过一定的组织系统，把规定的程序作为参照，将各种有效和必要的方法进行运用，促使工程可以满足质量标准的要求，针对设计的要求也会满足，能够在一定程度上实现设计目标，同时还可以进行管理活动。它所进行的管理活动，大都相关于技术保障技术数据、技术文件，一般情况下，编制方案、施工过程中日常技术管理、工程测量管理、工程试验管理、工程变更管理、工程技术档案管理等工作都是包含在其中的内容。施工技术管理在一定程度上决定了企业的经济效益、企业信誉乃至企业存亡的问题，所以，一定要重视管理工作。但是想要把技术管理工作做好，就应该尊重科学，施工的时候也要按照科学的要求来进行。在对质量有保障的情况下，对于经济效益也要有一定的保障；应该贯彻落实国家的技术发展政策，让它可以在公路施工中发挥最大作用。

二、公路工程施工管理现状及存在的问题

1. 管理体制问题

公路工程项目在施工建设中涉及的内容和要素较多，因而需要重点分析其影响公路工程施工管理效率的主要原因，并在此基础上重点研究和制定出有效的管理措施。在公路工程施工管理中由于项目管理人员受传统思想管理的影响，对于施工管理的重视度不够，对于其中管理的要素掌握不足，对管理效用的认识也不够深刻。在公路工程施工管理中，相关人员对于施工现场的相关情况调研不足，因而未能制定出有效的管理机制，导致公路工程施工中出现的多种突发问题难以得到有效解决。在公路工程施工管理实践中没有建立完善的制度，导致相关人员在工作中执行力不强，公路工程项目施工建设中材料短缺问题、人员配置不足问题、工期延误问题和质量问题等频发，公路工程施工管理工作总体上处于"空架子"状态，实际管理效用不强。

2. 施工秩序问题

公路工程项目在施工建设中，由于长期以来管理体制落后、管理模式落后，导致相关人员的专业化知识学习不足，对于整个施工现场的管控水平不高，对于工序安排等不合理，直接影响工程建设的效率。公路工程施工管理中对于施工内

容的把握度不够高，管理秩序混乱，在人员、设备和材料等配置上不合理，前期施工效率过低，影响中后段的工程施工效率。在公路工程施工管理中，项目管理人员由于自身的能力和水平跟不上，导致总体的工作素质不高，在对施工现场的工序安排上存在较多的条理性问题，例如，在施工过渡阶段，未能将相关材料和机械设备及时调入现场，导致出现施工间断期。公路工程施工工序安排方面，项目管理人员不能灵活运用平行施工，导致工期协调不当、施工进度延误。

三、公路工程施工安全管理的特点和原则

通常情况下，我们认为公路工程施工安全管理工作主要具有四个特点，即长期性、复杂性、精细性和社会性。所谓的长期性就是指在公路工程施工建设的全过程中，施工安全管理工作都是贯穿其中的，甚至到最后的缺陷责任期和保修期阶段，都必须有安全管理工作的参与；而复杂性则是指公路工程施工管理工作的施工技术、施工环境以及施工工艺都是较为复杂的；精细性是因为现阶段我国公路工程的施工过程都是强调规范化和精细化的，每一类工艺以及每一道工序都应是遵照相应的规范要求来精细施工的；最后，所谓的社会性就是指在公路工程施工的全过程中，必须保证施工人员的人身安全和工程实体的质量安全。只有准确地理解了公路工程施工安全管理工作的这四大特点，才能确保公路工程的施工安全。

四、公路施工技术管理的重要性

1. 提高公路施工技术管理有利于提升企业整体管理水平

施工企业要想健康长久地发展，科学管理是必备的条件。其中施工技术管理是公路施工管理的重要环节，施工技术管理水平的高低直接影响整个施工工程的成败，更是企业对外展现整体管理水平的重要指标。

要加强整体管理的综合水平，就要有效实施科学的公路施工技术管理，为企业健康快速发展打下基础。

2. 公路施工技术管理有利于降低企业施工成本

有效的公路施工技术能大大提高施工材料的利用率，达到节约材料的效果，降低企业施工成本，提高企业工程资金利用率，完成企业实现可持续发展的社会责任，保护环境，减少材料污染。企业应通过现场交流、组织学习、收集信息资

源、开展专题辅导讲座等形式大力宣传"节材环保",让每一个施工者都能正确地树立节约使用材料意识,正确地计算材料使用量,减少施工过程中的材料浪费。

3. 保证施工工期顺利完成

在公路施工过程中,对公路施工技术严格管理,在确保公路工程施工质量的前提下,查看每天施工进度是否符合施工标准,施工技术是否规范,如发现工期延误的情况,能更好地发现原因,针对问题开展有效措施,确保工期能如期进行,保证工期能按照计划竣工交付使用。

4. 提高施工队伍的安全与质量意识

公路工程施工前,组织相关人员开展安全教育培训和技术交底。现在许多施工人员年龄偏大,文化水平偏低,这就要求企业施工管理人员要从根本上进行辅导与宣传,提高工作人员安全思想认识,确保公路施工人员掌握各项技术要领,在施工中能够灵活使用,加强施工人员的安全性。同时,对施工技术要做到精益求精,完善每一个施工步骤,确保工程质量符合工程标准。

第二节 公路工程施工安全管理及施工技术存在的问题

一、公路工程施工安全管理存在的问题

1. 公路工程安全管理意识淡薄

意识是行为的首要前提,对于公路工程,管理的安全意识是公路系统安全运行的保障。现今的公路安全管理意识主要有以下几点缺陷:

(1)工作人员对日常的公路运行监管意识不够严谨,包括酒后驾车、超速超载以及违章车辆的监管检查工作不够细致,有些情况下造成公路上的人员伤亡,甚至可能会导致公路系统的暂时性瘫痪。

(2)公路工程的部分决策人员自身的安全管理意识薄弱,在日常的工作当中放松对工作人员的安全意识的监督。

2. 公路工程安全管理机制不够完善

公路工程安全管理机制是日常工作的行为准则，机制不够完善直接影响公路安全管理的实施。

（1）管理机制并没有完全融合时代的发展，机制较为陈旧，对工作人员的任务分配、仪器的使用都不够科学，造成有些紧急情况下的工作慌乱。

（2）公路工程安全管理机制在突发情况下，理论不能够与实际工作结合，甚至有些时候行为准则与机制不符，架空了理论的安全管理机制。

3. 市场监管薄弱

在市场经济条件下，市场监管是监督企业发展的重要手段。但目前，一些实力雄厚的企业，虽然有较强的管理能力，但没有强大的劳动施工队伍。有的公司中标后，将项目的全部或部分分包给相关公司，只派技术人员到现场配合和指导。这就造成了专业部署不足、安全管理人员不足、专职人员在工程建设中缺乏权威性等问题。在这种情况下，在施工现场做好安全管理工作显然是不现实的。

4. 施工人员的安全意识不强

在公路工程建设的安全管理中，施工人员的安全意识起着关键作用，但大部分施工人员来自农村，没有接受过专业上岗培训，缺乏一定的文化知识，自我保护意识较差。即使一些人员在技术和技能上经过培训和提高，基本满足施工要求，在安全管理方面也会出现很多问题。因此，在安全管理方面很难满足工程建设的要求。同时，对施工人员的安全教育和培训也不到位。从目前建筑行业的整体情况来看，施工人员的文化素质普遍偏低，安全意识和安全技术普遍缺乏。

5. 安全管理责任制度没有落实到位

有的施工单位安全生产责任主体不强，过于注重企业的生产效率，忽视了生产过程中的安全问题。

一些督导单位对自身相应的安全责任不明确，没有及时发现和处理安全隐患，没有真正履行安全生产监督职责。这种现象甚至存在于一些政府投资项目的建设单位中，政府对工程施工安全的监管处于相对浅的水平，有时甚至过于注重工程质量和工程进度，而忽视了施工安全管理。

6. 管理人才力量薄弱

公路建设项目人才招聘不及时，技术力量薄弱，高学历人才比例不高。原因如下：

（1）工资较低。国内生活水平不断提高，大城市的平均月收入有了明显的提高，但施工安全管理人员的工资却没有增加太多，导致公路施工安全管理体系人才流失严重。

（2）工作环境艰苦。公路工程项目施工场地多位于偏远山区，工作条件艰苦，机动性强，大多数高学历的人才不愿意到现场进行施工管理。

二、公路工程施工技术的弊端

1. 公路工程施工技术烦琐

有的公路工程的施工会有比较烦琐的步骤，在部分情况下复杂的施工会延误公路工程的工期，浪费不必要的人力、物力、财力，影响公路工程的正常进行，烦琐的技术步骤也相对容易出现差错，造成公路工程的质量相对偏低，对公路的安全埋下隐患，导致非天灾的经济损失。

2. 对实况路面的施工技术不够全面

在不同的路段、不同的地理位置、不同的气候条件等自然条件下，公路的施工技术不够全面。相对简单的施工方案在不同的条件下没有得到适当的改进，施工技术也没有相应的契合，在公路的安全中是相对较为严重的隐患。

第三节　公路施工技术管理措施

公路施工技术管理与人民群众的日常生活息息相关，如果管理不好，会影响到国家经济社会的发展。因此，作为施工企业，在施工的过程中，一定要保证工程项目的正常运行并提高工程的质量。在施工过程中，对人民生命财产安全负责，对经济社会发展负责。

一、按照标准施工，减少施工隐患

技术标准是质量的基础，没有科学的技术标准，就没有质量的成功；技术标准执行不力，质量控制将以失败而告终。

交通运输部颁布的《公路工程技术标准》，对各等级公路建设的技术指标和参数有着严格的规定，施工企业必须严格遵守，确保该标准得到贯彻落实，坚决杜绝"豆腐渣"工程。例如，沥青路面摊铺时，必须严格按照设计方案执行，厚度、压实温度、初压吨位、复压吨位等技术参数要做到精确,以免出现质量隐患;用石渣填筑土基时,石渣的厚度不能小于50 cm,砾石含量不能小于70%,必须使用大吨位振动压路机进行碾压。在新旧路基的连接部位,要严格执行错台填筑、分层填筑、分层压实、补强压实的技术标准,桥(涵)洞填料,每层的压实厚度不能大于20 cm。

二、规范管理机制,确保施工安全

科学、规范、高效的施工技术管理,是施工安全的重要保障。通过分析公路施工中屡屡出现的各种安全事故,发现许多施工事故是由于安全技术管理机制不规范,对公路工程施工安全技术规程执行不力造成的。施工企业要最大限度地杜绝事故的发生,就必须规范施工安全技术管理机制。比如,在工程开工前,施工单位要制定相应的安全技术措施;要对施工人员进行安全技术教育,使他们熟知和遵守安全技术操作规程。在施工现场,要制定出合理的平面布置图;易燃易爆品要放置在离生活区50 m以外的地方,并外设围栏;要配备防污染设施。在施工中,施工人员必须按规定穿戴和配备安全帽等防护用品;在陡坡及危险地段施工时,应腰系安全带,脚穿软底轻便鞋;大风、大雾和雨天不得进行伐树作业;发现山体有滑动、崩坍迹象时,应先排除险情再进行施工;石方爆破作业要严格按照国家现行的《爆破安全规程》执行。施工结束后,要整理施工现场,勿残留杂物;所有材料要集中存放在安全区域内,并派专人看守。

三、更新施工技术管理理念,提高管理效率

1. 更新管理理念

科学的管理理念是企业施工技术管理的行动指南。我国仍有为数不少的公路施工企业管理者,管理理念仍停留在过去,未能摆脱以往的陈旧管理思维,缺乏创新的勇气和锐气,技术管理工作常年停留在技术文件管理和施工参数控制的层面,对施工技术管理的重要性认识不足。因此,企业要实行公路施工技术管理,必须更新施工技术管理理念。

2. 提高施工技术管理效率

施工技术管理效率影响企业的效益,施工技术管理的终极目标是最大限度地为企业创造经济效益。提高施工技术管理效率,能提升企业的经济效益:在人工

费控制管理方面，可以压缩非生产用工和辅助用工的人数，严格控制非生产人员比例，减少窝工浪费；在材料费用控制方面，可以提高材料采购、运输、保管、使用等的效率，减少损耗；在机械费控制管理方面，可以提高机械的完好率和利用率，降低机械使用费；在间接费控制方面，可以精简管理机构，节约施工管理费。另外，在公路工程施工过程中，提高施工技术管理效率，广泛运用新技术、新工艺，还能提高施工部门之间以及施工人员之间的沟通与配合，提高施工设备的有效利用率，防止返工、工期延误、人工费用因工期延误而大幅增加、材料乱领乱用、积压浪费、违约等现象的发生，从而提高工作效率，降低工程的时间成本、事故成本和人工成本，有效提高企业的经济效益。

四、提高施工队伍的综合素质

公路施工技术管理是一项很专业的工作，其管理人员担负着计划、组织、指挥、控制工程实施等多方面的重任，他们的素质决定着施工技术管理的效果。因此，公路施工技术管理人员必须具备编制完善的管理制度和作业指导书、建立健全施工技术管理体系、贯彻执行相关的技术政策和法规、对施工过程进行控制管理、处理好与监理和施工单位关系等多方面的能力。要提高施工技术管理人员的综合素质，施工技术管理人员自己不能故步自封，要经常走出去进行学习交流。此外，施工企业还应通过"请专家进来培训，送员工出去深造"等方式，将技术培训、技术学习、技术交流、新技术推广列入管理人员的日常工作中，通过开展形式多样的学习、培训、实践活动，使管理人员熟练掌握施工中各个分项、分部施工技术要求、施工方法和质量标准等，从而提高他们的管理水平和业务素质，提高他们履行岗位职责的能力，使他们在工程施工中能及时发现问题、高效处理问题，把技术、质量、安全等事故隐患消灭在萌芽状态。

五、完善施工管理制度

要提高公路施工技术管理效率，必须参照国家以及相关主管部门颁布的各项公路施工规程、规定、规范和标准，针对企业承建工程施工的具体特点，建立和完善本企业的管理制度，将公路施工技术管理纳入制度的轨道，使技术管理工作有章可循、有法可依，并在生产实践中不断完善和补充，用制度来对公路施工技术管理进行强制性规范，从根本上为公路施工的监督管理奠定坚实的基础。施工企业要建立和完善技术负责制度，使管理人员各尽其职、各负其责，防止和杜绝责任不清或无人负责的现象；要建立和完善技术核定制度，及时解决施工过程中发现的图纸差错，或与实际条件和地质条件不符的问题；要建立和完善日记制度，为公路施工监管提供依据；要建立和完善技术交底制度，使施工人员做到心中有数，确保施工管理有计划、有组织地完成；要建立和完善验收制度，完成交工报告和技术总结，确保工程质量。

六、加强公路施工图纸会审

公路施工图纸，是施工企业用来指导公路工程施工的图示依据。公路施工图纸的内容包括路线、路基、桥梁、涵洞、路线交叉、路面、筑路材料、执行规范标准、材料数量、安全消防设施、沿线的区域规划及其设施等，对于工程的实施具有很强的指导作用，是工程的施工依据。如果施工图纸出错，会给工程造成重大的损失。因此，未经会审的施工图纸不能用于施工。公路施工图纸会审要有组织、有领导、有步骤地进行。参与施工图纸会审的人员必须包括监理单位、施工单位、设计单位、建设单位、供货单位的专业人员。参审人员要对图纸进行查缺补漏和优化完善，尽可能提高施工图纸的设计质量。各方意见统一后再形成决议，作为施工依据。

第四节　公路施工安全防范措施

一、明确安全管理的主要内容及目标

在进行公路施工以前，必须明确安全管理的主要内容以及目标，要充分了解在施工过程中的安全隐患问题。要认识到安全隐患的问题所在，对潜在可能发生的安全隐患进行排查，尽量避免安全事故发生的概率，并且应提前采取紧急措施，要把安全生产的责任制落实到每个施工人员的身上。并且在施工以前要签订公路施工安全管理合同，在合同的内容上要针对安全生产的措施以及人员做出具体的工作要求，制定责任制，要坚决避免安全事故问题的发生。

二、提高公路施工从业人员的安全素质

只有对安全管理人员开展继续教育和成人教育，才能使低重心的学历组成情况发生改变，但若要使安全管理人员的职称结构发生改变，增加中级和高级职称人员的数量，安全管理工作就不应该让无专业水平的技术人员来负责。应对一部分职称和学历都比较低且已从事安全管理工作的安全管理人员进行专业知识的培训，使其具备过硬的公路安全技术知识及专业知识。此外，使工人素质得以提升的措施首先就是对农民工开展更多的安全教育及职业技术培训，使其具备过硬的安全操作技能及安全生产意识；其次应根据具体的工种开展相应的专业技术培训。

三、加大施工设备的资金投入

保证施工安全设备操作人员应按照机械操作指南妥善操作，避免违规操作。对于机械设备要按照相关的保养手册或者保养制度进行定期保养，防止机械出现老化或者故障隐患。在施工现场，有些设备利用率高，容易出现损坏，对于这些设备，工作人员需要做好定期检查工作，跟踪诊断，保持预防性修理状态，避免事后修理。如果机械设备发生突发性异常，应及时停机检查，并向技术人员报告，以便组织人员进行现场检修。

四、改善施工作业环境

1. 预防生产性粉尘和噪声的危害

想要预防粉尘和噪声的危害，首先，要加强对这方面的组织和宣传工作，培养大家的防范意识，做好预防工作。对于粉尘和噪声危害出现较多的施工阶段，建立起相关的危害检测制度，要求相关的检测人员做定期的检测，医务人员对工作环境做出评价和指导，如果不达标，则需要及时地进行整改，改善施工人员的工作条件和工作环境。其次，对于一些工作岗位，不可避免地会出现粉尘危害。在这样的工作环境下，技术人员应采取相应的措施，降低施工环境中的粉尘浓度，保护施工人员的人身安全。一般的做法都是采用湿式作业，这种方法既经济又能很好地抑制粉尘的飞扬效果。湿式作业通常都应用于湿式凿岩，冲刷巷道，净化

进风等。对于噪声的危害，一般都需要在设备上下功夫，降低噪声源。

2. 防暑降温

对于夏季的高温，建议采用小换班制，多频次、短时间地作业；延长午休时间；休息点应设置风扇、清凉用品等；有条件的也可安装空调。

五、切实加强安全意识教育

巩固施工安全防范措施要加强对建设单位专职安全管理人员、施工企业"三类人员"、特种作业人员以及新上岗人员等的安全教育和业务培训，使从业人员具备必要的安全生产知识和技能。所有参加营业线施工人员都要经过三级安全教育（民工队、项目部、施工单位），各专业工种要督促所属施工单位建立安全教育台账，凡未经安全教育的一律予以停工处理。要开展施工现场安全生产事故应急、"三防"应急等预案的应急演练，进一步检验预案的针对性、实用性和可操作性，完善事故应急操作流程，规范应急指挥程序，加强应急物资器材、装备和技术保障，锻炼管理人员及救援队伍应急能力，确保一旦遇险能有效自救互救，及时疏散撤离人员，减少事故损失，避免人员伤亡。除此之外，要坚持"安全第一"的思想加强施工组织管理，务必做到"五不、四无、一有"，即安全不出事、运输不混乱、作业不过头、施工不延误、配合不缺位；把关无盲点、协调无盲区、质量无隐患、工完无散料；应急有预案。同时，要认真落实施工"三会"，即在每天施工结束后召开点评会，对当天施工安全、质量、正点和配合情况进行小结，对次日工作进行安排；每月召开一次施工专题会议；每旬召开一次施工分析会。

总之，在公路施工过程当中，新形势下的施工企业必须认真地研究探索出可以作为安全施工管理的运行体系，加强安全防范的管理意识，避免安全事故的发生，树立安全管理的责任意识，从而保证安全施工。只有这样，才能促使公路施工企业创造出更高的经济效益，与此同时提高施工企业在行业中的竞争力。

第五节　公路施工技术精细化管理

一、管理制度精细化

公路施工中因工程项目的设计标准和验收标准不同,管理细则也因各施工企业性质不同存在差异,所以在施工中应把具体的技术管理制度精细化,这不但可以提高公路建设的质量,还是公路建设和发展的重要依据。在公路建设中应把每个标段施工单位的工程进行细化,通过分部工程和分项工程进行细化和分解,以便把各项施工工艺、施工标准、施工措施落实到位,促进公路施工技术的完善,提高公路施工各环节的质量,如:路基施工、桥涵施工、路面施工等。

二、质量管理精细化

公路施工质量影响到公路的维护成本、使用年限、行驶安全、环境保护,并且对所在区域的经济也会产生深远的影响,所以在施工中要把质量管理放到首位,通过精细化管理来促进公路施工的质量。质量管理的精细化要从完善质量管理体系出发,并结合质量责任备查制度进行管理。质量的精细化管理应将参与建设的各单位责任人、质量责任人、施工技术责任人、工程师、监理工程师进行登记管理,以此来保证质量问题能够追溯到质量责任人,进而增强相关责任人的质量意识。

三、考核制度精细化

考核制度是公路施工技术精细化管理中不可或缺的一项措施,因公路施工技术管理中所涉及的问题和内容较多,精细化管理中需要强化考核制度,以此提高施工技术管理的效能。考核制度的精细化管理中需要对人员履约、工程质量、工程进度、施工工序、内业资料以及现场施工操作进行综合性的考核,并且在管理中制定出适合本工程和本施工单位工作特点的考核评分标准,以便按期对监理单位、施工单位、分包单位进行考核与评价,并且可以通过量化评分全线排名的方式进行对比。

四、现场施工精细化

公路现场施工所占用的场地较大，设备较多，原材料较多，这就给现场施工和材料调拨带来了一定的困难，所以对现场施工应实行精细化管理。首先对施工现场的驻地建设进行标准化管理，各施工项目部应成立相应的管理职能部门，实现生产管理、办公管理、材料管理、设备管理的精细化；其次对使用场地及材料存放地进行规范化管理，并按照施工进度要求结合现场施工环境进行搅拌站、预制场和原材料堆放场的规划，同时对施工工序和施工方法进行规范化管理。

五、施工安全精细化

公路工程的施工机械较多，现场施工中往往存在一些安全隐患，所以公路施工管理中要做到施工安全的精细化管理。公路工程建设过程中应完善安全管理制度，并将安全管理责任进行细化，强调安全管理规章制度的落实，同时建立一套适合此工程项目的安全管理精细化体系，确保公路施工的安全性。同时还要建立相应的安全事故处罚机制，使安全管理形成一道屏障，保证公路工程顺利完成。

第七章 公路工程施工信息管理

当前,我国公路工程施工管理存在着成本管理不良、不严格遵守施工管理程序、组织设计不完善等问题。这些问题的存在影响了公路工程的质量,并有可能危害到人民生命财产的安全。因此,我们应当通过采取建立健全企业和技术人员的准入制度、完善组织设计、重视质量管理等措施来完善我国公路工程施工管理。本章将对公路工程施工信息管理进行研究论述。

第一节 公路工程施工信息管理软件

一、概述

本节讲述了信息及信息管理的基本概念、信息的种类,项目信息的概念、分类及其表现形式与流动形式,项目信息管理;详细叙述了项目管理信息系统的概念、作用及构成,项目管理信息系统的信息流通模式,项目管理信息系统的设计开发以及项目管理信息系统的结构与功能;介绍了国内外常用的项目管理软件 Primavera 6.0、Microsoft Project 等,以及这些软件的功能特点。

(一)信息及信息管理

信息是指用口头、书面或电子的方式传输(传达、传递)的知识、新闻以及可靠的或不可靠的情报。在管理学领域,信息通常被认为是已被加工或处理成特定形式的,对组织的管理决策和管理目标有参考价值的数据。

1. 表现形式

信息的表现形式多种多样,主要可归纳为四种:一是书面材料,包括信件及其复印件、谈话记录、工作条例、进展情况报告等;二是个别谈话,包括给工作人员分析任务、检验工作、向个人提出的建议和帮助等；三是集体口头形式，包括会议、工作人员集体讨论、培训班等；四是技术形式，包括录音、电话、广播等。

2. 信息种类的特性

（1）真实性和准确性。信息是对事物或现象的本质及其内在联系的客观反映，真实性和准确性是信息的价值所在，只有真实准确的信息才能为项目决策服务。

（2）时效性和系统性。信息随着时间的流逝与系统的改变而不断变化，项目管理实践中不能片面地处理和使用信息；而反映管理对象当前状态的信息如果不能及时传递到相关控制部门，造成目标控制失灵，信息就失去了其在管理上的价值。

（3）可共享性。信息可以被不同的使用者加以利用，而信息本身并没有损耗。项目利益相关方或项目组内成员可以共同使用某些信息以实现其管理职能，同时项目信息共享也促进了各方的协作。

（4）可替代性。信息包括技术情报、专利、非专利技术、新工艺、新材料、新设备等，获取和使用后可以节约或代替一些物质资源。

（5）可存储性和可传递性。信息可以通过大脑、文字、音像、数字文档等载体进行存储；通过广播、网络、电视、电报、传真、电话、短信等媒介进行传递和传播。

（6）可加工性。信息可以进行形式上的转换，可以由文字信息转换成语言信息，由一类语言信息转换成另一类语言信息，由一种信息载体转换成另一种信息载体，也可以用数学统计的方法加工处理得出新的有用信息。

信息管理是指对人类社会信息活动的各种相关因素（主要是人、信息、技术和机构）进行科学的计划、组织、控制和协调，以实现信息资源的合理开发与有效利用的过程。它既包括微观上对信息内容的管理——信息的组织、检索、加工、服务等，又包括宏观上对信息机构和信息系统的管理。

（二）项目信息及其分类

项目信息是指计划、报告、数据、安排、技术文件、会议等与项目决策、实施和运行有关联的各类信息，这些信息是否准确，能否及时传递给项目利害关系者，决定着项目的成败。

表 7-1 项目信息分类表

依据	信息分类	主要内容
管理目标	质量控制信息	与质量控制直接相关的信息：国家、地方政府或行业部门等颁布的有关质量政策、法令法规和标准等，质量目标的分解图表、质量控制的工作流程和工作制度、质量管理体系构成、质量抽样检查数据、各种材料和设备的合格证、质量证书、监测报告等
	进度控制信息	与进度控制直接相关的信息：项目进度计划、施工定额、进度目标分解图表、进度控制工作流程和工作制度、材料和设备到货计划、各分部分项工程进度计划、进度记录等
	成本控制信息	与成本控制直接相关的信息：项目成本计划、施工任务单、限额领料单、施工定额、成本统计报表、对外分包经济合同、原材料价格、机械设备台班费、人工费、运杂费等
	安全控制信息	与安全控制直接相关的信息：项目安全目标、安全控制体系、安全控制组织和技术措施、安全教育制度、安全检查制度、伤亡事故统计、伤亡事故调查与分析处理等
生产要素	劳动力管理信息	劳动力需用量计划、劳动力流动、劳动力调配等
	材料管理信息	材料供应计划、材料库存、存储与消耗、材料定额、材料领发及回收台账等
	技术管理信息	各项技术管理组织体系、制度和技术交底、技术复核、已完工程的检查验收记录等
	资金管理信息	资金收入与支出金额及其对比分析、资金来源渠道和筹措方式等
管理工作流程	计划信息	各项计划指标、工程实施预测指标等
	执行信息	项目实施过程中下达的各项计划、指示、命令等
	检查信息	工程的实际进度、成本、质量的实施状况等
	反馈信息	各项调整措施、意见、改进的办法和方案等
信息来源	内部信息	来自项目的信息：如工程概况、项目的成本目标、质量目标、进度目标、施工方案、施工进度、完成的各项技术经济指标、项目经理部组织、管理制度等
	外部信息	来自外部环境的信息：如监理通知、设计变更、国家有关的政策及法规、国内外市场的有关价格信息、竞争对手信息等
信息稳定程度	固定信息	在较长时期内，相对稳定，变化不大，可以查询得到的信息，包括各种定额、规范、标准、条例、制度等，如施工定额、材料消耗定额、工程质量验收统一标准、工程质量验收规范、生产作业计划标准、施工现场管理制度、政府部门颁布的技术标准、不变价格等
	流动信息	是指随生产和管理活动不断变化的信息，如工程项目的质量、成本、进度的统计信息、计划完成情况、原材料消耗量、库存量、人工工日数、机械台班数等

续表

依据	信息分类	主要内容
信息性质	生产信息	有关生产的信息，如工程进度计划、材料消耗等
	技术信息	技术部门提供的信息，如技术规范、施工方案、技术交底等
	经济信息	如施工项目成本计划、成本统计报表、资金耗用等
	资源信息	如资金来源、劳动力供应、材料供应等
信息层次	战略信息	提供给上级领导的重大决策信息
	策略信息	提供给中层领导部门的管理信息
	业务信息	基层部门例行性工作产生或需用的日常信息

（三）项目信息的流动形式

信息的传播与流动称为信息流，明确的信息流路线可以确定信息的传递关系，保证信息沟通渠道的正确、通畅，避免信息漏传或误传。

项目信息流动形式按照信息不同流向可分为以下几种：

1. 自上而下流动。信息源在上，信息接收者为其下属，信息流逐级向下：决策层—管理层—作业层。

即项目信息由项目经理部流向项目各管理部门最终流向施工队及班组工人。信息内容包括：项目的控制目标、指令、工作条例、办法、规章制度、业务指导意见、通知、奖励和处罚等。

2. 自下而上流动。信息源在下，信息接收者为其上级，信息流逐级向上：作业层—管理层—决策层。即项目信息由施工队班组流向项目各管理部门最终流向项目经理部。信息内容包括：项目实施过程中完成的工程量、进度、成本、质量、安全、消耗、效率等原始数据或报表，工作人员的工作情况以及为上级管理与决策需要提供的资料、情报及合理化建议等。

3. 横向流动。信息源与信息接收者为同一级。项目实施过程中，各管理部门因分工不同形成了各专业信息源，为了共同的目标，各部门之间应根据彼此需要相互沟通、提供、接收并补充信息。例如：项目财务部门进行成本核算时需要其他部门提供工程进度、人工工时、材料与能源消耗、设备租赁及使用等信息。

4. 内外交流。项目经理部与外部环境单位互为信息源和信息接收者进行内外信息交流。主要的外部环境单位包括：公司领导及相关职能部门、建设单位（业主）、设计单位、监理单位、物资供应单位、银行、保险公司、质量监督部门、相关政府管理部门、工程所在街道居委会、新闻机构，以及城市交通、消防、环保、供水、供电、通信、公安等部门。信息内容主要包括：满足项目自身管理需要的信息；满足与外部环境单位协作要求的信息；按国家有关规定相互提供的信息；项目经理部为自我宣传，提高信誉、竞争力，向外界发布的信息。

5. 信息中心辐射流动。鉴于项目专业信息多，信息流动路线交错复杂、环节多，项目经理部应设立项目信息管理中心，以辐射状流动路线集散信息。信息中心的作用：行使收集、汇总信息，分析、加工信息，提供、分发信息的集散中心职能及管理信息职能；既是项目内、外部所有信息的接收者，又是负责向需求者提供信息的信息源；可将一种信息提供给多位需求者，起不同作用，又可为一项决策提供多种渠道来源信息，减少信息传递障碍，提高信息流速，实现信息共享与综合利用。

（四）项目信息管理

1. 概念

项目信息管理是指项目经理部以项目管理为目标，以项目信息为管理对象，通过对各个系统、各项工作和各种数据的管理，实现各类各专业信息的收集、处理、储存、传递和应用。

上述"各个系统"可视为与项目决策、实施和运行有关的各个系统，例如：项目决策阶段管理子系统、实施阶段管理子系统和运行阶段管理子系统，其中实施阶段管理子系统又可分为业主方管理子系统、设计方管理子系统、施工方管理子系统和供货方管理子系统等。"各项工作"可视为与项目决策、实施和运行有关的各项工作，例如施工方管理子系统中的各项工作，包括成本管理、进度管理、质量管理、合同管理、安全管理、信息管理、施工现场管理等。而"各种数据"不仅指数字，还包括文字、图像和声音等，例如在施工方信息管理中，设计图纸、各种报表、来往的文件与信函、指令，成本分析、进度分析、质量分析的有关数字，施工摄影、摄像和录音资料等都属于信息管理"数据"的范畴。

项目信息管理的根本作用在于为项目各级管理人员及决策者提供所需的各类信息。为了充分利用和发挥信息资源的价值，提高信息管理的效率，全面提高项目管理水平，项目经理部应建立项目管理信息系统，优化信息结构，实现高质量、动态、高效的信息处理和信息流通，实现项目管理信息化。而近年来以计算机为基础的现代信息处理技术在项目管理中的应用，为大型项目管理信息系统的规划、设计和实施提供了全新的信息管理理念、技术支撑平台和全面解决方案。

2. 项目管理信息系统

项目管理信息系统（Project Management Information System，PMIS）是基于计算机辅助项目管理的信息系统，包括信息、信息流动和信息处理等各个方面。项目管理信息系统是由人、计算机等组成的能进行项目信息的收集、加工、整理、存储、检索、传递、维护和使用的计算机辅助管理系统，为项目管理人员进行工程项目管理和目标控制提供了可靠的信息支持，以实现项目信息的全面管理、系统管理、规范管理和科学管理。

项目管理信息系统一般由进度管理、质量管理、投资与成本管理及合同管理等若干个子系统构成，各子系统涉及的各类数据按规定的方式组织并存储为公用数据库（项目信息门户 Project Information Portal，PIP），支持各子系统之间的数据共享并实现信息系统的各项功能。此外，项目管理信息系统不是一个孤立的系统，必须建立与外界的通信联系，例如与"中国经济信息网"联网收集国内各个部门、各个地区的工程信息、国际工程招标信息、物资信息等，从而为项目管理人员进行管理决策提供必需的外部环境信息。

（1）功能和作用

项目管理信息系统是把输入系统的各种形式的原始数据进行分类、整理和存储，以供查询和检索之用，并能提供各种统一格式的信息，简化各种统计和综合工作，以提高工作效率和工作质量。主要功能包括：数据处理功能、计划功能、预测功能、控制功能、辅助决策功能等。

项目管理信息系统的主要作用包括：有利于项目管理数据的集中存储、检索和查询，提高数据处理的效率与准确性；为项目各层次、各岗位的管理人员收集、处理、传递、存储和分发各类数据与信息；为项目高层管理人员提供预测、决策所需要的数据、数学分析模型和必要的手段，为科学决策提供可靠支持；提供人、财、设备等生产要素综合性数据及必要的调控手段，便于项目管理人员对工程的动态控制；提供各种项目管理报表，实现办公自动化。

此外，项目管理信息系统在项目管理中的具体作用还表现为：加快资金周转，提高资金使用效率；加强工程监控，实时调整计划，降低生产成本；库存信息实时查询，减少积压，合理调整库存；通过实际与计划比较，合理调整工期；方便各类人员不同的查询要求，同时保证数据准确性，提高工作效率和管理水平；扩展外部环境信息渠道，加快市场反应。

（2）项目管理信息系统的构成

项目管理信息系统由硬件、软件、数据库、操作规程和操作人员等构成。

①硬件：指计算机及其有关的各种设备，具备输入、输出、通信、存储数据和程序、进行数据处理等功能。

②软件：分为系统软件与应用软件，系统软件用于计算机管理、维护、控制及程序安装和翻译工作，应用软件是指挥计算机进行数据处理的程序。

③数据库：是系统中数据文件的逻辑组合，它包含了所有应用软件使用的数据。

④操作规程：向用户详细介绍系统的功能和使用方法。

另外，项目管理信息系统一般还包括：组织件，即明确的项目信息管理部门、信息管理工作流程及信息管理制度；教育件，对企业领导、项目管理人员、计算机操作人员的培训等。

二、项目管理信息系统的信息流通模式

1.项目参与者之间的信息流通

信息系统中，每个参与者作为系统网络中的一个节点，负责具体信息的收集（输入）、处理和传递（输出）等工作。项目管理者要具体设计这些信息的内容、结构、传递时间、精确程度和其他要求。

例如，在公路工程项目实施过程中：

业主需要的信息包括：项目实施情况报告，包括工程质量、成本、进度等方面；项目成本和支出报表；供审批用的各种设计方案、计划、施工方案、施工图纸、建筑模型等；决策所需的信息和建议等；各种法律法规、规范以及其他与项目实施有关的资料等。

业主输出的信息包括：各种指令，如变更工程、修改设计、变更施工顺序、选择分包商等；审批各种计划、设计方案、施工方案等；向上级主管提交的工程建设项目实施情况报告。

项目经理需要的信息包括：各项目管理职能人员的工作情况报表、汇报、报告、工程问题请示；业主的各种书面和口头指令，各种批准文件；项目环境的各种信息；工程各承包商、监理人员的各种工程情况报告、汇报、工程问题的请示。

项目经理输出的信息包括：向业主提交的各种工程报表、报告；向业主提出

决策用的信息和建议；向政府其他部门提交的工程文件，通常是按法律要求必须提供的，或是审批用的；向项目管理职能人员和专业承包商下达的各种指令，答复的请示，落实的项目计划等。

2. 项目管理职能之间的信息流通

项目管理信息系统是由质量管理信息系统、成本管理信息系统、进度管理信息系统等许多子系统共同构建的，这些子系统是为专门的职能工作服务的，用来解决专门信息的流通问题，对各种信息的结构、内容、负责人、载体、完成时间等都要进行专门的设计和规定。

3. 项目实施过程的信息流通

项目实施过程的信息流通设计应包括各工作阶段的信息输入、输出和处理过程及信息的内容、结构、要求、负责人等。例如，按照项目实施程序，可分为可行性研究信息子系统、计划管理信息子系统、工程控制管理信息子系统等。

三、项目管理信息系统的设计开发

公路工程项目管理信息系统的开发研制周期长、耗资巨大、复杂程度高，而且它以公路工程项目实施为背景，涉及专业多，专业知识需求程度高。项目管理信息系统的设计与建立，也是对项目管理思想、组织、方法和手段的一种提升，它能深化项目管理的基本理论，强化项目管理的基础工作，改进管理组织与管理方法。项目管理信息系统的开发由系统规划、系统分析、系统设计、系统实施与系统评价等阶段来完成。

1. 系统规划

项目管理信息系统的开发是一项系统工程，需要进行周密细致的策划。系统规划是要确定系统的目标与主体结构，提出系统开发的要求，制订系统开发的计划，以全面指导系统开发研制的实施工作。

2. 系统分析

首先，对项目现状进行调查，确定系统开发的可行性。其次，调查系统的信息量和信息流，确定各部门存储文件、输出数据的格式；分析用户的需求，确定纳入信息系统的数据流程图。最后，确定系统计算机硬件和软件的要求并充分考虑未来数据量的扩展，制订最优的系统开发方案。

3. 系统设计

根据系统分析结果进行系统设计，包括系统总体结构设计、子系统模块设计、输入输出文件格式设计、代码设计、信息分类与文件设计等，确定系统流程图，提出程序编写的详细技术资料，为程序设计做准备。

4. 系统实施

内容包括：程序设计，程序调试与系统调试，系统转换、运行和维护，项目管理，系统评价等。

（1）程序设计。根据系统设计明确程序设计要求，即选择相应的语言，进行文件组织、数据处理等；绘制程序框图；编写程序，检查并编制操作说明书。

（2）程序调试与系统调试。程序调试是对单个程序进行语法和逻辑检查，以消除程序和文件中的错误。系统调试分两步进行，首先对各模块进行调试，确保其正确性；然后进行总调试，即将主程序和功能模块联结起来调试，以检查系统是否存在逻辑错误和缺陷。

（3）系统转换、运行和维护。为了使程序和数据能够实现开发后系统与原系统间的转换，运行中适应项目环境和业务的变化，需要对系统进行维护，包括系统运行状况监测、改写程序、更新数据、增减代码、维修设备等。

（4）项目管理。按照项目管理方法，结合项目信息管理系统特点，组织系统管理人员，拟订实施计划，加强系统检查、控制与信息沟通，将系统作为一个项目进行管理。

（5）系统评价。为了检验系统运行结果能否达到规划的预期目标，需要对系统管理效果进行评价，包括工作效率、管理和业务质量、工作精度、信息完整性和正确性等评价。还要对系统经济性进行评价，包括系统的一次性投资额、经营费用、成本和生产费用的节约额等。

四、项目管理信息系统的结构与功能

项目管理信息系统的性能、效率和作用首先取决于系统的外部接口结构与环境，这是项目管理信息系统区别于企业管理信息系统的特点与规律。公路工程项目信息管理范围涵盖了项目业主、规划设计单位、勘察设计单位、主管部门（规划、建设、土地、计划、环保、质监、金融、工商等）、施工单位、设备制造与供应商、材料供应商、调试单位、监理单位等众多项目参与方（信息源），每个项目参与方既是项目信息的供方（源头），也是项目信息的需方（用户），每个项目参与方由于其在项目生命周期中所处的阶段与工作不同，相应的项目管理信息系统的结构和功能会有所不同。

1. 结构

公路工程项目管理信息系统内部结构一般包括进度管理、质量管理、投资与成本管理、合同管理、咨询（监理）管理、物料管理、安全管理、环境管理、财务管理、图纸文档管理等子系统。处于项目不同生命周期阶段的管理信息系统，其目标和核心功能不同。例如，对于规划阶段的项目设计管理信息系统，其核心功能是图纸文档管理；对于实施阶段的业主方项目管理信息系统，其主要目标是实现项目进度、质量、成本三大控制目标的集成管理；对于实施阶段的项目管理信息系统，其核心功能是对质量与进度信息的实时采集与监控。

2. 功能

公路工程项目管理信息系统主要运用动态控制原理进行项目管理，通过项目实施过程中进度、质量和成本等方面的实际值与计划值相比较，找出偏差，分析原因，采取措施，以达到管理和控制效果。下面介绍一下公路工程项目管理信息系统的具体功能。

（1）进度管理子系统。功能包括：编制项目进度计划，如双代号网络计划、单代号搭接网络计划、多平面群体网络计划等，绘制进度计划网络图和横道图；工程实际进度的统计分析；计划/实际进度比较分析；工程进度变化趋势预测；计划进度的调整；工程进度各类数据查询；多种（不同管理层面）工程进度报表的生成等。

（2）质量管理子系统。功能包括：工程建设质量要求和标准的制定与数据处理；分项工程、分部工程和单位工程的验收记录和统计分析；工程材料验收记录与查询；机电设备检验记录与查询（如机电设备的设计质量、监造质量、开箱检验质量、资料质量、安装调试质量、试运行质量、验收及索赔情况等）；工程质量检验验收记录与查询；质量统计分析与评定的数据处理；质量事故处理记录；质量报告、报表生成。

（3）投资与成本管理子系统。功能包括：投资分配分析；项目概算与预算编制；投资分配与项目概算的对比分析；项目概算与预算的对比分析；合同价与投资分配、概算、预算的对比分析；实际成本与投资分配、概算、预算的对比分析；项目投资变化趋势预测；项目结算与预算、合同价的对比分析；项目投资与成本的各类数据查询；多种（不同管理平面）项目投资与成本报表生成等。

（4）合同管理子系统。功能包括：各类标准合同文本的提供和选择；合同文件、资料的登录、修改、查询和统计；合同执行情况跟踪和处理过程的管理；涉外合同的外汇折算；建筑法规、经济法规查询；合同实施报告、报表生成。

五、公路工程项目管理软件

项目管理软件是指以项目实施环节为核心，利用网络计划技术，对实施过程中的进度、费用、质量等进行综合管理的一类应用软件。20 世纪 80 年代，随着微型计算机的出现和其运算速度的迅猛提升，大量项目管理软件开始涌现。进入 21 世纪，随着信息化、数字化技术的不断发展，越来越多的企业开始使用项目管理软件。现代项目管理软件融合了完善的项目管理思想和企业管理理念，已经成为企业必不可少的助手。而不同的时间、不同的经济工程背景，企业对项目管理软件的要求也会有所不同。

（一）Primavera 6.0（P6）简介

Primavera 6.0（P6）是美国 Primavera Systems，Inc. 公司（2008 年被 Oracle 公司收购）于 2006 年发布的，荟萃了工程项目管理国际标准软件 Primavera Project Planner（P3）25 年的精髓和经验，采用最新的 IT 技术，在大型关系数据库 Oracle 和 MS SQLServer 上构架起企业级的、包含现代项目管理知识体系的、具有高度灵活性和开放性的、以计划—协同—跟踪—控制—积累为主线的一款企业级工程项目管理软件。

P6 可以使企业在优化有限的、共享的资源（包括人、材、机等）的前提下对多项目进行预算、确定项目的优先级、编制项目的计划。它可以给企业的各个管理层次提供广泛的信息，各个管理层次都可以分析、记录和交流这些可靠的信息并及时做出有充分依据的符合公司目标的决定。P6 包含进行企业级项目管理的一组软件，可以在同一时间跨专业、跨部门，在企业的不同层次上对不同地点实施的项目进行管理。P6 使计划编制、进度优化、协同行进、跟踪控制、业绩分析、经验积累等都变得更加简单，使跨国公司、集团公司、大型工程业主、工程建设管理公司和工程承包单位都可以实现高水平的项目管理，已成为国际公路工程建设行业的企业级项目管理新标准。

（二）P6 的组件模块

P6 提供综合的项目组合管理解决方案，包括各种特定角色工具，以满足不同管理层、不同管理人员责任和技能需求，P6 提供以下软件组件。

（1）Project Management（PM）模块。供用户跟踪与分析执行情况。本模块是一个具有进度时间安排与资源控制功能的多用户、多项目系统，支持多层项目分层结构、角色与技能导向的资源安排、记录实际数据、自定义视图以及自定义数据。PM 模块对于需要在某个部门内或整个组织内，同时管理多个项目和支持多用户访问的组织来说，是理想的选择。它支持企业项目结构，该结构具有无限数量的项目、作业、目标项目、资源、工作分解结构、组织分解结构、自定义分类码、关键路径法计算与平衡资源。如果在组织内大规模实施该模块，项目管理应采用 Oracle 或 SQL 服务器作为项目数据库。如果是小规模应用，则可以使用 SQL Server Express。PM 模块还提供集中式资源管理，这包括资源工时单批准以及与使用 Timesheets 模块的项目资源部门进行沟通的能力。此外，该模块还提供集成风险管理、问题跟踪和临界值管理。用户可通过跟踪功能执行动态的跨项目费用、进度和赢得值汇总。可以将项目工作产品和文档分配至作业并进行集中管理。"报表向导"创建自定义报表，此报表从其数据库中提取特定数据。

（2）Methodology Manager（MM）模块。是一个在中央位置创造与保存参照项目（即项目计划模板）的系统。项目经理可对参照项目进行选择、合并与定制，来创建自定义项目计划。可以使用"项目构造"向导将这些自定义的参照项目导入 PM 模块，作为新项目的模板。因此，组织可以不断地改进和完善新项目的参照项目作业、估算值以及其他信息。Primavera 亦提供基于网络的项目间沟通和计时系统。作为项目参与者的团队工具，Timesheets 将要执行的分配列成简单的跨项目计划列表，帮助团队成员集中精力完成手头工作。它还提供项目变更和时间卡的视图，供项目经理批准。由于团队成员采用本模块输入最新的分配信息并根据工作量来记录时间，因此项目主管可以确信其拥有的是最新的信息，可以借此进行重大项目决策。

（3）Primavera Web 应用程序。提供基于浏览器的访问，可访问组织的项目、组合和资源数据。各个 Web 用户可以创建自定义仪表板，以获得单个或集中视图，来显示与其在项目组合、项目与资源管理中所充当的角色最相关的特定项目和项目数据类型。Project Workspaces 和 Workgroups 允许指定的项目团队成员创建与某特定项目或项目中的作业子集相关的团队统一数据视图,从而扩展了可自定义的集中数据视图模型。Primavera Web 应用程序提供对广泛数据视图和功能的访问,使 Web 用户能够管理从项目初始的概念审查、批准,直到完成的全过程。

(4)Primavera Integration API。是基于 Java 的 API 和服务器,供开发人员创建无缝接入 Primavera 项目管理功能的客户端分类码。软件开发工具包——Primavera Software Development Kit(SDK)可将 PM 模块数据库中的数据与外部数据库及应用程序进行集成。它提供对架构以及包含业务逻辑的已保存程序的访问。SDK 支持开放式数据库互联(ODBC)标准和符合 ODBC 的接口,以接入项目管理数据库。SDK 必须安装在要与数据库集成的计算机上。

(4)Claim Digger。用于进行项目与项目或项目与相关目标计划之间的比较,来确定已添加、删除或修改的进度数据。根据选定用于比较的数据字段,此功能可创建一个项目计划比较报表,格式为三种文件格式中的一种。Claim Digger 在 PM 模块中自动安装,可从"工具"菜单访问。

(5)Project Link。是一种插件程序,可使 Microsoft Project(MSP)用户在 MSP 环境中工作的同时,仍可使用 Primavera 企业功能。MSP 用户可使用此功能在 MSP 应用程序内,从 PM 模块数据库打开项目,或将项目保存到 PM 模块数据库中。而且,MSP 用户可在 MSP 环境下,调用 Primavera 的资源管理。Project Link 使将大量项目数据保存在 MSP 中的组织受益,但是要求一些用户在 Primavera 应用程序中拥有附加功能和优化数据组织。

(三)P6 的功能与特点

(1)精深的编码体系。P6 可以设置一系列层次化编码:如组织分解结构、企业项目结构(EPS)、工作分解结构(WBS)、角色与资源结构(RBS)、费用科目结构(CBS);此外还有灵活的日历选择,无限的项目分类码、资源分类码、作业分类码以及用户公路工程项目管理自定义字段。这些编码的运用使得项目管理的责任明确、高度集成、纵横沟通、有序行进。

(2)简便的计划编制。P6 具有最为专业的计划编制功能。标准的计划编制流程,在 WBS 上可设置里程碑和赢得值,方便增加作业,通过可视的逻辑关系连接及全面的 CPM 进度计算方式,实现项目工作产品及文档体系与作业的关联,作业可加载作业分类码,作业可分配记事本,作业可以再分步骤,步骤可以设权重等。

（3）深度的资源与费用管理。资源与费用的管理一直是 P3 的强项，在 P3 功能的基础上，P6 还增加了角色、资源分类码功能。此外，对其他费用的管理，使得费用的管理视角更加开阔；投资与收益的管理，使得投资回报率始终在掌控之中。

（4）理想的协同工作与计划更新。P6 引导标准的项目控制与更新流程，在项目的优化与目标项目建立后，可以进行临界值的定义，以便实现及时监控。为了实现协同工作，P6 可以采用任务服务的方式自动按时定期将计划下达给执行单位或人员。此外，P6 可在本地局域网上反馈进度。

（5）全面的项目更新数据分析。进度跟踪反馈之后，P6 提供了专业的数据分析，包括现行计划与目标的对比分析、资源使用情况分析、工作量（费用）完成情况分析和赢得值分析。特别设置的"问题监控"功能可以将焦点一下子聚集到最为关心的事情上。所有这些数据分析，既可以在 P6 中进行，又可以通过 Web 实现。

（6）专业的项目管理辅助工具。P6 构建了所有能够想到的辅助管理工具，包括：客户化的视图制作，多种预设好的报表，脍炙人口的总体更新，计划任务自动下达（Job Service），项目信息发布到网站，P3 项目的导入/导出，满足移动办公的 Check In/Check Out，获取 EXP 相关数据的功能等。

（7）体系的多级计划处理。管理好复杂的大型项目或项目群，一项非常重要的工作是要建立起完备的计划进度控制管理体系。P6 继承了 P3 的成功经验，利用其建立计划级别及编制流程，实现多级计划的数据传递与交换，实现多级计划的跟踪与分析。

（8）缜密的用户及权限管理。整个 P6 系列软件具有良好的安全配置，为用户设置了企业级项目管理软件所要考虑的一切必要的安全管理功能。

（9）实用的工时单管理。为了良好计划的落实，让执行人员或单位及时获得计划任务并反馈进度是至关重要的。P6 可以自动定期派发作业任务和工时单。对通过 Team member 反馈上报的工时单，P6 还考虑了工时单批准功能，只有批准的工时单才能更新 P6 数据库的内容。

（10）开发性的 SDK 及二次开发。P6 提供二次开发工具 SDK，利用 SDK，可以更容易实现与企业现有系统的整合。

（11）Methodology Manager（MM）企业经验库管理。企业的知识管理越来越受到重视。在项目管理过程中，也要积累经验与教训，减少重复劳动；提高企业智商，避免企业失忆。MM 就是为了企业持续发展而设计的模块。有了 MM，可以将标准的工艺方法保存下来反复运用，从而使得类似项目的计划编制更加简单，更加符合标准化要求。

（12） Portfolio Analyst 项目组合分析。Portfolio（项目组合）是从项目群中选择关心的若干项目或其局部形成一个组合，将组合保存，以便反复地分析研究。

（13）Functional User 决策系统（B/S 环境下的项目管理）。Web-Enabled（Web 下运行）使项目管理在 Web 下发挥到极致。P6 所有能够置于 Web 之下的功能都已经在 Web 中，包括创建新项目、项目计划编制、更新已存在的项目进度、沟通与协同工作、项目组合分析（PortfoLio Analyst）、项目信息查阅、资源管理、资源对项目或作业的分配、项目关于资源的需求分析等。

（14）Team Member（TM）进度反馈工具。一个简便易用的 IE 下的工具，让执行者实现作业接收与实际情况反馈，让管理者在工时单（Timesheet）提交后能够进行审核批准。

（四）Microsoft Project（MSP）Microsoft Project 产品体系

Microsoft Project（MSP）是由微软公司开发的一套项目管理系统，适用于不同规模的企业和不同管理目标需求的项目，功能强大、使用灵活、应用广泛，可以协助项目经理编制计划、分配资源、跟踪进度、管理预算、分析工作量，也可以绘制商务图表、形成图文并茂的报告。

Microsoft Project 是一个完整的产品体系，Microsoft 将包含了项目管理服务器端及客户端的一系列产品及一套完善的方法指导统称为企业项目管理解决方案（Microsoft Office Enterprise Project Management Solution，EPM 解决方案），目前最新版本包含以下产品。

（1）Microsoft Project Professional 2013

即 Project 2013 专业版，是项目计划管理的核心工具，可用于项目计划编制、资源分配与安排、WBS T 分解、项目成本管理、项目执行情况跟踪和项目报表制作等，是 Mi-crosoft 为项目经理开发的高效项目管理软件：具备网络功能，可以连接 Project Server2013 或 Project Online 或者其他文档协同平台，如 SharePoint 2013，在企业网络环境中实现项目沟通与跟踪，以发挥更强大的项目管理能力。

（2）Microsoft Project Standard 2013

即 Project 2013 标准版，具有 Project 2013 专业版的所有客户端功能，但不具备网络功能，不能与 Project Server 2013 等相连，所以主要用于没有构建 EPM 解决方案的小型企业环境。

（3）Microsoft Project Server 2013

即 Project 2013 服务器版，可与 Project Professional 2013 或 Project Pro for Office 365 构建 EPM 解决方案，主要供管理者、PMO、项目成员使用：可构建基于网络的多项目管理中心，集中管理企业项目信息、统一协调项目资源、标准化企业项目管理数据，有效实现企业项目沟通协作，并对企业项目信息进行全面分析。

4.Project 云计算版本

（1）Project Pro for Office 365。标准版云计算版本，可以连接 Project Online 或 Pro-ject Server 2013 版本，还可以连接 Office 365 和 SharePoint Online，构建 EPM 解决方案，供项目经理使用。

（2）Project Online。服务器版云计算版本，可以与 Project Pro for Office 365 构建云计算版本的 EPM 解决方案，与 Project Online with Project Pro for Office 365 构建云计算版本的 EPM 解决方案和项目组合管理解决方案，而且 Microsoft 已经整合了 Office 365、SharePoint、Exchange 等产品。

（3）Project Online with Project Pro for Office 365。专业版云计算版本，可以连接 Project Online 构建云计算版本的 EPM 解决方案和项目组合管理解决方案，供项目组合经理使用。

（五）Microsoft Project Professional 2013 的主要特性

1.保持井然有序

（1）通过直观的控件和灵活的团队工具轻松规划和管理项目，帮助企业实现预期的商业价值。

①通过增强的视觉体验，迅速关注重要内容、轻松选择要采取的行动并无缝浏览各项功能。

②从 Project 中点击 Office.com 上最新的 Project 模板，即可快速开展工作。

③通过从 Backstage 快速访问最近的文件和位置，保持井然有序。

（2）通过在一个视觉内容丰富且上下相关的界面中整合日常工作、项目任务、重要详细信息和日程表，提高效率并划分主次顺序。

①无论项目计划规模如何，始终可以掌控。

②现成的报告工具内容丰富，类似 Office 的熟悉体验，帮助用户快速轻松地衡量进度和资源分配情况。

③通过在甘特图上突出显示任务路径，始终可了解任务的汇聚方式并可确认哪些任务对于项目获得成功最重要。

④在一个上下相关的用户界面中关注最重要的内容以整理任务、链接任务和创建日程表。

（3）通过多种与团队保持联系和外出时监控项目的工具，可以随处进行管理。

①通过一个专用的项目网站共享最新的状态、对话和项目日程表，该网站改进了与 Project 和 Office 365（或 SharePoint）的集成。

②易于创建项目网站，迅速与团队共享项目详细信息，使每个用户保持联系并井然有序。

2. 成功交付项目

（1）详细信息。

①项目日程表视图有助于使项目可视化，向团队、管理层和利益关系人做出精彩的演示。

②轻松分享见解，更好地传达进展和实现成果。

③使用现成的报表，如资源概述报表，或通过类似 Excel 的熟悉体验创建自己的报表，迅速衡量进度并有效地向团队、管理层和利益关系人传达消息。

④轻松地从 Project 复制粘贴到熟悉的 Office 应用程序，如 Word 和 PowerPoint，内容保持原样并可更改标签和样式。

（2）前瞻视图涉及项目日常工作和完成工作所需的资源，通过此类视图预测变更。

①工作组规划器等工具经过增强，有助于发现和弥补潜在的问题，以防其影响日程安排。

②在 Project 中，可将任务设为"非活动"，然后即可迅速分析各种"假设"应用场景，不必重新创建整个项目计划。

（3）探索 Office 商店，通过多种灵活的选项迅速展开创新，这些选项可自定义和扩展现成的功能。

①新的 Office 商店提供多种 Office 应用程序，可扩展 Project 的功能，解决各种疑难问题，从而满足各种业务需要。

②在 Office.com 寻找应用程序并选择分发选项，或允许通过企业应用程序目

录进行访问。

③用即将上市供自定义编程的软件开发工具包（SDK）开发可靠的应用程序体系结构。

3. 改进日常协作

（1）多种工具相互配合，帮助项目中的每个成员利用顺利完成工作所需的信息协同工作。

① Project 与 Office、Office 365、SharePoint 密切配合，形成一个完整的协作项目管理系统。

②将项目信息轻松复制到 PowerPoint 等 Office 应用程序和电子邮件里，或将重要的计划和详细信息保存到 Office 365 和 SharePoint 里。

③ Project 与 Office 365 或 SharePoint 之间的任务列表同步比以往更完善，有助于将项目信息迅速传达到团队，并且几乎随处均可轻松接收项目组成员做出的更改。

（2）使用旨在迅速而安全地传递重要对话的工具，可与走廊远处或遍布全球的团队成员实时沟通。

①对项目组成员在项目计划中的状态报警，即可了解该成员是否有空谈话或用 Lync 收发即时消息。

②在 Project 与 Office 365 之间集成 Lync Online，从项目中即可发送即时消息以开始实时对话和共享会议空间。

③有效地跟踪状态和接收更改。

（六）Microsoft Project Server 2013 的主要特性与功能

1. 使用更加智能的 PPM 解决方案

（1）通过熟悉的体验快速开展工作，这种体验可促进参与和帮助项目团队完成更多工作。

①使用 Project Web App（PWA）中全新、直观的磁贴以及用于访问 Project Server 的 Web 应用程序，可迅速开展工作或收缩项目组合管理功能。

②可使用多种设备和浏览器（Internet Explorer、Firefox、Safari、Chrome 等）查看、编辑、提交项目、项目组合和日常工作以及针对其展开协作。

（2）采取行动，可以在更多的地点和设备上抢占先机。

①在同一处查看和执行任务（包括商业任务和个人任务）。

②借助新的日程安排功能，在 PWA 中有效地规划和管理任务。

③在同一处使您的团队井然有序，这就是团队人员的项目网站，从中可查看项目摘要、文档、任务、新闻源和日历。

2. 灵活的项目组合管理

（1）使目标与行动保持一致，以划分各种活动的主次顺序、选择最优的项目组合并履行企业的商业策略。

①有效地评估各种创意或衡量形成竞争的各种要求在策略中的作用，以决定符合程度并简化项目的发起。

②轻松地在 Visio 和 SharePoint Designer 中创建工作流，以使项目进展或甄选的过程标准化并改进治理和控制。

③将 SharePoint 任务列表快速晋升为 PWA 中的企业项目。

（2）有效地管理资源，了解项目团队当前的工作内容，即使团队成员正在 SharePoint 中管理日常工作或临时项目也是如此。

①更好地管理项目渠道，通过在 SharePoint 任务列表中收集团队的创意并在 PWA 中衡量这些创意，还可更好地管理员工当前的工作内容。

②准确地衡量资源利用率以及更好地管理与策略相符的资源分配情况。

③将 Exchange 中团队成员日历上的信息无缝地流动至 Project Server 2013，简化项目日程安排和项目状态更新，同时增强任务共享功能。

3. 充分利用新的协作方式迅速行动

（1）通过 SharePoint 的社交体验加强日常协作，这些体验可促成讨论与信息共享并使团队可完成工作。

①通过新闻源关注人员、网站、标签和文档，从而轻松地共享和管理团队成员当前讨论和工作的内容。

②利用 SharePoint 的搜索功能更有效地执行日常工作和项目以及找到正确的信息。

③利用强大的安全功能以共享信息并与可信的业务合作伙伴在项目和日常工作上展开协作。

④用协作工具提高可见性，以使日历、状态和容量信息在组织内无缝地流动。

（2）用新方式进行无缝沟通，以跨越时空共享对话并改进团队合作的整体情况。

①将鼠标悬停在项目计划中某人姓名的上方可查看团队成员是否有空谈话或

用 Lync 收发即时消息（IM）。

②通过将团队成员拖放到 Lync 会议中以召开群组会议、收发即时消息、共享屏幕和共享工作区，迅速与团队展开协作。

4.提高敏捷性并加强控制

（1）通过向团队成员和利益关系人提供其保持消息灵通和有效所需的信息，根据数据做出决策。

①通过 PWA 中的资源中心优化利用率和规划组织资源需要的分配情况。使用摘要仪表板帮助了解详情和做出更好的决策。

②通过 Excel Services 的自助访问，快速挖掘和聚合多个维度的数据。

（2）通过 SharePoint 中集成的管理体验简化 IT。

①利用 PWA 中的 Active Directory（AD）同步，选择哪个 AD 组包含要分配给项目的团队。

②通过 PWA 中集成了 SharePoint 的新型安全模型，轻松地向团队和可信的业务合作伙伴授予正确级别的访问权限。

③采用有关数据挖掘和商业智能的行业标准，如 ODATA（开放数据协议）。

（3）通过灵活的 PPM 平台快速创新。

①利用新 SharePoint 商店中的应用程序满足独特的业务需要。

②快速开发和交付可帮助从独立过程中少量削减时间或连接到专有软件系统的应用程序。

③利用 Project Server、SharePoint、Exchange、Lync 和 Office 中的整合体验，快速行动并对机遇做出反应。

④通过联网并可伸缩的 PPM 平台，将不同的专业领域（如 ALM、NPD 和 IPM）集中在一起。

（七）国内外常用的其他工程项目管理软件

1.Artemis Views

Artemis Views 是美国 Artemis 公司推出的企业级项目管理工具，主要包括 Project View、Cost View、Global View、Track View 4 个模块，每个模块分别针对不同的用户对象，基于 Client/Server 模式，支持 Oracle、MS SQL、Sybase 等数据库系统，Windows、HP-UX、Sun Solaris 等操作系统。主要功能包括：支持层次结构的多计划视图；分析多项目计划的成本和资源需求；可以直接将 Microsoft

Project 数据存到中央数据库，允许 Microsoft Project 数据进入跟踪模块，以实现活动和时间的自动跟踪；支持 Web based 的用户离线填报工时，连上服务器后自动更新数据库的数据；企业级成本计划和控制；提供项目进度、活动和资源的财务角度视图；支持在线成本数据和差异分析；Earned valued 的项目控制和汇报；支持 ERP 的集成；为不同权限的用户提供不同的使用模块。

2.Open Workbench

Open Workbench 是美国 Niku 公司开发的一款支持 Windows 操作系统的免费的项目管理工具，其功能与 Microsoft Project 有很多相似之处，但不支持 C/S 结构下的企业级多人协作的项目管理模式，在项目计划的工作预估和进度排布算法方面，也存在差距。Open Workbench 主要功能包括以下方面。

（1）项目规划：使用者可以定义项目并创建与之关联的更细的工作项，用以刻画项目进度；除了编辑常规属性，使用者还可以定义任务间的依赖关系，包括同一项目内的依赖和跨项目依赖，这种依赖关系会对项目进度安排产生影响；Open Workbench 还支持主子项目关联，即管理者可以在定义和跟踪单个具体项目进度的同时，在更高层次上全局性地把握多个彼此关联的项目。

（2）资源管理：主要针对人力资源管理，也包括非人力资源，如设备、材料和开支。Open Workbench 还为每个独立资源配备了相应的工作日历，可以根据实际情况自行定义人员的工作日程。

（3）进度安排：其 Auto Schedule 功能通过组内置规则，结合任务和资源的约束、依赖关系，以及优先级等信息，自动实现进度安排。

（4）项目视图：支持以多种图形化的方式展示项目进度并帮助管理者跟踪项目的进度。包括：基本的甘特图、反映阶段进程的甘特图、标示关键路径的 CPM 网络图等，再结合差异分析（Variance Analysis）、挣值分析（Earned Value Analysis）等，管理者可以获得对当前项目状况和潜在问题的全局印象。

3.Open Plan

Open Plan 是由美国 Welcom 公司（已被 Deltek 公司收购）开发的一款决策层、管理层、实施层均可以使用的企业级项目管理软件，可实现业主、监理、承包商多级集成管理，并可同时组织实施多个项目管理。Open Plan 的功能和特点主要包括以下方面。

（1）进度计划管理。Open Plan 针对施工单位、监理、设计、业主、企业管理部门及其所有工程项目，可以自上而下地分解工程，每个作业都可以被分解为子网络、孙网络，实现无限分解，这特点为大型、复杂公路工程项目的多级网络计划的编制和控制提供了便利。

（2）资源管理与资源优化。资源分解结构（Resource breakdown structure，RBS）可结构化地定义数目无限的资源，包括资源群、技能资源、驱控资源以及通常资源、消费品、消耗品；拥有独特的资源优化算法和程序，通过对作业的分解、延伸和压缩进行资源优化并可同时优化无限数目的资源。

（3）项目管理模板。Open Plan 的项目专家功能提供了几十种基于美国项目管理学会（PMI）专业标准的管理模板，用户可以使用或自定义模板，建立 C/SCSC，（费用/进度控制系统标准）或 ISO（国际标准化组织）标准，自动进行管理。

（4）风险分析。Open Plan 集成了风险分析和模拟工具，可以直接使用进度计划数据计算最早时间、最晚时间和时差的标准差和作业危机程度指标，不需要再另行输入数据。

（5）开放式数据结构。Open Plan 全面支持 OLE2.0，工程数据文件可保存为通用的数据库格式，如 Microsoft Access、Oracle、Microsoft soL Server、Sybase 及 FoxPro 的 DBF 数据库；用户还可以修改库结构增加自己的字段并定义计算公式。

4.Project Scheduler

Project Scheduler 是美国 Scitor 公司开发的一款基于 Windows 操作系统的项目管理软件包，可用于管理项目的各种活动。Project Scheduler 具备传统项目管理软件的特征，图形界面设计友好，报表和绘图功能强大，比如甘特图绘制，能用各种颜色把关键任务、正负时差、已完成的任务以及正在进行的任务区别开来；任务之间易于建立图式连接，任务工时修改方便；资源的优先设置及资源的平衡算法非常实用；多个项目及大型项目的操作处理也比较简单；支持广泛的数据/文件交换，可与 soL 数据库并行处理大的、复杂的程序，其网络版与外部数据库（如 SAP R/3）可实现无缝连接；具有功能强大的报告模板库，可快速编写网页，适合组织、合并及查看项目情况。该软件的缺点是联机帮助和文件编制以及电子邮件功能有限。

5.智邦国际项目管理系统

智邦国际项目管理系统是由北京智邦国际软件技术有限公司开发的一套项目管理系列软件，此外，该公司还推出了 ERP、CRM、进销存等系列软件。智邦国际项目管理系统以项目实施环节为核心，以时间进度控制为出发点，通过对立项、成本、进度、合同、团队的全面跟进和高效管控，跨领域解决复杂问题。企业可以随时掌握项目计划和实际的差异，合理配置资源及资金，节约成本，降低风险，确保战略目标如期实现。智邦国际项目管理系统基于"7C管理"先进设计理念，不仅可以实现项目全过程全要素的集成管理，还支持与企业其他管理平台的全程一体化管理。智邦国际项目管理系统将企业信息有效共享，流程操作标准化，避免衔接不当。另外，与传统设置不同，智邦国际通过开放式内置工具和模板，根据动态需求，简化、定义或调整工作流，模拟对所有或某些项目的变动，了解人员和安排变化造成的影响，体现项目管理敏捷性和先进性，方便企业日常管理。

6. 三峡工程管理系统

三峡工程管理系统（Three gorges project management system，TGPMS）是中国长江三峡工程开发总公司通过引进西方管理理念、方法、模型，结合三峡工程建设实情及我国施工项目管理实践经验，对西方成熟的工程管理系统软件进行再造与开发而形成的一套大型集成化工程项目管理系统。TGPMS的开发、应用和实施，综合运用BPR方法、信息资源规划方法和软件工程方法，建立了工程管理模型、软件功能模块和数据体系三位一体的大型工程管理综合控制系统，创造积累了一套适用于我国工程管理特点的业务模型、编码标准、数据资源加工体系（报表、KPI等）和实施方法论。TGPMS是为设计、承包商、监理、业主共同完成一个项目目标而搭建的集成的协同工作平台，在该平台上实现了以合同、财务为中心的数据加工、处理、传递及信息共享，以控制工程成本、确保工程质量、按期完成工程目标。TGPMS包含13个功能子系统：编码结构管理、岗位管理、工程设计管理、资金与成本控制、计划与进度、合同与施工管理、物资管理、设备管理、工程财务与会计、文档管理、质量管理、安全管理、施工区与公共设施管理。

7. 邦永PM2项目管理系统

邦永PM2项目管理系统是北京邦永科技有限公司开发的一套基于国际先进项目管理思想，结合国内习惯与标准的管理集成系统，该系统既适用于单个的大型施工项目管理，又可用于企业的多项目管理。PM2项目管理系统可以对整个项目周期进行全过程管理，涉及投资分析、征地拆迁、设计报建、建设管理等各个阶段，可以从投资、进度、成本、质量、合同、楼盘的销售与客户管理等各个角度动态反馈、分析和控制工程项目的进展状态。PM2项目管理系统嵌入了计划管理、进度管理、人力资源、材料管理、供应商管理、设备管理、采购管理、成本管理、投资管理、合同管理、招标管理等20多个功能模块，对项目进行全方位的数据收集、整理、汇总，对进度安排、物资采购及多项目资源进行协调分配；通过项目报告、风险分析、项目评估、项目跟踪、领导总览、管理驾驶舱等10多个分析、建议模块，对项目的整体进展情况进行跟踪、分析并提出合理化的建议，使管理者能了解项目每个环节的进展情况并能进行有效的评估。

8. 广联达梦龙综合项目管理系统

广联达梦龙综合项目管理系统（GEPS）是由北京广联达梦龙软件有限公司推出的一套面向建筑施工企业、以辅助企业经营决策为目的、以施工项目管理为核心的企业级项目管理信息系统。GEPS是原北京梦龙软件有限公司开发的梦龙Link Project项目管理平台与广联达施工项目成本管理系统（GCM）等软件的融合升级。GEPS的目标是实现管理专业化、业务专业化和技术专业化。通过管理专业化，有效支撑企业战略管理；通过业务专业化形成对企业业务架构和管控模式进行支撑，实现打造企业的高执行力和业务四通的需求；通过技术专业化来实现对企业发展的不同阶段建设、不同信息化系统进行支撑并实现数据"共享"。

9. 易建工程项目管理软件

易建工程项目管理软件是由易建科技有限公司开发的一套适用于建设领域的综合型施工项目管理软件系统，不仅适用于单、多项目组合管理，而且可以融合企业管理，并延伸至集团化管理。易建工程项目管理软件既可以供建设单位与施工企业使用，又可以扩展成协同作业平台，融合设计单位、监理单位、设备供应商等产业链中不同企业的业务协同流程作业。易建工程项目管理软件以成本管理为核心、以进度计划为主线、以合同管理为载体，完成成本、进度、质量、安全、合同、信息、沟通协调、工程资料等工程业务处理，实现项目全周期、全方位管理，以及资金、人力、材料、库存、机械设备各个方面的生产资源统一管理。该软件提供数据交换、工作流、办公自动化、协同门户、市场经营管理、项目组合管理、集中采购管理、人力资源管理、电子商务、知识管理、商业智能等企业综合管理功能。通过数据交换与工作流技术实现与其他软件系统的应用集成，形成一个完整的信息系统；通过建立办公自动化平台与协同门户实现全员协作与沟通；通过市场经营管理与电子商务实现产业链与供应链整合；通过项目组合管理与集中采购管理实现集约化管理；通过知识管理与商业智能技术实现科学决策与创新，形成一个围绕工程项目投资与建设的全方位、完整周期、整合型的信息化管理体系。

第二节　建设项目后评估

可行性研究和项目前评价都是在项目建设前进行的，其判断、预测是否正确，项目的实际效益如何，需要在项目竣工运营后根据实际数据资料进行再评估来检验，这种再评估就是项目后评估。项目后评估是整个项目管理的一种延伸，通过项目后评估可以全面总结项目投资管理中的经验教训，并为以后改进项目管理和制订科学的投资计划与政策反馈信息提供依据，这对于提高建设项目的管理水平将起到重要作用。

一、后评估的作用

项目后评估是在项目建成投产或投入使用后的一定时刻，对项目的运行全面评价，即对投资项目的实际费用效益进行系统审计，将项目初期的预期效果与项目实施后的终期实际结果进行全面对比考核，对建设项目投资产生的财务、经济、社会和环境等方面的效益与影响进行全面科学的评估。

开展项目后评估，对投资决策的科学化和项目投资控制有极其重要的作用。

1. 系统地对项目进行后评估，有利于投资项目的最优控制

建设项目是一个投资多、耗时长的生产过程，并具有一次性的特点，在这一过程中，可能遇到许多风险和干扰，从而影响项目目标的实现。开展项目后评估，能在项目实施过程中通过实际预测的对比分析及时发现问题、分析原因、提出对策、调整目标，实现项目投资目标的最优控制。

2. 开展项目后评估，有利于提高项目投资决策的科学性

通过项目后评估，对项目的实施结果进行全面评价，可以检验项目前评估的理论和方法是否合理，决策是否科学，从中总结成功的经验，吸取失误教训，及时反馈到新的决策中，为今后同类项目的评估和决策提供参照和分析的依据，防止或减少可靠性研究和项目决策的随意性。

总之，开展项目后评估，既可评价投资决策的成功和失误，以检验其决策水平；又可评价项目实施管理中的经验和教训，以提高其管理水平；还可对项目实施结果的未来前景做出进一步预测，以促进项目投资效益的提高。

二、后评估的程序

项目后评估程序一般包括提出问题、确定范围、选择专家、收集资料、分析研究、编写报告六个既有联系又有区别的阶段，具体可概括为以下几个步骤：

1. 提出问题

明确项目后评估的具体对象、评估目的及具体要求。

2. 确定范围

由于后评估的范围很广，因此，项目后评估的内容可限定在一定范围内。在后评估实施前必须明确评估的范围和深度，按评估要求的范围进行后评估。

3. 选择专家

要根据所评估项目的特点、后评估要求和专家的专业特长及经验来选择项目后评估咨询专家。评估专家组一般由委托评估机构内部专家和项目后评估执行机构以外的独立咨询专家组成，前者熟悉项目后评估过程和程序，了解后评估的目的和任务，可以保证顺利完成项目后评估工作，后者则能公正、客观地进行项目评估。

4. 收集资料

本阶段的主要任务首先要制定深入详细的调查提纲，确定调查对象和调查方法并开展实际调查工作，收集后评估所需要项目的有关资料、项目所在地区的资料、评估方法的有关规定和原则等各种资料和数据；其次要进行后评估现场调查，主要包括项目的基本情况、项目目标的实现程度、项目的影响和作用等。

5. 分析研究

围绕项目后评估内容，采用定量分析和定性分析方法，发现问题，提出改进措施。最后应做出分析和结论。要回答：总体结果如何、项目的可持续性如何、是否有更好的方案来实现这些成果、取得的经验和教训是什么等一系列问题。

6. 编写报告

项目后评估报告是将分析研究的成果进行评估总结，应真实反映情况，客观分析问题，认真总结经验和教训。后评估报告根据不同需要分为项目业主编制的自我评估报告和后评估的综合报告两种形式。编制出项目后评估报告，应提交委托单位和被评估单位。后评估报告的内容主要包括以下方面：

（1）简述

包括项目的简介、项目将来的运行计划、项目实施经验及总结、吸取的教训等。

（2）主体

主要包括项目背景和立项、项目的经济效益评估、项目的影响评估、项目的持续能力评估、项目的实施过程评估、项目后评估的结论和经验教训等。

（3）附件

主要包括后评估任务书、后评估单位名称、主要评估者介绍、地方和部门的评审意见等。

三、后评估的内容

建设项目的类型不同，后评估所要求的内容在深度和广度上也会有所不同。归纳起来，项目后评估的内容可分为以下五个方面。

1. 项目目标评估

通过对项目立项审批决策时所确定的目标，与项目实际运作所产生的一些经济、技术指标进行比较，检查项目是否达到了预期目标或达到目标的程度，分析实际发生变化的原因。如原定的目标不明确，或不符合实际情况，或在项目实施过程中发生了重大变化等，后评估都要给予重新分析和评估，从而判断项目是否成功。

2. 执行过程评估

项目在执行过程中，对工程项目的立项决策、设计施工、资金使用、设备采购、竣工验收、生产运营和生产准备等的全过程进行评估，找出项目后评估与原预期效益之间的差异及其产生的原因并提出对策建议，以不断提高项目的建设水平。

3. 经济效益评估

经济效益是衡量项目成功与否的关键因素。通过项目竣工投产后所产生的实际经济效益与可行性研究时所预测的经济效益相比较，对项目进行评估。对生产性建设项目要运用投产运营后的实际资料计算财务内部收益率、财务净现值、财务净现值率、投资利润率、投资利税率、贷款偿还期、国民经济内部收益率、经济净现值、经济净现值率等一系列后评估指标，然后与可行性研究阶段预测的相应指标进行对比，从经济上分析项目投入运营后是否达到了预期效果。没有达到预期效果的，应分析原因，采取措施，提高其经济效益。项目建成后，通过分析成本构成，进行财务评价和国民经济评价并通过一些主要经济指标进行衡量，如经济内部收益率等。

4. 影响评估

通过项目竣工投产后对社会经济发展、文化教育、技术和生态环境产生的实际影响所进行决策的正确性评估，判断项目的决策宗旨是否实现。如果项目建成后达到了原来预期的效果，对国民经济发展、产业结构调整、生产力布局、人民生活水平的提高、环境保护等方面都带来有益的影响，说明项目决策是正确的；如果背离了既定的决策目标，就应具体分析，找出原因，引以为戒。项目影响评估，一般都是有选择地进行的，而且评估时间一般都是在项目交付使用 7 至 8 年后进行。

5. 持续性评估

在项目建设、投入运行以后，对项目在未来运营中实现既定目标、项目是否可以持续保持既定的产出效益、接受投资的项目业主是否愿意并可以依靠自己的能力继续实现项目的既定目标、是否可以在未来以同样的方式建设同类项目以及持续发挥效益的可能性进行预测分析。项目效益的持续发挥是要受到一定因素制约的，政府政策因素、管理组织、财务、技术、社会文化、生态环境及经济等因素都可能影响到项目的持续性。因此，仅从项目的实施情况做出评估结论是不全面的，还应进行项目的持续性评估，即对项目未来发展趋势进行科学的分析和预测。

以上五个方面的内容是对项目后评估的整体而言的，在进行具体项目后评估时，评估内容应针对项目具体情况而有所选择。

四、后评估的方法和指标

项目后评估是运用控制论的基本原理，通过项目实际实施结果与预测结果的对比，寻找项目实施中存在的偏差，通过对产生偏差因素的分析，采用相应的控制措施，保证项目投资实现预期目标。为定量地分析项目实施过程中各主要目标的实际情况，一般主要采用指标计算和指标对比等分析研究方法。指标计算就是通过计算项目实际投资利润率、实际内部收益率等反映项目实施和运营各阶段实际效果的指标，来衡量和分析建设项目的投资效果；指标对比是通过各种项目后评估指标与预测指标或国内外同类项目的相关指标进行对比，来衡量实际建设效果。项目后评估主要是通过一些指标的计算和对比，来分析项目实施中的偏差并寻求解决问题的方案。

1. 项目前期和实施阶段的后评估指标

（1）竣工项目定额工期率

反映项目实际建设工期与国家统一制定的定额工期或与确定计划安排的计划工期的偏离程度。

$$竣工项目定额工期率 = \frac{竣工项目实际工期}{竣工项目定额(计划)工期} \times 100\%$$

（2）实际建设成本变化率

反映项目实际建设成本与批准的概（预）算所规定的建设成本的偏离程度。

$$实际建设成本变化率 = \frac{实际建设成本 - 预计建设成本}{预计建设成本} \times 100\%$$

（3）实际工程合格（优良品）率

反映建设项目的工程质量。

$$实际工程合格(优良品)率 = \frac{实际单位工程合格(优良品)数量}{验收鉴定的单位工程总数}$$

（4）实际投资总额变化率

反映实际投资总额与项目前评估中预计投资额的偏差程度，包括静态投资总额变化率和动态投资总额变化率。

$$静态(动态)投资总额变化率 = \frac{实际静态(动态)投资总额 - 预计静态(动态)投资总额}{预计静态(动态)投资总额} \times 100\%$$

2. 项目营运阶段的后评估指标

（1）国民经济变化率

反映公路竣工以后实际国民经济效益与预计国民经济效益的偏离程度，用于非收费项目社会效益评估。

$$国民经济效益变化率 = \frac{实际国民经济效益 - 预计国民经济效益}{预计国民经济效益} \times 100\%$$

（2）实际营运利润变化率

反映收费项目实际投资效益并衡量项目实际投资效益与预期投资效益的偏差。其计算分为两步进行。

①计算考核期内各年实际运营利润变化率。

$$各年实际运营利润变化率 = \frac{该年实际运营利润 - 预期该年运营利润}{预计该年运用利润} \times 100\%$$

②计算实际运营利润变化率。

$$实际运营利润变化率 = \frac{各年实际运营利润变化率之和}{考核年限} \times 100\%$$

（3）实际投资利润（利税）率

指项目达到实际交通能力后的年实际利润（利税）总额与项目实际投资额的比率，也是反映建设项目投资效果的一个重要指标。

实际投资利润(利税)率

$$= \frac{年实际利润(利税) - 年实际利润(利税)或年平均实际利润(利税)额}{实际投资额} \times 100\%$$

（4）实际投资利润（利税）年变化率

反映项目实际投资利润（利税）率与项目预测投资利润（利税）率或国内外其他同类项目实际投资利润（利税）率的偏差。

$$实际投资利润(利税)变化率 = \frac{实际投资利润(利税) - 预测(其他项目)投资利润(利税)率}{预测(其他项目)投资利润(利税)率} \times 100\%$$

（5）实际净现值

反映收费项目生命期内获利能力的动态评价指标，它的计算是依据项目运营后的年实际净现金流量或根据情况重新预测的项目生命期内各年的净现金流量，并按重新选定的折现率，将各年现金流量折现到建设期，求现值之和。

（6）实际内部收益率

根据实际发生的年净现金流量和重新预测的项目生命周期计算的各年净现金流量为零的折现率。

（7）实际投资回收期

以项目实际产生的净收益或根据实际情况重新预测的项目净收益抵偿实际投资总额需要的时间，分为实际静态投资回收期和实际动态投资回收期。

在计算实际净现值、实际内部收益率、实际投资回收期后，还可以计算其变化率以分析它们与预计的偏差，具体计算方法与其他指标相同。关于国民经济后评估中的实际经济净现值及实际经济内部收益率等指标的计算方法与实际净现值及实际内部收益的计算方法相同。

第三节 建设项目的档案管理和回访保修

一、建设项目的档案管理

（一）概述

1. 建设项目档案管理的概念

（1）建设工程文件。在工程建设过程中形成的各种形式的信息记录，包括：工程准备阶段文件、监理文件、施工文件、竣工图和竣工验收文件。

（2）建设工程档案。在工程建设活动中直接形成的具有归档保存价值的文字、图表、声像等各种形式的历史记录。

（3）建设工程文件档案资料。建设工程文件和档案组成建设工程文件档案资料，其载体可为纸张、微缩胶片、光盘、磁带、磁盘。

2. 文件档案资料归档

与工程建设有关的重要活动、记载工程建设主要过程和现状、具有保存价值的各种载体的文件均应收集齐全，整理立卷后归档。对于一个建设工程而言，归档有以下含义：

（1）建设、勘察、设计、施工、监理等单位在工程建设过程中形成的文件向本单位档案管理机构移交。

（2）业主按照《建设工程文件档案整理规范》要求，将汇总的该建设工程文件档案向地方城建档案管理部门移交。

（二）工程建设各参建单位档案资料管理

1. 通用规定

（1）各单位填写的档案应以规范、合同、设计文件、质量验收、统一标准为依据。

（2）档案资料应随工程进度及时收集、整理并应按专业归类，认真书写，字迹清楚，项目齐全、准确、真实、无未了事项并应采用统一表格。

（3）档案资料进行分级管理，各单位技术负责人负责本单位工程档案资料的全过程组织工作并负责审核。各相关单位档案管理员负责工程档案资料的收集、整理工作。

（4）对档案资料进行涂改、伪造、随意抽撤或损毁、丢失等应给予处罚，情节严重的应依法追究法律责任。

2. 业主

（1）在招标及与各参建单位签订合同时，应对工程文件的套数、费用、质量、移交时间提出明确要求。

（2）收集和整理工程准备阶段、竣工验收阶段形成的文件并立卷归档。

（3）组织、监督、检查（或委托监理监督检查）各参建单位的工程文件的形成、积累和立卷归档工作，收集和汇总各参建单位立卷归档的工程档案。

（4）可委托承包人组织工程档案编制工作。

（5）负责组织绘制竣工图，也可委托承包人，设计单位或监理单位完成。

（6）在组织竣工验收前，应请当地城建档案管理部门对工程档案验收；未取得工程档案认可文件，不得组织竣工验收。

3. 监理单位

（1）设专人负责监理资料收集、整理和归档。监理资料应在各阶段监理工作结束后及时整理归档。在项目监理部，由总监理工程师负责监理资料管理。监理资料必须真实完整、分类有序。

（2）按监理合同约定，受业主委托，对勘察、测绘、设计、承包人的工程文件的形成、积累和立卷归档进行监督检查。

（3）监理文件的套数、提交内容及时间按要求编制移交清单，双方签字盖章后及时移交业主。

4. 承包人

（1）实行技术负责人负责制，逐级建立、健全施工文件管理岗位责任制，配备专人负责施工资料管理。设专门部门（专人）负责收集和整理工程项目施工文件。

（2）总承包人负责收集、汇总各分包单位形成的工程档案。

（3）可按施工合同约定，接受业主委托进行工程档案的组织、编制工作。

（4）按要求在竣工前将施工文件整理汇总完毕，再移交业主进行工程竣工验收。

（三）建设工程档案编制质量要求与组卷方法

1. 质量要求

（1）归档文件一般为原件，其内容及深度必须符合国家有关技术规范、标准和规程。内容必须真实、准确，与工程实际相符合。

（2）工程文件应字迹清楚、图样清晰、图表整洁、签字盖章、手续齐备。文件应采用能长期保存的韧性大、耐久性强的纸张，采用耐久性强的书写材料，文字材料幅面尺寸宜用A4纸幅面。

（3）图纸宜采用国家标准图幅，一般采用蓝晒图。计算机出图必须清晰，不得使用复印件。

（4）竣工图应是新蓝图，并应加盖竣工图章。

2. 组卷方法

（1）组卷原则

①遵循工程文件的自然形成规律，保持卷内文件的有机联系，便于档案保管和利用。

②一个建设工程由多个单位工程组成时，工程文件应按单位工程组卷。

（2）组卷方法

①工程准备阶段文件可按单位工程、分部工程、专业、形成单位等组卷。

②监理文件可按单位工程、分部工程、专业、阶段等组卷。

③施工文件可按单位工程、分部工程、专业、阶段等组卷。

④竣工图可按单位工程、专业等组卷。

⑤竣工验收文件可按单位工程、专业等组卷。

（四）建设工程档案验收与移交

1. 验收

（1）为确保工程档案质量，各编制单位、地方城建档案管理部门、建设行政管理部门要对工程档案进行严格检查验收。编制单位、制图人、审核人、技术负责人必须签字或盖章。验收不合格的，退回业主，由业主责成编制单位改正、补齐，问题严重者可令其重做。不符合要求者，不能交工验收。

（2）工程档案由业主验收。列入城建档案管理部门档案接收范围的工程，业主在组织工程竣工验收前应提请城建档案管理部门对工程档案预验收。业主未取得城建档案管理部门出具的认可文件，不得组织工程竣工验收。地方城建档案管理部门负责工程档案的最后验收。

（3）国家、省市重点工程项目或一些特大型、大型的工程项目的预验收和验收，必须有地方城建档案管理部门参加。

（4）城建档案管理部门进行工程档案预验收时，重点验收以下内容：

①分类齐全，系统完整，内容真实、准确地反映工程建设活动和工程实际情况。

②文件的形成、来源符合实际，文章签章手续完备。

③文件材质、幅面、书写、绘图、用墨等符合要求。

④工程档案已整理立卷，立卷符合规范的规定。

⑤竣工图绘制方法、图式及规格等符合专业技术要求，图面整洁，盖有竣工图章。

2. 移交

（1）承包人、监理单位等应在工程竣工验收前将工程档案按合同规定的时间、套数移交给业主并办理移交手续。

（2）列入城建档案管理部门接收范围的工程，建设单位在工程竣工验收后3个月内向城建档案管理部门移交一套符合规定的工程档案。移交时应办理移交手续，填写移交记录，双方签字盖章后交接。

（3）停建、缓建工程的工程档案暂由业主保管。

二、建设项目的回访保修

为使工程项目在竣工验收后达到最佳使用条件和最长使用寿命，让用户满意，承包人在工程项目移交后，必须向业主提出建筑物使用和保养要领并在用户开始使用后，进行回访和保修。

回访保修的责任应由承包人承担，承包人应建立施工项目交工后的回访与保修制度，听取用户意见，提高服务质量，改进服务方式。

保修工作必须履行施工合同的约定和工程质量保修书中的承诺。

（一）回访

承包人在工程交付使用后要定期回访用户，对于回访中发现的质量缺陷，承包人要及时组织施工力量进行维修和处理。

1. 回访工作计划的制订

承包人应建立健全回访工作制度，制订回访工作计划和实施办法，回访工作计划主要包括回访的对象、工程名称、时间安排、保修年限等内容。

2. 回访的程序和内容

先听取用户情况和意见，到现场进行质量缺陷查看，并分析和确认产生的原因，与业主商谈进行返修事宜，填写回访记录。

3. 回访的方式

（1）例行性回访。根据年度回访工作计划的安排，对已交付竣工验收并在保修期内的工程，统一组织回访，可采用电话咨询、会议座谈、登门拜访等方式。

（2）季节性回访。如夏季访问屋面及防水、空调、墙面防水；冬季访问采暖系统等。

（3）技术性回访。主要是了解施工中采用"四新"的技术性能、使用后的效果，设备安装后的技术状态等。

（4）特殊性回访。对某一特殊工程进行专访，做好记录，包括交工前的访问和交工后的回访；对重点工程和实行保修保险方式的工程，应组织专访。

（二）保修

工程质量保修是对工程竣工验收后在规定的期限内出现的质量缺陷予以修复的活动，质量缺陷是指工程质量不符合国家标准和合同约定的问题。

工程保修期是承包人根据施工合同及工程质量保修书的要求制定的。承包人向发包人提交工程验收报告时，应出具工程质量保修书。承包人在签署工程质量保修书时，还应按法规规定或合同约定，在保修书中对合理使用工程给予提示。

工程质量保修书中应具体约定保修范围和内容、保修期、保修责任、保修费用等。保修期是指自竣工验收合格之日起计算，在正常使用条件下的最低保修期限。

对在保修期内发生的非使用原因的质量问题，使用人应填写工程质量修理通知书以告知承包人并注明质量问题及部位、联系维修方式等。承包人接到工程质量修理通知书后，按照约定的时间和地点，派出作业人员到场修理。若在约定的时间和地点未派人修理，使用人可委托其他单位和人员修理，其费用应由责任人承担。承包人还应对修理结果进行检查验收。修理事项完毕，使用人应在工程质量修理通知书上签署意见，做出评价，返回承包人主管职能部门存档。

1. 保修期限的确定在正常使用条件下，公路工程最低保修期限为一年。而建筑工程最低保修期限如下：

（1）地基基础工程和主体结构工程，为设计文件规定的该工程的合理使用年限；

（2）屋面防水工程、有防水要求的卫生间、房间和外墙面的防渗漏为五年；

（3）供热与供冷系统，为两个采暖期、供冷期；

（4）电气管线、给排水管道、设备安装、装修工程为两年。

2. 保修经济责任的确定

（1）承包人未按国家有关规范、标准和设计要求施工而造成的质量缺陷，由承包人负责返修并承担经济责任。

（2）因设计方面造成的质量缺陷，由设计单位承担经济责任，当由承包人负责维修时，其费用按有关规定通过发包人向设计单位索赔，不足部分由发包人负责。

（3）因建筑材料、构配件和设备质量不合格引起的质量缺陷，属于承包人采购的或经其验收同意的，由承包人承担经济责任；属于发包人采购的，由发包人承担经济责任。

（4）由发包人指定的分包人造成的质量缺陷，应由发包人自行承担经济责任。

（5）因使用人使用不当造成的质量缺陷，由使用人自行负责。

（6）因地震、洪水、台风等不可抗拒原因造成的质量问题，承包人、设计单位不承担经济责任。

（7）当使用人需要责任以外的修理维护服务时，承包人应提供相应的服务，并在双方协议中明确服务的内容和质量要求，费用由使用人支付。

第八章　公路建设项目可持续发展

我国交通发展正承受越来越大的环境压力，交通发展与必须进行的保护环境之间，不可避免地构成一对矛盾。因此，必须构建交通运输与自然的和谐关系，实现交通发展由影响环境到改善环境的转变，努力做到与自然条件、生态环境、人文景观的和谐统一。本章将对公路建设项目可持续发展进行阐述。

第一节　公路建设项目可持续发展概述

一、可持续发展的基本内涵

（一）可持续发展战略的提出

1992年，联合国环境与发展大会制定了《21世纪议程》，并提出可持续发展是发达国家和发展中国家21世纪正确协调人口、资源、环境与经济间相互关系的共同发展战略，是人类求得生存与发展的唯一途径。由于可持续发展战略关系到当今人们的生产和生活，关系到社会的稳定繁荣，这一战略提出后立即引起世界各国的社会学家、经济学家的关注。可持续发展是人类全面总结自己的发展历程，重新审视自己的社会经济行为后，提出的一种全新的发展思想和发展模式。

可持续发展从字面上理解是指促进发展并保证其可持续性。很明显，它包括了可持续性和发展两个概念。发展不仅仅是指经济的增长或实际收入的增长，而且还指人民福利和生活水平的提高；可持续的过程是指该过程在一个相对无限长的时期内，可以永远地保持下去。

（二）可持续发展的目的

可持续发展是一个涉及经济、社会、文化、技术及自然环境动态的综合概念，其主要包括自然资源与生态环境的可持续发展、经济的可持续发展和社会的可持续发展三个方面。可持续发展，一是以自然资源的可持续利用和良好的生态环境为基础，二是以经济可持续发展为前提，三是以谋求社会的全面进步为目标。只要社会在每一时间段内都能保持资源、经济、社会同环境的协调，那么这个社会的发展就符合可持续发展的要求。可持续发展不仅仅是经济问题，也不仅仅是社会问题和生态问题，而是三者相互影响的综合体。可持续发展的最终目的表现为以下几个方面：

1. 不断满足当代和后代人的生产和生活对于物质、能量和信息的需求，既从物质或能量等硬件的角度予以不断的提供，也从信息、文化等软件的角度予以不断的满足。

2. 代际之间应体现公正、合理的原则去使用和管理属于全体人类的资源和环境，同时每代人也要以公正、合理的原则来担负各自的责任，当代人的发展不能以牺牲后代人的发展为代价。

3. 区际之间应体现均富、合作、互补、平等的原则，在空间范围内缩短同代人之间的差距，不应造成物质上、能量上、信息上，甚至心理上的鸿沟，共同实现资源—生产—市场之间的内部协调和统一。

4. 创造自然—社会—经济支持系统的外部适宜条件，使得人类生活在一种更严格、更有序、更健康、更愉快的内外环境之中，不断地优化系统的组织结构和运行机制。

（三）可持续发展的基本原则

可持续发展内涵中，体现以下几个基本原则：

1. 公平性原则

可持续发展强调代内公平、代际公平以及资源分配与利用的公平。

2. 持续性原则

在"满足需求"的同时，必须有"限制"的因素，即"发展"的概念中包含着制约因素，主要限制因素是人类赖以生存的物质基础，即自然资源和环境。持续性原则的核心是人类的社会和经济发展不能超越资源与环境的承载能力。

3. 共同性原则

可持续发展要求人们对可持续发展的价值观念和道德观准则的普遍认同，要求打破民族、国家、种族和行业的界限，根据合理的要求对资源的利用进行全面的衡量和协调。

4. 和谐性原则

可持续发展思想所要达到的理想境界是人和人之间以及人和自然之间的和谐，这就要求每个人在考虑和安排自己的行为时也要考虑到自己的行为对他人、后代人及自然环境的影响，从而在人类内部及人类和自然之间建立起一种互惠共生的和谐关系。

5. 协调性原则

根据可持续发展的思想，良好的自然环境是可持续发展的基础，经济的发展是可持续发展的条件，稳定的人口是可持续发展的要求，科技进步是可持续发展的动力，社会发展是可持续发展的目的，因此，经济、环境、人口、社会、科技应协调发展。

（四）可持续发展系统的组成

可持续发展理论的建立与完善，一般是沿着经济学、社会学、生态学、系统学这四个主要方向去揭示其内涵和实质的。可持续发展理论研究的经济学方向是以区域开发、生产力布局、经济结构优化、物资供需平衡等作为基本内容，该方向的一个集中点，是力图把"科技进步贡献率抵消或克服投资的边际效益递减率"作为衡量可持续发展的重要指标和基本手段；可持续发展理论研究的社会学方向是以社会发展、社会分配、利益均衡等作为基本内容，该方向的一个集中点是力图把"经济效益与社会公正取得合理的平衡"作为可持续发展的重要判断依据和基本手段；可持续发展理论研究的生态学方向，以生态平衡、自然保护、资源环境的永续利用等作为基本内容，该方向的一个集中点是力图把"环境保护与经济发展之间取得合理的平衡"作为可持续发展的重要指标和基本原则；可持续发展理论研究的系统学方向是以综合协同的观点，探索可持续发展的本源和演化规律，将其"发展度、协调度、持续度的逻辑自洽"作为中心，有序地演绎了可持续发展的时空耦合与三者互相制约、互相作用的关系。遵从一般系统学的理论和原则，确认可持续发展是由其内部具有严格逻辑关系的"五大支持系统"组成，它们是：

1. 生存支持系统——实施可持续发展的临界基础；
2. 发展支持系统——实施可持续发展的动力牵引；
3. 环境支持系统——实施可持续发展的约束限制；
4. 社会支持系统——实施可持续发展的组织能力；
5. 智力支持系统——实施可持续发展的科技保障。

一个国家或地区可持续发展能力的形成，必须同时取决于上述五大支持系统的共同贡献，五大支持系统中的任何一个发生问题，都将损坏整体的可持续能力，直至造成可持续发展系统的崩溃。

二、公路建设项目可持续发展的含义

（一）公路交通发展现状

公路交通以其快捷、方便、灵活、覆盖面广、通达度深等特点，成为现代交通运输体系的重要组成部分。它是国民经济的重要基础产业，是社会及经济快速、健康、持续发展的生命线，在一定程度上标志着一个国家或地区社会经济的发展水平，它不仅要适应国民经济和社会发展的需要，从长远来看，还会促进国民经济大发展，满足国民经济可持续发展的要求。

我国实行积极的财政政策，加大了对公路基础设施的投资力度，公路建设为拉动经济的发展做出了贡献，为经济的进一步腾飞增强了后劲。广大人民群众总结的"要想富，先修路"的"先"字，充分体现了公路的特殊作用。另外，人们也认识到公路交通发展的目标不应只限于改善路网性能、缓解交通拥挤和适应经济增长等，而应以促进社会持续和谐的发展为基本目标，使之与资源利用、环境保护相适应，引导经济、社会、环境的良性发展。

从我国国民经济发展对公路交通的要求来看，随着经济的快速发展，客、货流运输量增大，必将对公路交通提出更高的要求。另外，我国自然资源分布不均匀的现象从根本上不会改变，跨地区的大宗货物运输将长期存在，因此，只有加大公路等基础设施建设的力度才可能满足这种增长的需求。但是公路的增加，同时会引发一系列的问题，例如资源消耗问题、自然和人文景观破坏问题、环境污染问题、资金问题、效益问题、建设质量问题、与其他运输方式协调发展问题等。这样，一方面是经济发展对公路交通行业提出了越来越高的要求，促使公路交通行业必须有一个比较大的先行发展，才能满足我国经济腾飞的需要；另一方面，我国的环境资源条件又对公路交通行业的发展形成了相对强劲的多方面限制，二者产生了尖锐的冲突。这说明，原来那种单靠外延扩大再生产来满足经济发展对公路交通需求的做法，已经无法适应现在的发展要求。

（二）可持续运输

要想解决以上冲突，必须采用可持续发展的战略，建设可持续发展的公路交通体系。《可持续运输：政策变革的关键》一书中提出了可持续运输这一概念，其基本内容如下：

1. 经济与财务可持续性

经济与财务可持续性是指运输必须保证能够支撑不断改善的物质生活水平。

2. 环境与生态可持续性

环境与生态可持续性是指运输不仅要满足物品流动性增加的需要，而且还要最大程度地改善整个生活质量，减少人的生命和健康损失是保持环境可持续性的最重要内容，推行节约技术，搞好土地的规划利用，对拥挤和污染建立有效的措施都是极为重要的战略选择。

3. 社会可持续性

社会可持续性是指运输产生的利益应在社会的所有成员间公平分享。可持续运输要求在发展运输过程中不仅要考虑运输本身产生的经济效果，更为重要的是要充分考虑运输的外部正效用与负效用。

（三）可持续公路交通的基本特征

根据可持续发展的基本理念，结合公路交通行业的特征，可以认为公路建设项目的可持续发展是指公路交通在满足社会经济发展对其提出适应并适度超前要求的基础上，既能满足公路交通内部和综合运输体系的协调发展，又能使其与社会、经济、环境、资源等保持长期动态协调发展，最终保证公路交通持久的发展能力和永续的发展状态，满足和促进社会全面进步和国民经济发展的需要。公路建设项目的可持续发展就是一个特定的领域——公路交通运输部门，来研究其如何实现可持续发展的，它不仅要考虑满足当前社会经济发展对公路交通的需求，还要有利于未来公路交通的发展，并尽量减少对社会环境和自然环境的影响，使公路交通与社会、经济、资源、环境相协调，不要因为自身的发展而破坏周围的环境，也不要因为现时的发展而影响后代未来的发展。因此其内容涵盖了五方面的可持续发展，即经济可持续发展、社会可持续发展、资源环境可持续发展、公路自身及与其他运输方式配合的可持续发展、政策措施的可持续发展。

从理论上说，可持续的公路交通至少应具有以下基本特征：

1. 公路交通应具有相当的运输能力及能力后备，能满足现在和将来进一步发展的要求。

2. 公路交通应是高效率的，即能充分发挥其运输潜力，减少不必要的损耗。

3. 公路交通应与社会、经济、资源、环境相协调，即公路交通的可持续发展应与社会经济的可持续发展相一致，公路交通资产能够完好运行，能保持良好的财经状况，有限的时空资源能得到最优化，在保护自然资源和生态环境的基础上，能够与资源环境的承载力相协调，交通安全性高，科技创新贡献率高，满足和促进社会全面进步和国民经济发展。

4. 公路交通与其他运输方式之间协调有序，共同促进社会经济发展。

5. 政策措施强有力的保障，即在公路交通可持续发展的实施过程中，政府部门不但要加强技术、质量的控制，而且还要加强组织管理和协调工作，并根据国家有关方针、政策，结合历史经验、现实状况和未来发展趋势，积极研究和探索公路交通可持续发展的新方法、新途径，在整个公路交通发展的过程中切实做好政策上的支持、资金的保障、技术的先进、信息及管理的协调。

（四）公路交通可持续发展的原则

公路交通可持续发展的基本内涵，决定了公路交通的发展应当遵循以下若干原则：

1. 有利于经济发展

交通运输是经济发展的必要前提，发展交通运输，有利于资源的优化配置和统一市场的形成，促进商品和服务的流通，提高我国参与国际贸易和国际分工的能力；有利于降低生产成本，并能带动相关行业的发展，改善投资环境，吸引外资，增加就业机会等。

2. 以人为本

经济发展的目的是满足人们日益增长的物质需求，因此，公路交通的发展也要满足人们不断变化的需求。

3. 社会公平

社会公平包括发展机会均等、地区间及不同代人之间的公平等，交通运输的发展要将为人们创造平等的发展机会放在重要位置。因此，交通运输的发展要有利于改善贫困地区的投资环境，改变落后面貌，从而实现发展机会在时间（当代人和未来人之间）和空间（不同地区、不同收入阶层人之间）上的公平，实现共同富裕。

4. 提高整体竞争力

交通运输对每种商品生产都是一种投入，并体现在商品的原料价格上。因此，公路交通运输的发展要有利于降低成本，提高制造业的竞争力，并在整体上提高国家的竞争力。

5. 环境友好

目前，我国的环境状况虽然局部有所改善，但总体仍在恶化，形势相当严峻。大气污染以烟尘和二氧化硫为主，其中城市中的大气污染问题更突出，而在污染物构成中，汽车尾气排放氮氧化物、二氧化硫等所占的比例有逐年升高的趋势。因此，公路交通运输基础设施的建设，应当有利于减少污染物排放总量。

6. 保证国家安全

可持续发展的前提是国家安全，应维护国家主权完整和领土不受侵犯。因此，公路交通体系的建立，应立足于平时的经济建设，并与通信等设施建设相互配套，在外部入侵或内部洪涝、地震等灾害事件突发时，有利于信息的传递、救援部队的派遣、应急物资的运输、被困人员的疏散等，以保证国家和人民生命财产安全。

三、公路建设项目可持续发展影响因素分析

公路交通系统的发展是公路交通自身发展条件改善和外部环境因素影响的结果。在公路交通系统的发展过程中，公路交通作为交通运输系统的子系统，作为社会经济系统的一部分，对其发展的影响因素主要有交通地理特征（地理区位、地质构造、气候条件、地貌形态等）、自然资源分布、区域经济发展水平、环境承载能力、交通安全性、不同运输方式间协调发展程度、交通设施（包括道路设施和交通工程设施两大系统水平）、科技发展水平、人才资源培养、交通管理水平等。根据各因素对公路交通可持续发展影响的时间长短，可将其分为长期影响因素、中期影响因素和短期影响因素。

交通地理特征、自然资源分布可认为是公路交通可持续发展的长期影响因素。交通地理特征是公路交通区位的支配因素，自然资源的分布是公路建设项目建设和运营的约束因素，对于这两种制约公路交通可持续发展的长期影响因素，较难

改变，最好是适应它。

区域的社会经济发展水平、环境承载能力、交通安全性、不同运输方式间协调发展程度以及交通设施水平等可以认为是公路交通可持续发展的中期影响因素。区域社会经济发展水平对公路交通的发展影响主要表现在两个方面：一是产业结构的发展变化影响交通网络运输方式特性的改变，二是在一段时期内经济需求的变化影响交通线路等级、通行能力及工程规模。可持续发展模式和传统发展模式的最大区别在于：可持续发展模式强调环境的可持续性，认为环境是可持续发展的基础。特定空间范围内的环境容量是有限的，而超过环境容量界限的污染物排放将导致环境承载能力的不胜负荷，交通运输的发展一旦突破了相应的环境承载能力，将会对社会经济大发展带来负面影响。对安全性的需求是人类的最基本需求，实现安全性高的交通运输是可持续发展对交通发展的基本要求之一。交通运输系统可以看作是由一些相互竞争或相互作用的交通运输方式子系统所组成的，系统中存在利益冲突的多个独立个体或因素，也包含对各个目标有不同评价标准的参与者，因此需要进行系统协调。系统协调的基本思想是通过某种方法来组织和调控所研究的系统，寻求解决矛盾或冲突的方案，从而使系统从转换无序到有序，达到协同或和谐的状态。系统协调的目的就是减少系统的负效应，提高系统的整体输出功能和整体效应。交通设施是公路交通自身可持续发展的基础，道路设施是主体。交通工程设施包括交通安全设施和机电系统，是保证公路交通运输正常运行和充分发挥道路通行能力的必要管理手段。可以通过整合、协调、克服、维修和养护这些中期影响因素来改善区域及道路本身的交通发展条件，为实现公路交通可持续发展奠定基础。

科技发展水平、人才资源培养等可以认为是公路交通可持续发展的短期影响因素。公路交通可持续发展是人们追求公路交通发展的一种理想模式。实际上，公路交通系统的发展与其他系统发展一样，都存在系统演化和发展的过程，其发展过程类似于 s 形的 Logistic 曲线形式，如果将这一过程视为一个阶段，那么当公路交通系统完成一个阶段的增长过程后，公路交通系统的发展达到了一个临界点或者说系统演化的分叉点，要保障公路交通的可持续发展，突破限制因素对公路交通系统发展的制约，一方面要协调公路交通发展与社会经济、资源、环境之间的关系，另一方面，要依赖科学技术水平及公路交通人才，开拓新的交通环境、资源容量，只有这样才能使公路交通的发展空间进一步加大，延长在一定时期内公路交通可持续发展状态的时间，同时突破环境、资源的容量限制，使其发展过程呈螺旋式上升，步入良性循环轨道，进入一个新的发展阶段。

通过对公路建设项目可持续发展含义的阐释以及对公路建设项目可持续发展影响因素的分析，可为后续的公路建设项目可持续发展评价指标的选取及评价研究打下良好的基础，同时也可为决策部门制定可持续发展的公路交通战略措施奠定基础。

第二节 公路建设项目社会经济目标可持续发展

一、概述

高速公路是现代化公路运输中新型的运输载体，是保障社会快速发展的重要基础设施。高速公路的建设是社会经济发展到一定阶段的产物。高速公路的建设，又以其独特的功能和效应对现代社会的经济发展和运行产生了深刻而广泛的影响，尤其是对沿线地区的社会经济发展产生了十分重要的推动作用。高速公路建设项目所产生的效益除了表现为道路使用者的一部分直接效益外，更多地表现为促进和带动其他相关产业部门的发展而产生宏观的社会效益部分，即外溢效益。外溢效益远大于公路项目自身的直接效益。与其他建设项目相比，高速公路建设项目具有影响区域大、时间长、间接性强等特点。因此，如何评价高速公路建设项目所产生的社会影响作用是当前非常有意义的课题，建设项目社会经济影响评价作为公路建设项目可持续发展评价的重要组成部分之一，它的重要性也越来越突出。

（一）社会经济影响评价的特点

公路建设项目建设的主要功能是连接大小城镇，形成区域交通网络和区域经济网络，以促进生产资源的合理流动和高效配置，加快区域内社会经济的增长。公路项目建设和运营所产生的社会影响是多方面的，涉及的范围广。从不同的角度考核，高速公路社会影响通常可以划分为不同的类型。既有直接影响也有间接影响，既有有形影响也有无形影响，既有正向影响也有负向影响。从社会影响的空间维度来分析，公路建设项目社会影响将是沿着公路线形由近及远辐射，形成一个带状的公路经济带。从时间维度来分析，公路建设项目首先是对沿线直接影响区域内的自然环境和社会环境产生直接影响，公路交通的发展促进社会经济的发展。随着社会经济发展和公路交通的相互作用，社会影响逐渐波及间接影响区域，对该区域的社会经济发展产生带动作用。首先，项目的实施会使得直接影响区域的社会经济显著受益，促进该区域生产资源的合理流动和高效配置，使得该区域内的经济总量和居民收入水平显著增加。其次，项目实施后，使得沿线影响区域的交通条件得到改善，建成的公路项目会承担沿线影响区的大部分运量，会使得这些地区或区域内其他道路或其他运输方式显著分流。公路项目的建设将使地区间的空间距离相对缩短，物质和人员往来更加便利和经济；从而促进了社会经济的发展，使整个沿线社会环境得到进一步的改善。建设项目社会经济影响评价的特点一般包括以下几点：

1. 宏观性和长期性

公路建设项目社会经济的影响评价是从全社会的宏观角度考察公路项目建设通车使用后给社会带来的贡献和影响。社会经济影响评价是对公路建设项目社会效益的全面分析评价，既包括与经济活动有关的宏观经济效益，又有非经济的纯社会效益。而且公路建设项目对社会的影响具有长期性，如项目对居民文化水平、人口素质的影响等。

2. 间接性

公路建设项目对社会经济的影响是通过它与国民经济各部门和社会再生产各环节之间的技术经济联系和相互作用来实现的。其中有直接的，也有间接的，但大多是间接的，如对经济结构、就业的影响等。

3. 综合性

公路建设项目社会经济影响评价要涉及社会生活各个领域的发展目标，具有多目标分析的特点，要考虑分析多种社会效益与影响的需要，因而必须采用多目标综合评价法来考察项目的整体效益。

4. 定量难

公路建设项目属于基础设施，其社会经济影响评价主要表现在项目外的间接与相关效益上，如人民物质文化水平的提高、产业结构的合理化、社会稳定与国防安全等。这些效益大多是难以定量的无形效益，只能进行定性分析。

（二）社会经济影响评价的总体框架

根据高速公路建设项目社会经济影响评价的特点，社会经济影响更多地表现为潜在和无形的效益，难以进行量化，同时社会经济影响评价所包含的内容广泛，涉及的因素复杂，加之目前对于公路建设项目社会经济影响评价的定量计算方法还没有统一、规范的体系，需要根据项目具体情况采用定量分析与定性描述相结合，以定性分析为主、定量分析为辅的方法。

定性分析主要围绕高速公路建成通车对改善路网结构、促进区域经济增长、优化区域经济步局、促进产业结构调整以及工农业发展等方面带来的影响进行分析和评价，从多角度阐述高速公路对社会经济发展的影响。定量分析主要是采用模糊评价法对上述方面进行评价。

二、社会经济成本测算方法的改进

社会经济评价是从社会经济综合平衡的角度考虑，从社会价值观点出发，分析和计算项目的社会经济净效益，以判别项目的经济合理性。进行社会经济评价的关键是计算出社会经济费用和经济效益，然后对二者进行比较分析。经济费用的构成分析及定量是社会经济评价中的关键之关键，同时也是难点。

因为经济费用体现国民经济之付出，不同于财务费用仅仅体现企业财务上的支出，比较难以把握；费用计算所用的价格是影子价格，影子价格体现机会成本，更是难以把握尺度；同时费用的测算中常常忽略外差成本，使得测算的结果不尽完善。

（一）社会经济费用的含义

1. 社会经济费用的含义及其构成

社会经济费用也称经济费用，是指国民经济为拟建项目的实施而付出的代价。衡量经济费用是公路建设项目国民经济分析的主要组成部分，也是投资决策的基础。高速公路建设项目的经济费用是指国民经济为兴建和经营该项目所花费的全部费用，它包括这个项目兴建和建成后运营中所投入的全部物资消耗和人力消耗。

经济费用不以货币的支付为转移，也不以现金流量的减少为标准，而只是以国民收入减少为唯一的鉴别原则。换言之，只有为实现道路项目而使国家消耗各种资源，造成国民经济增加支出的，才可以列入经济费用。依据公路建设项目经济费用的含义，它由项目投资费用、运营费用和外差成本三部分组成。在公路建设项目可行性研究阶段，宏观经济评价中的经济费用通常计算建设期投资费用和运营期经济费用两部分，其中运营期费用包括日常养护费用、管理费用、大修费用等。

2.公路建设项目国民经济费用特点

交通运输部发布实施的《公路建设项目可行性研究报告编制办法》及住房和城乡建设部、交通运输部发布实施的《公路建设项目经济评价方法与参数》中，明确将原来的国民经济评价改为经济费用效益分析，但其本质是相同的，人们依然习惯于"国民经济评价"这一名称。

（1）经济费用是站在国家立场（至少是地区立场）上看问题，衡量由于实施某一项目带来多少国民经济收入及减少各类资源的消耗，以便做出合理的宏观决策或者调控决策，故经济费用反映的是宏观经济。

（2）经济费用的鉴别原则，仅以减少国民收入为唯一的判断依据，即只有引起国家资源消耗，造成国民经济增支的成本，才可列入经济费用。不具备这种特性的支付成本，就不是项目的经济费用，而只是国民经济大系统内部的转移支付，如税金、国内贷款利息等。

（3）经济费用以资源的机会成本为尺度，采用影子价格、影子汇率、影子工资、贸易费用率和社会折现率等国家统一规定的参数来测算。

（二）现有测算方法的不足

目前，对国民经济评价经济费用的测算，主要是采用有无比较法，以及用损失来衡量和计算投入物、产出物的影子价格。费用计算的范围一般也只限定于公路项目建设费用及运营成本。在实际工作中，原有方法暴露出明显的不足，主要体现在以下几方面：

1.费用计算忽视了外差成本，致使项目实施给国民经济带来的损失打了折扣。

2.影子价格测算中，缺乏深入的分析，没能真正体现机会成本的本质，致使本应该剔除的转移性支付费用没有剔除，造成了一定程度的失真。

3.一般投入物影子价格测算时，对外贸货物的来源属性分类过细，造成由于信息缺乏太多致使实际测算难度太大，可操作性差。对非外贸货物成本分解考虑得不全面，特别是现在财务制度改革后，原方法已不适合于现在的产品成本分解，同时产品成本外延发生了改变，狭义的成本分解已经不能满足实际的需要。

（三）影子价格测算方法的改进

1.影子价格的含义

影子价格是由荷兰数理经济学、计量经济学的创始人之一詹恩·丁伯根和苏联数学家、经济学家、诺贝尔经济学奖获得者康特罗维奇分别提出来的。西方称它为预测价格或计算价格，苏联称它为最优计划价格或影子价格，后来统一称它为影子价格。

影子价格又叫经济价格、调整价格和效率价格。影子价格是人们对所用资源的一种评价，它可用边际成本或效率系数表示，不直接表现为商品交换价格；它不用于商品交换，而用于预测、计划和项目评价等工作中。人们把影子价格作为合理利用有限资源的价格尺度。

影子价格是指当社会经济处于某种最优状态时，能够反映出社会劳动消耗、资源稀缺程度和市场供求关系的价格。其经济含义是在最优计划下单位资源增量所产生的效益增量，就是资源合理利用的社会经济效益，即它是为实现一定的社会经济发展目标而人为确定的、比交换价格更能合理利用资源的效率价格。如对于数量无限的资源，影子价格为零；而越稀少短缺的资源，其影子价格越高。影子价格不是实际价格，而是一种虚拟价格。它与市场上的实际价格不同，是用线形规划方法研究资源合理分配问题时求出的一套价格。

影子价格的作用主要体现在两个方面：一方面是有效地纠正被市场价格歪曲了的投入资源的经济代价，从而显示项目经济费用的真实性；另一方面是有利于按政府的投资政策和国情对项目方案做出选择。

但是在当今世界中，特别是许多发展中国家，往往存在着价格扭曲的现象，诸如通货膨胀、外汇短缺、劳动力过剩、过度保护本国工业、产业结构不合理、价格、工资和进出口管制等原因均可导致价格失真。我国也存在类似情况，依靠现有价格体系，就不能正确衡量项目的费用和效益。由于影子价格是经济资源得到最优分配和利用时的价格，反映了各种经济资源的相对稀缺程度。为了把扭曲的价格校正过来，使国民经济评价能够真正反映项目对国民经济的净贡献，必须测算和应用影子价格。

2.影子价格的测算方法

我国将高速公路建设投入物分为两大类：一类是一般投入物（货物），诸如项目建设所需的各种材料；另一类是特殊投入物，包括劳动力消耗、资金、土地、外汇等。其中，一般投入物又分为外贸货物和非外贸货物。因此影子价格按外贸品、非外贸品、特殊投入物等分类测算。此外，还有全国统一采用的影子汇率和社会折现率等。

（四）基于外差成本的间接费用计算

1. 外差成本的含义

外差成本是指国民经济为消除或减少消极外差因素而付出的代价。高速公路建设项目的兴建和营运往往会给社会带来不利的影响和副作用，这些外差因素主要是污染和噪声。社会为防止污染和噪声对居民的危害，采取了一系列防范措施，因而支付一部分资金，这就是外差成本。

公路建设的负责部门每年要投入大量的资金用于新的高速公路建设，改善现有高速公路的通行能力，维护现有高速公路系统的运行条件，提高其安全性和高速公路运输系统管理的高效性以及改善环境质量等。一般情况下，国内在进行经济分析与评价时所考虑的与高速公路有关的成本主要包括建设投入、养护维修费用、管理费用以及车辆运营费用等，而不考虑与高速公路有关的大气污染、噪声、全球温室效应以及对社区的阻隔等方面的社会成本费用。国外目前已成功开展了多项政策研究，用于减少一些外部社会成本，在减少大气污染和交通事故方面效果明显，并且从对道路使用者收费中抽出资金，实施一些计划项目，例如实施运输需求管理，提高道路安全性，改善道路阻滞和提高大气质量，建设噪声墙等来弥补高速公路社会成本。

2. 外差成本的定量计算

（1）外差因素

高速公路对环境的影响在施工期间，首先是施工噪声、筑路材料运输噪声，其次为施工机械、柴油燃烧、沥青、扬尘等对环境和人的影响。高速公路投入使用后对环境的污染主要来自公路上行驶的各种机动车辆，即在车辆行驶过程中产生的噪声、尾气对环境造成的污染。

①高速公路在施工过程中对生态环境的影响

高速公路在施工的过程中对生态环境的影响和破坏，从广义上讲属于大环境。由于高速公路具有线长、点多、面广，既伸向城镇又伸向郊区等特点，对沿线自然资源的破坏和生态环境的影响范围在路线两侧 300 m 左右。在高速公路建设过程中产生的渗滤液污染地表水、地下水和周围环境，成为较大的环境隐患。降雨形成的路面径流和随意堆放的养护垃圾会污染水源已是不争的事实。以汽油、柴油为燃料的汽车开动时会产生废气，这些污染物排到大气中，渗到水、土中逐渐积累，会对沿线的人和动植物产生不良影响，使其生活环境日趋恶化，这种污染程度将随高速公路运营时间而不断增加。此外，道路选线不当还会破坏地貌、风景名胜、文化古迹和自然保护区等。

②高速公路交通噪声对环境的影响

高速公路满足安全、快捷、舒适的同时，也缩短了人们对距离的认识。但是，大流量、高速度的流通，也给人们的生活空间带来了噪声污染的危害。由于各种机械工具的使用，从施工初期的建筑材料运输、路基施工，到修筑路面等各个环节，噪声贯穿了整个施工过程。施工噪声具有暂时性特点，然而高速公路建成投入运营后，机动车的车轮同路面摩擦所产生的噪声、车辆行驶的喇叭声、车辆行驶引起的振动声所辐射的噪声能量，却成为一种长期延续的噪声污染源。高速公路两侧环境噪声超过国家标准，局部路段超标严重，且有逐年加重的趋势。影响车辆噪声的主要车辆特性包括车辆的速度与加减速、交通量水平、车辆荷载重量和邻近区域的土地利用特性。

③高速公路上汽车尾气排放对环境的影响

随着运输市场的放开，汽车产量和保有量的增加，汽车排放物危害人体健康，污染环境，破坏生态平衡，已引起世界各国的普遍重视。大气污染的主要来源是机动车尾气，尾气中主要的污染物是碳氢化合物、氮氧化物、含铅化合物、苯并芘等。对烟尘、氮氧化物、一氧化碳和二氧化硫四种主要污染物的统计表明，交通运输业尾气污染物在我国大气污染物中占有一定比重。运输车辆导致的大气污染受害者不仅是运输使用者，因此它算是一项外部成本费用。车辆的特性（包括发动机类型、车辆年龄、重载还是轻载、运行时间、运行速度和加速度以及排放控制设备的条件）直接影响污染物的排放。

4.高速公路上固体废弃物对环境的影响

高速公路建设过程中，会产生大量的砂、石、灰等废渣。除部分回收利用外，有相当一部分被废弃。在弃渣过程中，施工单位受经济利益驱动，再加上建设业主重视工程质量、进度，而环保意识较差，往往会出现乱倒、乱弃废渣的问题。与建设期相比，养护垃圾的处理是更复杂和更长久的问题。我国高速公路养护部门大多没有专用的废料弃置场，养护所产生的废旧材料和清扫垃圾在相当多的地方至今仍被随意废弃。这些废弃材料不仅占用土地，更会对环境造成长期污染。养护垃圾中一个重要成分是白色污染，即旧塑料袋等塑料制品，这些不可降解的污染物往往和清扫垃圾一起被随意弃置或掩埋，造成长期或潜在的污染隐患。

（2）外差成本

经济学家一直在试图将使用公路对环境影响所造成的费用定量化，用货币价值体现出来。他们从多个角度分析了环境影响费用，例如英国学者 Quinet 估算典型道路运输的环境费用大约为 GDP 的 2.5%，包括事故费用（2.0%）、大气污染费用（0.4%）和噪声费用（0.1%）；另一位学者 Newbury 计算了大气污染和全球温室效应的费用，这两者加起来约为事故费用的 3 倍。另外一项重要的计算是与车辆营运成本有关的环境影响费用计算。通过从经济角度的估算，可见公路运输对环境影响造成损失的巨大。

因此目前许多国家制定了大量的法律法规来减少高速公路建设与使用的负面影响，尤其在运输规划与设计和制定政策方面注重减少这些负面影响。

从经济学的角度来讲，外差成本可分为外部费用和内部费用。内部费用就是为防止污染，用于安装防治设备、技术投入等的投资和运行费用。在这里，市场经济规律起作用。外部费用则是排放的各类污染物对自然资源及环境质量的损害费用，为考虑市场规律，目前以纳税或其他形式支付。外部费用应该从社会、经济、自然三方面考虑。

①社会方面，以对社会产生的损失为出发点。它包括因污染而致害的赔偿费、医疗费等。

②经济方面，指因污染造成国民经济上的损失。它包括交通事故、生活区污水排放导致水质污染造成给水处理费增加；污水灌溉土地造成农业减产和粮食、蔬菜受到污染；水体污染造成渔业产量下降等。

③自然方面，因汽车、生活区排放的各类污染物造成生态破坏，珍稀动植物消失或濒危，森林植被破坏使水土流失、物种栖息地消失、矿藏过量开发、无代价地丢弃造成资源耗竭，难以恢复。

三、基于改进投入产出法计算的投入效益

1. 高速公路建设项目的投入产出物

在高速公路的建设过程中，项目建设资金的投入，直接带动了沿线及周边区域内建筑业、原材料供应、公路运输业等相关行业的产业增长。首先是高速公路建设自身对国民经济增长的直接拉动；其次是高速公路建设过程中要使用各产出部门的产品和服务，叫直接消耗；再次为生产这些产品和服务又要使用其他产出

部门的产品和服务，对于高速公路建设项目是间接消耗；最后，其生产过程中还会产生新一轮的间接消耗，依次循环直到收敛为零。直接消耗和所有间接消耗之和称为完全消耗。一方面投入产出可以有效地分析特定时期的区域结构与生产技术联系，得出不同产业的乘数，特别是在决定间接影响中，这些乘数较敏感和精确。另一方面建设期的数据已有，可借助于当时的国民经济核算中的投入产出表来计算，且数据较为稳定，这也是选择投入产出方法分析投入效益的原因。

投入产出作为一种科学的分析方法和理论，是研究国民经济体系或区域经济体系中各个产业部门间投入与产出的相互依存关系的数量分析方法。人们在进行任何一种物质生产活动时，都必须有物质上的必要准备，要投入以原材料、辅佐材料、燃料、动力等为内容的劳动对象，要投入以机器、设备、厂房、工具等为内容的劳动手段，还要投入作为生产力第一要素并能推动生产资料进行实际生产活动的劳动力，这些都称为投入物。由于投入了劳动对象、劳动手段和劳动本身，并将它们按一定的形式组织和运用起来进行生产活动的结果，必然有某种使用价值被生产出来，即所谓产出。产出的产品，要么在物质生产领域内供给别的部门当作投入用，要么以最终的需求形式，脱离本期生产过程，用在消费、积累、储备、出口等方面。投入产出模型的基本前提是每一产业都把它的产出物作为投入物，依次进行另一货物或服务的生产，所有产出物都在区域经济中销售，每一产业的行为由货物与服务的最终需求同其他产业的关系变化所决定。

2. 投入产出表中的平衡关系

投入产出模型的建立，基于两个基本假设。从水平方向看，它反映各部门总产品的分配方向和数量，在生产的总产品中有一部分作为中间产品，供各部门补偿劳动对象的消耗，另一部分作为最终产品用作固定资产更新大修理、积累、消费和净出口等。

投入产出模型的关键步骤是通过引入直接消耗系数矩阵来表达部门之间的平衡联系，通过解线性方程组求出所需的未知数。我们可以把投入产出模型看作线性规划方法的一种特例，它的可行解域只有一点，或者说是可行解与最优解一致的线性规划模型，甚至可以看成没有目标函数的线性规划问题。然而，在实际的投入产出分析中，由于受生产条件、资金等方面的限制，产出水平应该有上下限约束，且部分劳动对象不可以无限使用。因此，改进的投入产出模型应该有约束条件。

四、公路使用者直接经济效益

高速公路建设项目直接经济效益主要是指可用货币形式表示的项目产出物的经济价值。高速公路项目的建设，其最终产出物就是建好的公路，所以这种效益主要表现为公路降低汽车营运成本效益、旅客在途时间节约效益和拟建项目减少交通事故效益。

公路建设项目的经济效益是指项目对国民经济所做的贡献，分为直接效益和间接效益。一般计算直接效益，并通过"有无对比法"来确定。直接效益包括公路使用者费用节约和原有相关公路维护费用节约，其中公路使用者费用节约主要有拟建项目相比原有相关公路降低汽车运营成本效益、旅客在途时间节约效益和拟建项目减少交通事故效益。

第三节 公路建设项目财务效益目标可持续发展

一、概述

（一）财务分析的含义与作用

1. 财务分析的含义

财务分析又称财务评价，是项目决策分析与评价中为判定项目财务可行性所进行的一项重要工作，是项目经济评价的重要组成部分，是投融资决策的重要依据。

财务分析是在现行会计准则、会计制度、税收法规和价格体系下，通过财务效益与费用的预测，编制财务报表，计算评价指标，进行财务盈利能力分析、偿债能力分析和财务生存能力分析，以此评价项目的财务的可行性。

2. 财务分析的作用

（1）财务分析是项目决策分析与评价的重要组成部分。项目评价应从多角度、多方面进行，无论是项目的前评价、中间评价和后评价，财务分析都是必不可少的重要内容。在项目的前评价——决策分析与评价的各个阶段中，无论是机会研究报告、项目建议书、初步可行性研究报告，还是可行性研究报告，财务分析都是其中的重要组成部分。

（2）财务分析是重要的决策依据。在经营性项目决策过程中，财务分析结论是重要的决策依据。项目发起人决策是否发起或进一步推进该项目，权益投资人决策是否投资于该项目，债权人决策是否贷款给该项目，审批人决策是否批准该项目，这些都要以财务分析为依据。对于那些需要政府核准的项目，各级核准部门在做出是否核准该项目的决策时，许多相关财务数据可作为项目社会和经济影响大小的估算基础。

（3）财务分析在项目或方案比选中起着重要作用。项目决策分析与评价的精髓是方案比选。在规模、技术、工程等方面都必须通过方案比选予以优化，财务分析结果可以反馈到建设方案构造和研究中，用于方案比选，优化方案设计，使项目整体更趋于合理。

（4）财务分析中的财务生存能力分析对项目，特别是对非经营性项目的财务可持续性的考察起着重要作用。

（二）财务分析的内容和步骤

1.财务分析的内容

财务分析的内容随项目的性质和目标而有所不同。作为投资盈利的经营性项目，财务分析内容应包括以下全部内容（为社会公众提供公共产品和服务的非经营性项目，财务分析内容略有减少）：

（1）在明确项目评价范围的基础上，根据项目性质和融资方式选取适宜的方法。

（2）选取必要的基础数据进行财务效益与费用的估算，包括营业收入、成本费用估算和相关税金估算等，同时编制相关辅助报表。以上内容是在为财务分析做准备，也称财务分析基础数据与参数的确定、估算与分析。

（3）进行财务分析，即编制财务分析报表和计算财务分析指标。财务分析包括盈利能力分析、偿债能力分析和财务生存能力分析。

（4）在对初步设定的建设方案（称为基本方案）进行财务分析后，还应进行不确定性分析，包括盈亏平衡分析和敏感性分析。常常需要将财务分析的结果反馈，优化原设定的建设方案，有时甚至会对原初步设定的建设方案进行较大的调整。

2.财务分析的步骤

投资估算和融资方案是财务分析的基础,在实际操作过程中,三者互有交叉,在财务分析的方法和指标体系设置上体现了这种交叉。

首先要做的是融资前的项目投资、现金流量分析,其结果体现在项目方案本身设计是否合理,用于投资决策以及方案或项目的比选。也就是考察项目是否基本可行,并值得为之融资。这对项目发起人、投资者、债权人和政府部门都是有用的。

如果第一步分析的结论是"可",那么才有必要考虑融资方案,进行项目的融资后分析,包括项目资本现金流量分析、偿债能力分析和财务生存能力分析等。融资后分析是比选融资方案,进行融资决策和投资者最终出资的依据。如果融资前分析结果不能满足要求,可返回对项目建设方案进行修改;若多次修改后分析结果仍不能满足要求,甚至可以做出放弃或暂时放弃项目的建议。

(三)财务分析的基本原则

财务分析应遵循以下基本原则:

1. 费用与效益计算口径一致性原则

为了正确评价项目的获利能力,必须遵循项目的直接费用与直接效益计算口径一致性原则。如果在投资估算中包括了某项工程,那么因建设该工程增加的效益就应该考虑,否则就低估了项目的效益;反之,如果考虑了该工程对项目效益的贡献,但投资却未计算进去,那么项目的效益就被高估了。只有将投入和产出的估算限定在同一范围内,计算的净效益才是投入的真实回报。

2. 费用与效益识别有无对比的原则

有无对比是国际上项目评价中通用的识别费用与效益的基本原则,项目评价的许多方面都需要遵循这条原则采用有无对比的方法进行。所谓"有"是指实施项目的将来状况,"无"是指不实施项目的将来状况。在识别项目的效益和费用时,必须注意只有"有无对比"的差额部分才是由于项目的建设增加的效益和费用,即增量效益和费用。因为即使不实施该项目,现状也很可能发生变化。例如,农业灌溉项目,若没有该项目,将来的农产品产量也会随着气候、施肥、种子、耕作技术的变化而变化;再如,计算交通运输项目效益的基础—车流量,该项目也会由于地域经济的变化而改变。采用有无对比的方法,就是为了识别那些真正应该算作项目效益的部分,即增量效益,排除那些由于其他原因产生的效益;同时也要找出与增量效益相对应的增量费用，只有这样才能真正体现项目投资的净效益。有无对比直接适用于依托老厂进行的改扩建与技术改造项目的增量盈利能力分析。对于从无到有进行建设的新项目，也同样适用该原则，只是通常认为"无项目"与现状相同，其效益与费用均为零。

3. 动态分析与静态分析相结合，以动态分析为主的原则

国际通行的财务分析都以动态分析方法为主，即根据资金时间价值原理，考虑项目整个计算期内各年的效益和费用，采用现金流量分析的方法，计算内部收益利率和净现值等评价指标。

4. 基础数据确定稳妥的原则

财务分析结果的准确性取决于基础数据的可靠性。财务分析中所需要的大量基础数据都来自预测和估计，难免有不确定性。为了使财务分析结果能提供较为可靠的信息，避免人为的乐观估计所带来的风险，更好地满足投资决策需要，在基础数据的确定和选取中遵循稳妥原则是十分必要的。

二、基于路网参数分析的通道交通量分配

高速公路在通行能力、交通速度、运输费用、行车安全等方面比一般公路有很大的优越性，而且与区域交通系统中的铁路、水运等其他运输方式相比，也具有很强的竞争优势。因此，高速公路建成之日也就是引起区域交通量转移与重新分配之时。预测高速公路转移交通量是一项比较复杂的工作：一方面影响高速公路转移交通量的因素很多；另一方面既要考虑现有并行公路上的交通量向高速公路转移，又要考虑由铁路、水运等其他运输方式转移的交通量。

（一）现有预测方法存在的问题

1. 转移交通量的定义

转移交通量是指因运输网络构成改变，引致运输网络运行特性的改变所产生的交通量，在运网中重新分配量，这个重新分配的交通量称为转移交通量。转移交通量不仅在不同运输方式之间发生，即在铁路运输、公路运输、水路运输、航空运输和管道运输等运输方式之间转移，而且也会在同种运输方式的不同线路、不同运输工具类型之间发生转移。

2. 预测方法的不足

一般认为，高速公路建设项目的远景交通量由三部分组成，即趋势型交通量、

诱增交通量和转移交通量。对转移交通量的预测目前国内尚无成熟的预测技术，一般采用转移率法。这种方法将公路系统作为研究对象，认为转移量是公路系统与外部其他运输方式系统之间的交换量，但在具体确定这个交换量大小时缺乏一定的控制性指标，因而造成一些项目在进行转移量预测时存在一定的随意性。另外，高速公路建设项目的交通量预测期限往往较长，而在不同时期综合运输系统各运输方式技术状况的相对条件是不断变化的，转移交通量的大小、正逆向过程也将随之发生变化，采用转移率法很难描述这种长期复杂的转移关系。实际上，转移交通量是区域客货运量在不同运输方式之间分担状况的体现，因此可以考虑从综合运输的角度出发，通过分析影响转移交通量区域的路网参数，在把握区间综合运输总量的基础上，根据方式分担对公路运量进行预测，以客观反映交通量的转移规律。

对高速公路建设项目而言，交通方式划分可以有两种理解：其一是高速公路运输方式和铁路、水运等运输方式之间的划分；其二是高速公路运输方式中各车型之间的方式划分。目前，在进行公路建设项目的交通预测时很少进行这一阶段的预测和分析工作。忽略交通方式划分预测的做法必然导致预测结果出现偏差，因此无论哪种方式划分都有必要进行未来的预测分析，这样可以清晰地在宏观上把握区域的交通运输发展趋向和运输方式的构成，把握公路项目在综合运输网络中的地位和作用，为建设项目立项和决策提供科学依据。

综上所述，常规预测方法存在的主要问题是仅从公路系统自身的角度出发对交通量进行预测研究，割裂了公路交通与其他运输方式之间的关系，进而导致了转移交通量预测方法不成熟、交通方式划分工作的欠缺。针对上述问题和不足，从综合运输网的角度出发，对公路建设项目交通量预测方法进行研究。

3. 基于路网参数分析的转移交通量预测思路

基于综合运输网络的交通量预测方法的总体思路是：从综合运输的角度出发，将高速公路建设项目所在的区域综合运输网络看作一个整体，在对区域综合运输量进行预测的基础上，通过各种运输方式的分担得到公路运输量，再通过公路交通的方式划分、交通分配，得到公路建设项目预测交通量。这种预测方法考虑了高速公路项目在综合运输网中的地位和作用，可以较为客观地反映交通量在各运输方式之间的转移规律，从而有利于从宏观把握公路项目交通量在综合运量中的变化情况，使预测结果更加科学、合理。

（二）路网参数分析

1. 参数分析

用来描述和反映路网特性的物理量称为路网参数。在现有公路网上新建高速公路项目的目的是降低交通网络的拥挤程度，提高路网的运行效率，充分发挥路网的整体功能。网络拥挤程度降低的具体表现是车辆在网络上的总出行时间减少。拟建项目的建成，导致路网中的交通流在整个网络上重新分配，这样使一些路段的交通量转移到拟建高速公路上，缓和了这些路段的拥挤程度，但也可能使一些路段的交通量增加，道路拥挤增大。所以，有必要选取一些参数分析拟建项目对路网结构与使用功能的影响。拟建项目的建成，使得道路使用者从道路状况、交通条件及道路环境等方面得到了改善，从而影响公路网的运输服务费用、运达时间、服务可靠性、服务安全性、服务频率等。

2. 影响高速公路转移交通量的因素

影响转移交通量的因素较多，目前考虑的因素主要是使用成本、舒适性、行程时间等。在高速公路转移交通量方面尚没有完善的分析计算模型，可以认为高速公路的交通量转移主要受以下因素影响：

（1）高速公路收费价格

我国现有的高速公路均为收费公路，公路收费已是影响高等级公路交通量转移到相邻与其平行低等级公路上去的最主要、最直接的因素。高速公路拥有全立交、全封闭、弯道少、坡度小、通行能力大等优点，道路使用者会选择道路条件好、距离短、混合交通少、交通不拥挤的线路行车。如果高速公路不实行收费，那么其他交通条件较差的平行公路上的交通量会大部分转移到高速公路上去。而高速公路实行收费，情况会发生较大变化。收费费率成为主要因素，费率越高，转移到高速公路上的交通量越少；反之，费率越低，转移到高速公路上的交通量越大。

（2）公路间的级差效益

公路的级差效益是指由于公路的道路条件、交通条件等情况的不同，公路使用者驾驶相同车辆完成同样的任务选择不同的公路而获得的不同效益。当公路使用者的效益一定的时候，收费的价格越高，他选择高速公路的比率越小。通常情况下，级差效益越大，对公路使用者的吸引力越大，转移到高速公路上的交通量越大；相反，转移到高速公路上的交通量越小。

(3) 高速公路的行驶距离

高速公路越长，公路使用者节约的行驶时间的绝对数量越大，直观的时间价值越高，则高速公路对公路使用者的吸引力越大，高速公路上的交通量转移到平行公路上的越少；相反，高速公路较短，直观节约的时间价值不大，转移到平行公路上的交通量就会增加。

3. 转移交通量的预测

影响转移交通量的主要因素有两个方面：一个是出行者（旅客、货物）的需求特性，与出行目的、货物种类、运输距离、批量等有关；另一个是运输服务属性，与运输方式有关，包括运输服务费用、运达时间、服务可靠性、服务安全性、服务频率等因素。这些因素的影响主要表现如下：

（1）运输服务费用是指出行者支付的全部运输费用，是影响出行方式选择决策的最重要因素之一。因为任何经济活动的最终目的都是要以尽可能少的费用支出，获得最大的经济利益。所以，对于出行者来说，在满足基本需求的前提下，总是希望选择最经济的运输方式。

（2）运达时间是指出行起讫点之间的全程运输时间。由于现代社会的生活节奏加快，许多出行者为了节省运输时间，宁愿支付较高的运输费用，选择快速的运输方式，以提高时间效益。

（3）运输服务可靠性是一种表示运输方式按时提供运输服务的属性。有些出行者愿意使用比较可靠的运输方式，以减少出行过程中出现的变故，减少自己遭受损失的概率。

（4）运输服务安全性是一种表示运输过程中能够保障人员、财产安全的属性。随着经济社会的发展，在运输中能最大限度地保障人员、财产的安全已成为许多出行者考虑的重点因素。

（5）运输服务频率定义为单位时间内提供运输服务的次数，它影响出行者使用运输方式的方便性。

转移交通量的预测方法可以采用抽象运输方式模型或基于广义出行费用最小的 logit 模型。在实际应用时，可根据客运、货运的不同特点，选用适宜的模型，比如客运可采用 logit 模型，货运可采用抽象运输方式模型。

第四节 公路建设项目环境资源目标可持续发展

一、概述

环境影响评价是人们在采取对环境有重大影响的行动之前，在充分调查研究的基础上，识别、预测和评价该行动可能带来的影响，按照社会发展与环境保护相协调的原则进行决策，并在行动之前制定出消除或减轻负面影响的措施。环境影响评价目的是贯彻环境保护这项基本国策，通过评价项目所在地区的环境质量现状，针对项目的工程特征和污染特征，预测项目建成后对当地环境可能造成的不良影响及其范围和程度，从而制定减少污染和防止环境破坏的对策，为项目选址、决策、设计提供科学依据。

（一）公路建设项目环境资源目标考核任务

公路是利国利民、促进经济发展的重要基础设施，公路建设与运营过程中会产生诸如耕地减少、植被破坏、水土流失、噪声及大气污染等对环境不利的因素及环境影响。但是公路建设项目所产生的经济效益和社会效益是巨大的，在推动国民经济增长中起着举足轻重的作用，也为环境保护所需资金和技术保障提供了一定的经济支持。所以，在公路建设项目的前期工作中，都要求开展相应的专项评估工作，为项目科学决策提供依据；在项目后评价工作中，也要开展相应专题评价，总结经验，吸取教训，为今后同类项目建设决策积累经验。

为保证公路建设项目环境资源目标的可持续发展，应重点考核项目在压覆矿产资源、节约能源、环境影响、水土保持、防洪及地质灾害等方面的目标，完成以下专项评估：

1. 项目可行性研究报告；

2. 项目压覆矿产资源调查报告；

3. 项目节能评估报告书；

4. 项目选址报告；

5. 项目环境影响报告书；

6. 项目水土保持方案报告书；

7.项目特大桥防洪评价报告；

8.项目建设场地地质灾害危险性评估报告。

（二）公路建设项目环境保护

1.公路建设项目对环境的影响

公路施工期间的环境问题主要表现为非污染型生态环境影响。与公路施工有关的生态环境影响一般为：植被破坏、局部地貌破坏（如高填深挖等）、土壤侵蚀、自然资源（土地、水、森林、野生生物等）影响、景观影响及生态敏感区（著名历史遗产、自然保护区、风景名胜区和水源保护区）影响等。每条公路涉及的具体环境问题各不相同，主要取决于所经地域的自然环境、生态环境及地貌等。对环境的影响程度取决于公路的等级，因高速公路的工程技术标准较高，其对环境的影响最大，普通公路的环境影响较小。

公路营运期间的环境问题，主要是对沿线地区民众的生活环境造成影响，如噪声扰民、汽车排气污染空气、服务区污水及路面径流对水环境的污染等，其中噪声影响最为突出。

公路的建设和营运对沿线环境的影响，具体来说主要表现在以下几个方面：

（1）对公路沿线地区大气环境质量的影响

建设期沥青混凝土在搅拌过程中沥青烟尘对公路沿线地区环境空气产生污染；营运期汽车在行驶中排放的汽车尾气对沿线地区环境空气产生污染。汽车尾气中主要的污染物有一氧化碳、碳氢化合物、氮氧化物、二氧化硫、颗粒物质（铅化合物、碳烟、油雾）及恶臭物质。这些大都是有毒物质，有些还带有强烈刺激性，甚至有致癌性。这些有害物质散发在空气中，通过呼吸系统进入人体，损害人的神经系统、消化系统、呼吸系统。氮氧化合物、碳氢化合物在太阳紫外线作用下产生"光化学烟雾"，既危害人体健康又污染环境。

（2）对公路沿线地区水环境的影响

如公路建设项目建设期施工现场的施工废水、营运期间生活服务区的生活污水和垃圾任意排放，公路施工过程中沥青、油料、化学品等建材堆放泄漏，将会对周围水体水质造成污染。尤其大型桥梁等结构施工时施工废水的任意排放将会影响到水体水质，营运期服务区污水、公路径流水及化学危险品运输车辆可能发生的交通事故使有毒、有害化学物质泄漏也会造成水体水质的污染，对饮用水源带来一定的影响。公路建设还可能导致水路改道和开辟水道。

（3）对公路沿线地区声环境的影响

公路建设对环境的各种污染中，营运期交通噪声是污染最严重、居民最难以忍受和反映最强烈的污染。建设期施工机械噪声和营运期交通噪声对公路沿线学校、医院、村镇居民点工作生活带来了严重的影响，尤其是公路的起讫点、交通出入的城乡接合部位都是交通噪声污染的严重地区。许多交通量大、车速高的公路建设陆续投入运营，使交通噪声扰民问题日益突出。

（4）对公路沿线地区生态环境的影响

生态环境是指影响生态系统发展的环境条件的总体。公路建设与运营过程中，对沿线一定范围内的生态环境都会产生不同程度的影响，包括使沿线耕地减少，使植被覆盖率降低，侵蚀土壤，破坏土壤结构和肥力，影响森林、草原及野生动植物等的生态系统等。

（5）其他影响

公路建设项目在建设期、运营期除对生态环境、声环境、水环境和大气有影响外，还会产生振动、景观环境改变等环境影响问题。公路交通振动会对人体、建筑、精密设备和文物等产生影响。

2. 工程环境影响评价的目的

公路项目建设和运营在带来巨大经济和社会效益的同时，也将会对沿线区域的社会环境、声环境、大气环境、水环境以及生态环境等产生一定程度的负面影响，并增加新的污染源。

按照国家对建设项目环境影响评价类别的划分原则，并考虑工程规模以及占用土地数量和工程环境特征，属于国家规定的、需进行全面环境影响评价的新建公路建设项目，必须全面进行环境影响评价。

通过工程环境影响评价拟达到以下目的：

（1）通过对该项目沿线的环境影响评价，从环境保护角度论证本工程建设选线的合理性，为工程方案的选择提供必要的科学依据。

（2）通过公路沿线评价范围内的社会环境和自然环境的调查研究，针对本工程项目的设计、施工和运营的各阶段，预测对环境的影响，提出相应的优化环境和切实可行的环境保护措施及对策。

（3）将环境保护措施、建议和评价结论反馈于工程设计与施工，为优化工程设计提供科学依据，以减少或减缓由于工程建设而导致的对周围环境的负面影响。

（4）为该项目的施工期、运营期的环境管理，以及沿线的经济发展、城镇建设及环境规划提供科学依据。

3. 环境影响评价报告的主要内容

环境影响评价报告的主要内容如下：

（1）工程分析。根据工程可行性研究报告综述工程概况，进行工程污染源及非污染生态影响因素分析，并对施工期及运营期主要环境污染排放源进行分析。

（2）生态环境影响评价。包括对土地利用、农业生态、绿地损失及恢复、固体废弃物处置等的影响评价，着重于对沿线植被损失、基本农田保护区的影响分析，土地复垦可能性的分析和对周围景观的影响分析。

（3）水环境影响评价。工程对沿线地表水、地下水水质的影响，并提出水环境保护措施。

（4）水土保持。进行水土流失预测和评价，在此基础上，以施工临时占地和沿线设置的弃渣场为重点提出水土流失防治方案。

（5）交通运输风险分析。针对敏感路段，对工程运营期交通运输风险进行分析，并提出风险防范措施和管理对策。

（6）社会环境影响评述。包括对交通环境、社会经济、城镇规划、土地利用、拆迁安置、基础设施和居民生活质量进行分析和评述。

（7）声环境评价。在现状监测和评价的基础上，按相应的国家声环境质量标准分别进行影响预测评价，并提出防治和减缓措施，为施工期和运营期噪声治理工程和环境管理提供依据。

（8）环境空气质量评价。通过现状监测，按相应的国家环境空气质量标准，预测分析施工期粉尘、有害气体以及运营期汽车尾气对沿线环境的影响范围和程度，为环境管理提供依据。

（9）公众参与。

（10）环境保护措施及技术经济论证。

（11）环境经济损益分析。

（12）环境保护管理计划和监测计划。

二、区域公路网合理密度研究

公路网密度（指的是单位国土面积上的公路里程数）是衡量一个国家或地区

公路发展水平的重要指标之一，也是宏观规划公路交通的重要指标之一。介绍公路网规划时期公路网密度指标确定的方法，提出公路网密度发展极限的概念，将之称为极限密度法。但由于不同国家、不同地区之间的经济发展不平衡，地理条件、人口、政治环境等各方面的因素都非常复杂，所以公路网规划基本上是在一定的定量分析基础上所进行的定性研究。

（一）极限密度法

人类文明发展到今天，形成了一个一致的认识——人类的文明、技术、经济的发展是没有极限的，但是作为交通运输发展的阶段性表征的公路网密度的发展就不相同，公路网密度在客观上存在发展极限。这是因为作为时间的函数，公路网密度的基本趋势是单调递增的，公路网密度的发展是有界的。若全部国土面积都用来修公路，因为公路有一定宽度，单位面积内也将仅有有限的里程数。

（二）理想地区公路密度极限值探讨

设公路宽度为 10 m，若国土面积全部用来修公路，每平方公里面积内可修 100 km 长的公路。但所谓理想地区不仅其地理状况对修公路是理想的，而且还必须是一个有一定独立性的人类群体生活的地区。在该地区不仅需要公路网络，还应有其他交通网络；不仅要有交通空间，还应有生活空间、生产空间、社交空间。因此理想地区是：该地区的地理状况对修公路而言是理想的；该地区在交通空间、生活空间、生产空间、社交空间的搭配结构上对地区内的社会发展是理想的。

因为路网的形成是不可重演的，各国（或地区）的公路密度水平都还处在发展阶段，各生存空间搭配结构何为理想的标准受现有文明发展水平的局限。因此理想地区的公路网密度极限值不可能用严格的数学方法去寻求，只能用类比和情景分析相结合的方法来探讨。

三、高速公路集约用地评价与优化

21 世纪初期是我国现代化建设的重要战略机遇期，也是以资源环境约束加大为主要特征的矛盾凸显期，但土地利用粗放、浪费的现象非常严重，随着高速公路建设的长足发展，其占地面积也呈现逐年上升趋势，其中包括大量的优质耕地。因此，提高区域高速公路建设用地集约利用水平，坚持土地资源集约利用战略就显得尤为重要。

（一）区域土地集约利用内涵的再认识

1. 土地集约利用

关于区域土地利用集约化的概念，马克思提出经济学上的集约化是指资本在同一土地上集中。区域土地集约利用可以认为是生产要素在土地上的投入。这里把其内涵概括成几点：

（1）从土地利用结构上进行的优化

各个区域的用地之间协调运作，从整体上应高效地发展，而不是孤立地进行。

（2）各个区域布局的紧密性

集聚效应可以产生规模效益，用地布局的紧凑直接决定着城市土地利用集约化程度，并且这种紧凑不是简单的、线性的，而是空间的、立体的。

（3）综合各个区域土地功能

区域土地本身就是一个多层次的复杂体，通过实行功能上的分区，将分散的农耕、商店、村落、企业转化为比较集聚的小区，可以节约土地，改善周边环境。与此同时，又不能过分强调分区而忽视各个区域的联系，这样会降低综合区域的功能。

（4）区域土地的充分利用及产出的高效性

充分利用区域土地让闲置的土地得到使用，降低房屋空置量，改造旧的土地，挖掘土地内在的潜力。单位投入所得经济产量最大，也应该包括社会、生态、产业结构的高效化。

（5）土地开发的区域性

区域土地集约利用就是在用地合理的前提下，通过增加土地投入，挖掘土地潜在使用价值，提高其利用率，各个方面发挥最大的效益。高速公路与土地集约利用评价的目的是通过研究高速公路影响土地利用的因素，选择相关的指标和标准，评价相互协调的效果，以寻求最有利途径。

2. 区域土地集约利用

目前区域土地集约利用的含义界定仍未形成统一，但大致分为三种观点，每种观点都是对前面观点的补充和说明。

第一种观点认为城市土地集约利用与农村土地集约利用都是为了获得更好的济效益，增加土地投入来达到土地利用率和生产率。这个观点是对区域土地最朴实的阐述，但其只看到经济的一方面，完全是经济范畴概念。

国内学者比较有代表性的阐述是：土地集约利用是土地租放经营的总称，是在科学技术不断发展进步的基础上，通过单位面积土地上集中投放劳动来提高单位产品产量与负荷能力的经营方式。

另一种有代表性的阐述是：集约度指单位土地面积上投入的资本和劳动数量，投入越多，集约度越高，反之越低。

国内有学者用经济学观点阐述：集约度的提高受报酬递减规律作用。如果边际收益等于边际产出，经营者就不会继续再投入，这个临界点就是我们讲的集约边界。

第二种观点在对第一种观点的认可下，更加强调区域土地集约利用的范畴并非只有经济范畴，还需要考虑土地利用结构以及布局优化的问题，除了重视经济方面的效益外，也需要综合其他因素寻求土地可持续发展和人类宜居的根本目标。

第三种观点在上述两种观点的基础上，更强调区域土地集约利用概念的相对性，它是在特定区域特定时段里的、动态的、相对的概念，经济发展水平直接影响集约程度的标准，这个集约利用不是静态的，而是随时间、空间改变而改变的，是个动态概念。

在分析现有区域土地集约利用理论和内涵的基础上，从整体的角度，在宏观层面上提出高速公路与区域土地集约利用的内涵。现在的目标不仅仅是追求经济效益，而且是追求社会经济、生态效益的和谐统一，要树立起科学利用土地的思想，明确土地利用集约度的提高不是一味地增大，重点应是在这个过程中，注重城市的可持续发展，从长远的角度去寻求一种平衡。

（二）土地利用与经济社会的系统性分析

1. 基于 Logistic 模型的高速公路土地利用发展规律研究

（1）经济社会与土地利用的相互关系分析

通过对经济社会与土地利用相互关系的分析发现，两者之间存在着一个相互协调的过程。土地需求旺盛会引起经济社会投入的增加，提高单位面积土地的利用效率和经济效益，即土地利用的集约程度得到提高；集约利用所体现出来的高效益、高效率则有利于实现土地利用的更大功能，挖掘土地资源的利用潜力，满足经济发展的进一步需要。在这一循环过程中，两者的影响不断加深，因此从长远来看，有限的土地资源和无限的需求必然会导致在土地资源既定的情况下，集约程度得到不断提高，而从某一个经济社会发展阶段来看，土地利用系统的发展受经济社会影响会表现出由粗放到集约、由不适宜时代发展的土地利用方式向适宜的利用方式转变的一般过程。

（2）土地利用系统发展的非线性特性

土地利用系统是人（人类社会）、地（自然环境）综合作用的结果，是一个典型的开放系统。根据自组织理论，一个开放系统要形成有序结构，其内部的相互作用必然是非线性的，因而，用非线性微分方程描述的数学模型是自组织理论建模的特点。Logistie方程是最一般的形式，常用于描述一般发展系统的演化过程，也称为增长曲线模型。它是由比利时数学家维哈尔斯特提出的，最初用于种群生态学的研究，其意义在于将有限的生态环境资源引入种群规模的增长研究中，它反映种群规模的相对增长率与当时所剩余的资源分量成正比，种群密度会对种群规模增长产生抑制作用。该模型在人口统计和预测中得到推广使用并受到广泛关注，曾成功用于野生动物栖息地变化、森林火灾预测、林地退化、交通和医学等研究中。

土地资源属于自然资源，数量的有限性会对土地利用系统产生强烈的制约作用，从而影响土地集约利用的总体水平、变化状况以及趋势状况。研究运用Logistic方程分析土地利用系统发展的演化过程，将影响土地利用系统发展的众多因素简化为经济社会构成的外部环境，现代文献中也将Logistic方程称为Verhult-Pearl阻碍方程，原因是其有某种逻辑推理的含义，按现代的用语来说，它是一个说理模型。

2. 基于土地报酬递减规律的高速公路土地集约利用经济社会特征研究

根据"土地报酬递减规律"，土地资源利用收益呈现一个从递增到递减的明显变化规律。如果从总产出、平均产出和边际产出角度进行考察，土地资源利用集约化程度也存在从不集约到集约再到过度集约的变化过程，可以划分为以下几个阶段：

（1）自然利用期

该阶段联系着上一阶段的过度集约利用期和下一阶段的粗放利用期，土地资源数量相对充裕或者产出效益相对较低，土地利用处于无序阶段，经济社会对其影响较为有限，土地利用系统的发展和经济社会的发展比较缓慢，两者的相互联系也不强烈，很难用明显的经济社会特征加以区分。

（2）粗放利用期

每增加一单位变量资源（如资本或劳力）投入，都能够使产出急剧增加，边际产出在递增到一定程度后逐渐转为递减（边际产出仍大于平均产出），但并不影响每一单位投入的平均产出的继续递增，总产出也一直处在递增态势。由于这一阶段所投入的变量资源在数量上并未与作为固定资源的土地达到协调一致，土地生产潜力没有被充分发掘出来，因此，如果变量资源充裕，应该进一步加大投入，以使总产出和平均产出继续提高，否则土地资源利用就处于粗放状态，达不到集约利用的目的。

（3）集约利用期

随着单位投入的边际产出继续递减，变量资源的边际产出开始小于平均产出，边际产出和平均产出均随着变量资源投入的增加而下降，但仍为正值，直至边际产出为 0。但是这并不妨碍总产出的继续增加，因而不必担心边际产出和平均产出的递减。一旦总产出达到最高点，变量资源投入也就达到了最集约的状态，不宜再继续加大投入。可见，在土地集约利用期，土地利用的产出效益和生产效率趋近于最大化，土地利用结构和利用程度接近于最佳状况，由于边际产出仍为正值，能够吸引经济社会追加投入，单位面积的土地都能够得到相当规模的投入水平和产生巨大的经济社会效益，集约水平得到稳步提高。这一阶段是土地利用的"黄金时期"，以单位面积土地吸引的投入和获得的产出都接近整个发展时期的最高水平，应尽量延长该时期，充分发挥土地资源的生产功能。

（4）过度集约期

变量资源的边际产出变为负值，平均产出继续递减，总产出也开始趋于下降。因此，在这个阶段，变量资源投入的增加，不仅导致边际产出的负增长和平均产出的进一步递减，而且还会导致总产出递减。反映在投入产出效果上，早已经无利可图，并且投入越多损失越大，就集约利用程度而言，体现了所谓的过度集约现象。

3. 区域土地集约利用评价方法和指标体系的构建

区域土地利用集约水平的评价涉及面广，不同层次的评价指标和方法都有所不同，国内外学者都对集约度的评价做了大量有益的研究。综合学术界的研究成果，对于区域土地集约利用水平的评价，时空尺度大，土地用途复杂，不同区域间评价的侧重点各有不同，为忽略这些差异的影响，根据土地利用与经济社会关系系统分析结果，从土地利用的经济、社会效益出发，站在宏观层面尽量全面地反映区域土地集约利用水平。基于上述评价思路，以土地利用阶段与经济社会关系的系统性分析为依据，区域土地利用评价分为定性评价和定量评价两个主要过程。

（三）区域高速公路发展评价指标体系

1. 高速公路与区域经济发展的系统性分析

区域经济必须在不断扩大横向经济联系、不断与外界分工协作、不断进行商品技术与信息传递的交流中实现发展。我国区域经济发展的相对独立性增强，建立在区域分工基础上的商品交换使得区域之间的经济联系频繁而密切，高速公路建设项目有利于优化配置区域经济内部的各生产要素，有助于更好地发展区际横向联系和协作，更好地开发资源、发挥优势、繁荣市场、满足需要，更好地解决国民经济统一性和区域经济相对独立性的矛盾，把区域优势转化为国民经济整体优势，实现区域经济效益和国民经济效益的最优结合。交通运输业作为国民经济的一个重要部门，是区域经济组成的要素之一，与地区各部门之间有着密切联系。高速公路建设项目则是区域内最重要的基础设施之一，是建立区域经济体系的重要环节。高速公路运输以其灵活、快捷的运输特点，在交通运输方面占有重要地位。高速公路建设项目提高了区域交通运输能力，为区域经济发展奠定了坚实的物质基础，为国民经济实现有效供给提供了有力保障。高速公路项目的建设使交通运输能够满足区域社会经济发展的需求，促进区域经济结构和运输能力的协调，从而促进区域经济发展。

随着经济水平的逐渐提高，交通运输与区域经济的关系愈加趋于紧密，两者在多方位、多层次相互作用和影响，逐渐发展为一个有机的整体，交通运输业的发展水平往往代表了一个地区的经济发展水平。若交通运输的发展水平适度超前一些，区域内的部门经济或企业的发展就具备了比较好的条件，如果交通运输发展滞后，就会抑制这些部门或企业的发展，甚至对整个区域经济的发展产生不利的影响。

从高速公路与区域经济的相互关系来看，高速公路促进了经济社会的发展。高速公路通行能力大、速度快、经济、安全、舒适的特点，有利于提高运输效率，保障运输安全，促进资源的高效利用，在区域经济社会发展过程中发挥的作用越来越重要，主要体现在以下几方面：

（1）不断推进区域城市化发展进程，缩小城乡差距；

（2）促进区域农业现代化、工业化发展；

（3）促进区域旅游业发展；

（4）促进区域经济的协调发展；

（5）改善投资环境，增加对外资的吸引力，促进区域外向型经济发展。

2.影响高速公路发展的主要因素

影响高速公路发展的因素有很多，其中最主要的影响因素有以下几个方面：

（1）人口数量、城市化水平及城镇分布

公路交通的主要功能之一就是满足人们出行的需要，在经济发展水平一定的情况下，人口的数量、城市化水平及城镇的分布，对高速公路的发展有重要影响。人口数量大、城市化水平高、城镇数量多且分布相对分散，则在满足同等交通水平条件下，需要的高速公路里程要长，反之，则需要的高速公路总里程要短。

（2）经济发展水平、经济结构及产业布局

高速公路作为重要的交通基础设施，为社会发展和经济建设服务是公路建设的最根本前提和出发点，其建设的目标是满足经济社会发展的需求，改善交通运输的环境和质量。因此，区域经济发展水平、经济结构、产业布局等都直接影响着对高速公路的需求程度。

（3）土地资源及地理特征

高速公路的发展规模直接受到土地资源的限制，当高速公路密度达到一定水平后，再增加路网里程，从路网效率、土地资源利用等意义上都是不合理的。因此，高速公路规模不可能无限制扩大，存在着一个趋于稳定的合理规模。与此同时，高速公路的发展还受到区域地理特征的影响，其中包括地形地质特征、地理区位特征等多个方面。地理特征存在明显差异的不同地区，对高速公路的需求也不相同。

第九章　公路桥梁工程项目管理优化创新研究

在当下的公路桥梁工程的建设中，首先应当根据建设的基本要求，建立明确的施工管理计划，落实好人员责任，组织开展施工工作，定期对施工进度以及施工质量进行监督，一旦出现不符合标准的情况，及时进行改正，以此来保障工程项目的质量。本章将对公路桥梁工程项目管理优化创新研究进行阐述。

第一节　公路桥梁施工项目管理模式优化研究

影响项目管理稳定运行的现实因素有很多，只有促进其内部各个应用环节的协调，健全相关工程管理模式体系，相关的工作人员能够足够重视这个问题，才能确保项目的安全运转。公路桥梁项目建设是国家基础建设中主要的组成部分，所以进一步严格管理公路工程是十分必要的。施工项目管理的最终结果与企业的最终经济利益是相辅相成的，所以健全公路桥梁施工项目管理体系是当今工作的重点内容，有必要加强项目管理的重视程度。

一、公路桥梁施工项目管理模式的内涵

公桥梁路施工项目管理模式，简单地说是施工企业对公路桥梁施工项目建设全过程进行计划、协调、指挥、组织与控制活动而建立的项目管理模式，目的是实现工程项目安全进行，确保工程平稳开展。如果按照项目管理的层次划分，公路桥梁施工项目管理模式可以分为具体模式和总体模式。公路施工企业分公司对项目部、总公司对分公司在资源配置等总体方面所形成的管理模式称为总体模式。具体到项目实施每个环节的管理模式，是施工企业项目管理中的具体模式，包括机械设备管理模式、物料管理模式、人力资源管理模式、信息管理模式、风险管

理模式、合同管理模式、进度管理模式、安全环保管理模式、质量管理模式、技术成本管理模式、技术管理模式等。

二、公路桥梁施工项目管理的概念、特点及管理状况

（一）公路桥梁施工项目管理的基本概念

从实质上来说，公路桥梁工程施工项目管理的概念是项目管理的一个分支，其主体是施工单位，目标是保证施工环节安全有序进行，主要内容包括控制好施工质量、施工制度、施工成本等方面，以及管理好信息、合同、安全等方面。其优点在于能将工程建设中的重点和难点凸显出来，以便管理人员能够很好地把握，还能协调好组织内部的关系，确保公路桥梁施工工序的顺利进行。

（二）公路桥梁项目管理的特点

公路桥梁工程施工项目管理所涉及的范围较为明确和固定，所以其特点更加具体和鲜明，而一般项目管理的特点更加模糊，难以分辨。公路桥梁项目管理的特征如下。

1.多变性：施工人员受教育程度的不同决定了其综合素质的不同，这就会导致工作态度不一致，有的拖泥带水，有的严格认真，而项目管理的任务是随着施工阶段和施工条件的改变而变化的，这就是多变性存在的原因。

2.复杂性：主要由于工程项目突发状况多，没有规律性，加上管理的内容繁多，导致不利于管理。

3.协调性：协调性也是项目管理的基本要求，保证各项工作协调有序进行是公路桥梁施工项目管理的主要目的，保证整个公路桥梁施工活动有效开展，只有在满足上述基本前提才能进行。从项目管理理念出发，在合适的合同条款下应用合理的技术，满足公路桥梁工程的设计要求，是施工项目管理最基本的内容。

（三）公路桥梁施工项目管理状况

1.管理模式

管理模式的好坏直接决定了施工项目的管理质量。制定合理的管理模式时，要结合多种要素进行考虑。但目前我国的情况比较滞后，公路桥梁项目管理模式大多还在采用以往的方式。这种模式下多以硬性指令和行政为主，人性化的因素较少，没有以科学合理为出发点，也没有落到实处。没有科学的依托，就只能在

建立管理模式时多依据以往的自我经验意识，虽然并非完全不合理，但很容易带来管理上不必要的失误。

2. 人员素质

在工程施工时，人员的素质直接影响管理水平的高低。由于公路桥梁工程规模浩大，所涉及的人员众多，当素质低的施工人员达到一定比例时，很容易造成一些难题，使事故发生的概率增大。工程建设队伍层次结构不合理，加上管理人员管理水平也相对较低，大多是中专或大专学历，在处理紧急情况时，显得手忙脚乱，没有足够的专业管理技能和先进的经验应对面前的难题，造成更大的损失。不论施工的技术人员还是管理人员，都应当被重视起来，同时也要提升他们的综合素质和专业技能。

3. 安全事故

在公路施工中安全事故较为频繁，甚至造成了严重的后果，这是公路建设的施工环境所决定的，因为它的特殊性再加上没有足够的安全措施就会出现以上问题。就目前情况来说，很多单位急功近利，大大缩减成本，在施工中的一些安全措施不到位，对安全教育不够重视，甚至对施工现场的安全监督有所欠缺，这一系列的原因就会造成安全事故频繁发生。为了避免安全事故的发生，应不断加强安全管理工作，并给予足够重视。

第二节　公路桥梁施工技术优化管理研究

随着我国不断发展，公路网络已基本成熟，方便了人们的出行和生意往来，与此同时，公路桥梁建设中的质量问题也十分突出，并引起了社会的广泛关注，因此当前公路桥梁建设的质量成为公路桥梁建设的重中之重。

一、公路桥梁施工技术管理的必要性

公路桥梁是我国交通运输的重要通道，对经济发展和生活水平的提高发挥一定的积极作用。对公路桥梁进行施工技术管理不但可以保证质量，还可以提高施工效率。施工管理就是确保相关项目能达到投入使用标准的重要举措。施工管理贯穿公路桥梁项目建设的始终，并且涉及公路桥梁建设的方方面面。具体到实践操作环节，前期包括制定施工方案和施工管理制度，中期对施工过程进行监督以及施工完成后的质量验收。就施工过程的本身来说，公路桥梁的施工管理还要对施工过程所用到的材料及设备进行检查，同时还有施工人员的调配和操作规范等，这些都对公路桥梁的质量至关重要，必须重视施工管理对于公路桥梁建设质量的重要性。

二、公路桥梁施工技术管理的要点

1. 路基

路基的施工技术管理，主要的问题无外乎基地的处治，进行基地处治的关键就是进行基地的压实工作，在压实时必须严格遵守施工规范，根据定额选择合适的压力机，并根据实际的路况选择合适的机械设备，如果路段太宽，需要选择大吨位的压路机。

2. 路面基层

做好路面基层的施工管理：其一，进行冬季备料工作，原材料的质量必须进行严格的审查，对于质量不达标的原料，不但不能使用，而且禁止任何人将不达标的材料运进施工场地，有关单位要发挥其质量监管作用，引导有关的工作人员进行质量监管工作，每天对施工场地中的原料质量进行抽查。其二，进行摊铺工作时，可以采取人工摊铺、摊铺机施工结合的工作方式，确保两处的搅拌站能够同时进行材料的供应，将所有的人力、设备积聚在一起，打开作业面。其三，对标高进行严格的控制，保证基层厚度，以使基层质量可以满足施工需求。其四，如果进行施工的交通路段无法进行封闭，就采取边通车边施工的方法，但是需要做好有关交通路段的管制工作，以免影响路段施工。

3. 桥梁

重视桥梁隐蔽工程的施工，可以选择有经验的工程师进入工地，负责质量监督工作。另外，加大旁站的监管力度，如果发现问题，立即组织技术人员协商解决。模板在支立前，必须先对其校正、除锈，在模板支立后，还要对其进行涂脱模剂工作。模板、支架进行安装时，必须保证其坚固、稳定，模板尺寸必须合格，不会产生变形的情况。至于模板缝隙的处理，一般使用贴胶纸、刮泥子的方法解决。如果成品混凝土构件表面存在不密实、漏筋、蜂窝麻面或者质量缺陷严重的问题，必须停止使用。

4. 附属工程

对于水泥混凝土护坡工程来说,主要有两个要点:一是护脚,采用逐段地方式,明确顶面标高,以保证其能够深埋在自然地面下;二是护坡基础施工,路基采取超宽 30 cm 压实后刷坡,保证边坡坡面的密实度。

三、公路桥梁施工技术优化管理的对策

(一)做好公路桥梁施工技术优化管理的准备工作

通过分析,公路桥梁施工技术管理的准备工作主要包括以下三个要点:

1. 制定施工标准、技术标准及管理制度

制定相关标准时,在严格按照国家法律规定的文件执行的前提下,结合实际情况做出适应工程施工的各项标准。

2. 组建一支功能齐全的施工技术管理团队

相关的领导管理人员除了拥有扎实的专业知识外,还要具备多年的领导管理经验,能够对大型工程项目进行有条不紊的管理指导。

3. 施工技术资料管理

对收集的相关资料进行分类和管理,制定一套适用于本工程的档案管理制度,为公路桥梁的施工提供依据,也可为以后的相关项目积累经验。

(二)建立健全公路桥梁施工技术管理制度

1. 技术责任制制度

明确每个工作小组和每个工作人员的职责,将施工质量的总目标分解为每个小组、每个施工人员的小目标,进而提高公路桥梁建设人员的工作积极性和热情,同时建立与之相应的质量考评制度,以增强全体人员的质量意识。

2. 施工图纸会审制度

图纸是工程项目施工的直接依据,因此施工图纸必须保证其科学性,在施工图纸拟定下发后,相关的技术人员和管理人员必须对图纸进行仔细审查,确保工程进行施工的科学性、经济性和可行性。如果存在漏洞,一定要及时指出,经过再次研究后进行改正。

3. 技术交底制度

在施工过程中,技术人员一定要对施工图纸进行仔细研究,然后将相关的技

术和工艺向一线施工人员进行明确传达，使每个施工人员都能对施工流程、施工质量目标及操作规范等进行全面认识。与此同时，还要使施工人员对一些施工所用的材料、标识及混合比率等熟悉掌握，对这些交底的内容进行详细记录并存入档案，以便以后进行技术控制。

4. 工程变更制度

可以通过制定工程变更制度促使施工方案的调整，节省开支，提高质量和工作效率。

（三）做好施工质量的检查和验收

为了对项目的质量进行严格把控，在每道程序完成后，都要依据标准对完成质量进行检查，如果合格方可继续进行下道程序的施工。另外，在项目施工过程中，一定要深入施工一线进行现场的监督，发现操作不当时，马上进行纠正指导，如果失误十分严重，可以停止该项目，待专业人员进行核计后，按照新的整改措施继续施工，要严把质量关。由于公路桥梁项目是一项十分复杂的大工程，隐患众多，分项检查更能确保质量，有十分积极的意义。在工程桥梁施工完成后，要组织人员对工程进行验收，在分项检查的基础上再对整体进行检查，双重检查确保公路桥梁的质量。在验收前，要对验收所需的设备进行准备，如分项检查资料、施工中的往来文件、施工图等一系列的资料。

（四）加强对施工的档案管理

从工程准备阶段一直到工程竣工完成验收，在这一过程中产生的各种资料都需要进行归档整理。具体来说，需要存档整理的资料有施工过程中的新工艺和新材料、施工图纸、施工组织设计、竣工图纸、施工原始记录及其相应的统计资料、施工中出现的重大问题及相应的解决措施、实验研究结果以及相关资料、施工标准、技术标准、管理制度等，这些材料具有十分重大的意义，不但可为以后公路桥梁的保养加固提供依据，还可以为以后其他项目的施工提供参考。

综上所述，对公路桥梁进行施工技术管理是十分重要的，是促使公路桥梁安全性和长久性的重要保障。目前，我国一直强调又好又快发展，对于公路桥梁的建设来说也是如此，首先在计划建设时，就要做好各项准备工作，然后在工程开始后严格进行质量监管，在工程竣工后做好验收工作，这些都是当前公路桥梁施工的讨论重点。

第三节　公路桥梁工程中合同管理优化研究

公路桥梁工程在施工的过程中，合同管理起到了至关重要的作用。通过合同管理，不仅能够明确施工单位应承担的责任及义务，还能够有效地对工程成本进行控制，从而减少成本消耗，降低经济损失。合同双方以公路桥梁建设相关事项为中心而达成一致意见所签订的协议即桥梁工程合同。工程合同管理有多个环节，审核合同签订、管理和解决合同纠纷等环节都包括在其中。

一、工程合同管理所涉及的内容

1. 合同管理

当合同签订完毕之后，作为合同管理人员应着手于合同的管理工作。由于合同内容所涉及的都是施工方案和桥梁设计、桥梁走向和位置，而合同管理人员并没有掌握相关的知识，因此在管理合同的过程中，管理人员的主要任务就是配合项目经理，同其一起分解项目，明确各方的合同责任。

2. 合同所发生的纠纷

在公路桥梁工程中，合同管理不能缺少的内容就是界定合同纠纷以及合同纠纷的解决。由于工程合同与多个利益方有极其密切的联系，容易发生各种纠纷，所以企业要对此引起足够的重视，并采取有效措施将其解决，从而顺利地开展工程建设工作。目前，很多工程因发生合同纠纷而不能按期开展工程，从而给施工企业造成损失。解决工程合同纠纷一般有以下几种形式：第一，协商，也就是纠纷方与合同管理人员进行协商，在履行条款及索赔方面统一意见，从而将纠纷妥善解决。第二，仲裁，也就是合同管理人员按照双方所签署的仲裁协议或者按照规定的仲裁条款，以仲裁的方式解决纠纷。第三，诉讼，一般情况下，合同管理人员所提出的诉讼都是借用企业名义，然后由法院判决，从而将合同纠纷解决。

二、在管理公路桥梁工程合同时出现的问题

随着时代的发展，近几年桥梁工程的合同管理模式也逐步趋于完善，并且收到了显著的成效。但从实际情况来看，依旧有一些问题，从而对合同整体的管理

质量和效率产生影响，具体分析如下：

1. 缺乏专业的管理人员

合同管理的技术及专业性非常鲜明，但很多施工企业并没有针对工程项目配备专业的合同管理人员。从整体上来讲，合同管理人员的整体素质偏低，其不仅不具备相关的法律知识，没有掌握应有的技能，而且缺乏合同管理的相关经验，这对桥梁工程的合同管理极其不利。

2. 合同条例缺乏规范性

在签订合同的过程中，企业的管理层人员没有形成足够的法治意识及法治观念，没有对防范合同风险引起足够重视。与此同时，其在合同中没有明确签订双方需要承担的义务和责任以及所享有的权益，致使合同条款不够系统及规范。另外，由于企业并不重视合同管理，所以极易引起法律纠纷。

3. 不健全的合同管理机制

第一，因建立的合同管理机制不够健全，合同管理存在主体错位的问题，无法合理地进行管理分工，所以无法保障践行合约条款的效果。第二，很多施工企业在合同签订完毕之后，一般会将全部的注意力放在项目施工上，而没有全方位地研究合同，也没有重视合同的履行。

三、实行合同管理的有效措施

1. 引进高素质的管理人员

施工企业应对高素质、专业能力强的合同管理人员进行配置。因合同管理这项工作与法律方面的内容相关，所以作为管理人员还应掌握关于合同管理的法律知识，这样才能够更好地开展相关工作。施工企业应确保人人持证上岗，这样才能够保障其开展工作的质量。

2. 不断对合同管理的制度进行完善

要将合同交底的制度建立起来，要求签订好合同之后，管理合同的人员要向管理项目的人员交底，并对合同的要求和条款进行说明，让其明确合同在履行过程中企业需要承担的义务以及需要预防的相关事项，从而最大限度地避免纠纷。与此同时，要使责任制得以落实，管理合同的人员应明确项目组应承担的合同责任，并让其严格履行。另外，要将分包合同的监管制度建立起来，通过这样的方式有效地监督分包单位履行合同的相关情况，从而确保合同高效履行。

3. 合同拟订

拟订合同时，应注重以下几方面内容：首先，当达成一致意见之后再拟订合同。其次，针对重要合同，应设立专门的谈判小组对合同进行谈判。结合实际，必要时还可对外来专家进行聘请。再次，合同内容涉及财务问题，应聘请专业的财务人员参与其中。最后，完成拟订之后要向相关部门呈交，让其开展审核合同的工作。一般需要审核以下几方面：第一，审查合同的合法性，也就是审查桥梁工程的建设方案及相关工程有无超出法律的界限。第二，审查工程有无完备的手续，包括施工许可证以及施工建设场地的使用权限证件。第三，审查合同和相关资料是否齐全。第四，审查合同权利和义务有无明确界定。

4. 实时管理合同履行情况

在项目工程施工开始时，要全面且系统地分析合同条款。与此同时，要开展实时的监管合同履行情况的工作，这样能够在第一时间获得关键的信息。然后以这些信息为依据进行判断和分析，确保按期完工，保障工程整体的质量。另外，通过实时监督，尽快找到问题，并采取有效措施将其解决，从而使合同管理的职能得以有效强化。

5. 防范合同的违约

在桥梁工程中，除了要对内部履行合同条款的情况进行实时监督，还要对违约的相关行为引起足够的重视。从实质上来讲，也就是在拟订合同的过程中，要注重应注意的相关事项，并加大审查力度，防止发生违约行为。另外，当施工企业同业主意见不一致时，作为合同管理人员要做好协调工作。监理单位应充分发挥好自己的监督职能，使各方的利益得以保障。

6. 合同管理索赔

在合同签订的过程中，承办人应以纪要形式记录合同隐藏的风险，并作为合同核心内容。在具体的施工过程中，要同现场具体情况相结合。当发现可索赔时，要在第一时间索赔，认真履行合同条约，同相关法律要求相结合，对自身的合法权益进行维护。

7. 应用法律武器进行维权

即使做好了所有的准备工作，也不可能完全排除客观因素所造成的影响。在桥梁施工过程中，极易受到地质、水源及天气等因素影响。当问题出现或者利益被损害时，公司可聘请专业法律顾问应用法律武器为自己维权。当签署合同之后，就会形成法律效力。一旦单方面不遵守合同或者违约时，就应接受法律制裁。

8. 强化合同文件管理

一般情况下，工程建设都有极长的周期，要涉及多方面内容，当发生复杂情况时，都需参考资料和合同，所以针对合同及相关文件，相关人员应加大管理力度，在各个环节落实管理工作，防止出现差错。与此同时，因为科技不断发展，在保存资料文献及合同时，可借助一些信息技术实施管理，这样不仅能够减轻工作人员的工作量，还能够使管理水平得以提升。

综上所述，公路桥梁工程有非常长的施工周期，且相对来讲，其需要应用极其复杂的技术，所以在工程建设的过程中要使合同管理工作的每一环节都得到落实，将合同管理的相关制度建立起来，并使其不断完善，同时要加大力度进行合同的动态管理，只有这样才能够保护各方的切身利益。

结　语

综上所述，我国各大经济区的建设如火如荼，公路工程项目不断增多，不仅工作量有所增加，还需要注意工程自身的质量问题。虽然我国的工程队大多经历过多个项目工作，但是技术突破方面一直存在创新问题。现今生产力大幅提高，公路工程施工质量及技术方面也需要不断寻求创新，而现今先进的施工技术会带来更加优秀的施工质量。持续完善公路工程管理法规，同时规划全面性的控制措施，对于公路工程施工有效性来讲有着重大意义。此外，对于公路工程管理强度、施工质量、从业人员的考核管理机制也必须予以高度的重视。只有这样，才能长期维持公路工程管理模式的专业性、可行性，促使不同施工流程得以井然有序和高效率地布置衔接，避免重复引发一系列不必要的漏洞问题。

要在原有的公路工程的管理技术的基础上进行创新，满足现有的管理需求，具体的管理技术的创新有独立创新以及用合作的方式来创新，还可以通过引进来实现管理技术的创新。例如：在管理的过程中，很多企业都抛弃了传统的管理模式，不再使用派发传达式，而是引进了新时代信息软件，可以对管理工作进行良好的控制，这样的软件具有完善的进度计划，并对管理费用、资源有明确的管理手段，这都为公路工程提供了管理手段，提高了管理效率。现如今，公路工程技术不断革新，所以需要更优秀的工程团队和技术。想要让公路工程更好地服务于社会，就应该不断地进行开发研究，注重理实一体化的公路工程施工技术应用研究，从而保证公路工程施工质量。

参考文献

[1] 王明华. 山区公路施工技术研究 [M]. 北京：北京工业大学出版社，2019：16-20.

[2] 林立宽. 公路工程施工技术研究 [M]. 长春：吉林科学技术出版社，2021：14-28.

[3] 吴大勇，赵战丰，王栋；陈现立，鲍远君，杨志威，罗朋军副主编. 公路隧道施工与安全技术研究 [M]. 北京：北京工业大学出版社，2022：15-23.

[4] 王旻，张振和. 图解公路工程施工技术 [M]. 北京：机械工业出版社，2020：29-65.

[5] 罗春德，尹雪云，李文兴. 公路桥梁工程施工技术与养护管理 [M]. 长春：吉林科学技术出版社，2022：17-26.

[6] 马波，陈大学，黄裕群. 公路工程施工技术与管理研究 [M]. 北京：文化发展出版社，2021：20-25.

[7] 李燕鹰，张爱梅，钱晓. 公路桥梁工程施工与养护技术 [M]. 长春：吉林科学技术出版社，2021：30-45.

[8] 张国祥，陈金云，张好霞. 公路与桥梁施工技术及管理研究 [M]. 北京：文化发展出版社，2020：26-56.

[9] 郝铭. 公路工程施工技术与质量控制 [M]. 北京：北京工业大学出版社，2019：34-68.

[10] 刘荣桂，延永东. 绿色公路品质工程施工关键技术研究与示范 [M]. 镇江：江苏大学出版社，2021：45-60.

[11] 冯明硕，薛辉，赵杰. 公路桥梁工程施工技术 [M]. 延吉：延边大学出版社，2017：69-70.

[12] 汪双杰，刘戈，纳启财. 多年冻土区公路工程施工关键技术 [M]. 上海：上海科学技术出版社，2019：38-68.

[13] 张杰. 普通高等教育应用型本科教材公路施工技术与组织 [M]. 北京：人

民交通出版社，2022：56-72.

[14] 王超，江浩，郑泽海，王吉荣. 公路桥梁工程施工技术与管理 [M]. 北京：中国石化出版社，2022：48-59.

[15] 付元坤，田世军，边志强. 高速公路设计与施工技术研究 [M]. 北京：中国石化出版社，2022：68-80.

[16] 张风亭. 公路养护施工技术 [M]. 北京：人民交通出版社，2019：27-36.

[17] 郭伟. 公路工程施工技术 [M]. 天津科学技术出版社，2019：54-64.

[18] 杨熠，梁中美，郭韦韦. 公路工程造价与公路工程施工技术 [M]. 北京：文化发展出版社，2019：77-80.

[19] 汤云良. 公路施工技术与管理研究 [M]. 北京：北京工业大学出版社，2019：63-81.

[20] 林淑强，周天茂. 公路工程与施工技术研究 [M]. 延吉：延边大学出版社，2019：18-29.

[21] 郭伍军. 公路桥梁施工技术研究 [M]. 哈尔滨：东北林业大学出版社，2019：36-66.

[22] 许振兴，张晓峰，宋延艳，孙晓华. 高速公路房建工程施工技术指南 [M]. 北京：中国建材工业出版社，2020：47-53.

[23] 刘洋，施竹青. 公路工程施工技术与项目管理研究 [M]. 延吉：延边大学出版社，2020：63-73.

[24] 肖智安，张琴光，戴安婵. 高速公路隧道施工安全技术 [M]. 长春：吉林科学技术出版社，2020：71-90.

[25] 宋宏伟，洪启华，洪俊财. 公路桥梁工程施工技术研究及项目管理 [M]. 北京：中国石化出版社，2022：42-61.

[26] 许英杰. 公路桥梁施工技术 [M]. 天津：天津科学技术出版社，2017：62-81.

[27] 李海贤，杨兴志，赵永钢. 公路工程施工与项目管理 [M]. 长春：吉林科学技术出版社，2021：60-90.

[28] 潘凯，晁新忠，陈纪州. 公路工程经济及项目施工管理 [M]. 北京：中国石化出版社，2021：12-14.

[29] 梁军峰，刘小栋，郭丽洪. 公路养护技术与工程项目管理研究 [M]. 天津：天津科学技术出版社，2021：19-26.

[30] 戴安婵，肖智安，张琴光. 高速公路桥梁工程与项目管理 [M]. 长春：吉林科学技术出版社，2020：21-29.